创变

数字化转型战略与机制创新

武常岐　董小英　海广跃　凌军◎著

Transformation
Strategy and
Mechanism Design

北京大学出版社
PEKING UNIVERSITY PRESS

图书在版编目(CIP)数据

创变：数字化转型战略与机制创新 / 武常岐等著. —北京：北京大学出版社，2021.9

（光华思想力书系）

ISBN 978-7-301-32261-1

Ⅰ.①创⋯ Ⅱ.①武⋯ Ⅲ.①数字技术—应用—企业管理—研究 Ⅳ.①F272.7

中国版本图书馆 CIP 数据核字(2021)第 125197 号

书　　　名	创变：数字化转型战略与机制创新 CHUANGBIAN: SHUZIHUA ZHUANXING ZHANLÜE YU JIZHI CHUANGXIN
著作责任者	武常岐　董小英　海广跃　凌　军　著
策 划 编 辑	贾米娜
责 任 编 辑	贾米娜
标 准 书 号	ISBN 978-7-301-32261-1
出 版 发 行	北京大学出版社
地　　　址	北京市海淀区成府路 205 号　100871
网　　　址	http://www.pup.cn
微信公众号	北京大学经管书苑(pupembook)
电 子 信 箱	em@pup.cn
电　　　话	邮购部 010-62752015　发行部 010-62750672 编辑部 010-62752926
印 刷 者	北京中科印刷有限公司
经 销 者	新华书店
	730 毫米×980 毫米　16 开本　21.25 印张　330 千字 2021 年 9 月第 1 版　2021 年 9 月第 1 次印刷
定　　　价	68.00 元

未经许可，不得以任何方式复制或抄袭本书之部分或全部内容。
版权所有，侵权必究
举报电话：010-62752024　电子信箱：fd@pup.pku.edu.cn
图书如有印装质量问题，请与出版部联系，电话：010-62756370

丛书编委会

顾　问

厉以宁

主　编

刘俏

编委（以姓氏笔画排列）

王　辉　王汉生　刘晓蕾　李　其　李怡宗
吴联生　张圣平　张志学　张　影　金　李
周黎安　徐　菁　龚六堂　黄　涛　路江涌
　　　　　　　滕　飞

丛书序言一

很高兴看到"光华思想力书系"的出版问世,这将成为外界更加全面了解北京大学光华管理学院的一个重要窗口。北京大学光华管理学院从 1985 年北京大学经济管理系成立,以"创造管理知识,培养商界领袖,推动社会进步"为使命,到现在已经有三十余年了。这三十余年来,光华文化、光华精神一直体现在学院的方方面面,而这套"光华思想力书系"则是学院各方面工作的集中展示,同时也是北京大学光华管理学院的智库平台,旨在立足新时代,贡献中国方案。

作为经济管理学科的研究机构,北京大学光华管理学院的科研实力一直在国内处于领先位置。光华管理学院有一支优秀的教师队伍,这支队伍的学术影响在国内首屈一指,在国际上也发挥着越来越重要的作用,它推动着中国经济管理学科在国际前沿的研究和探索。与此同时,学院一直都在积极努力地将科研力量转变为推动社会进步的动力。从当年股份制的探索、证券市场的设计、《证券法》的起草,到现在贵州毕节试验区的扶贫开发和生态建设、教育经费在国民收入中的合理比例、自然资源定价体系、国家高新技术开发区的规划,等等,都体现着光华管理学院的教师团队对中国经济改革与发展的贡献。

多年来,北京大学光华管理学院始终处于中国经济改革研究与企业管理研究的前沿,致力于促进中国乃至全球管理研究的发展,培养与国际接轨的优秀学生和研究人员，帮助国有企业实现管理国际化，帮助民营企业实现管理现代化，同时，为跨国公司管理本地化提供咨询服务，从而做到"创造管理知识，培养商界领袖，推动社会进步"。北京大学光华管理学院的几届领导人都把这看作自己的使命。

作为人才培养的重地，多年来，北京大学光华管理学院培养了相当多的优秀学生，他们在各自的岗位上做出贡献，是光华管理学院最宝贵的财富。光华管理学院这个平台的最大优势，也正是能够吸引一届又一届优秀的人才的到来。世界一流商学院的发展很重要的一点就是靠它们强大的校友资源，这一点，也与北京大学光华管理学院的努力目标完全一致。

今天，"光华思想力书系"的出版正是北京大学光华管理学院全体师生和全体校友共同努力的成果。希望这套丛书能够向社会展示光华文化和精神的全貌，并为中国管理学教育的发展提供宝贵的经验。

厉以宁

北京大学光华管理学院名誉院长

丛书序言二

"因思想而光华。"正如改革开放走过的40年,得益于思想解放所释放出的动人心魄的力量,我们经历了波澜壮阔的伟大变迁。中国经济的崛起深刻地影响着世界经济重心与产业格局的改变;作为重要的新兴经济体之一,中国也越来越多地承担起国际责任,在重塑开放型世界经济、推动全球治理改革等方面发挥着重要作用。作为北京大学商学教育的主体,光华管理学院过去三十余年的发展几乎与中国改革开放同步,积极为国家政策制定与社会经济研究源源不断地贡献着思想与智慧,并以此反哺商学教育,培养出一大批在各自领域取得卓越成就的杰出人才,引领时代不断向上前行。

以打造中国的世界级商学院为目标,光华管理学院历来倡导以科学的理性精神治学,锐意创新,去解构时代赋予我们的新问题;我们胸怀使命,顽强地去拓展知识的边界,探索推动人类进化的原动力。2017年,学院推出"光华思想力"研究平台,旨在立足新时代的中国,遵循规范的学术标准与前沿的科学方法,做世界水平的中国学问。"光华思想力"扎根中国大地,紧紧围绕中国经济和商业实践开展研究;凭借学科与人才优势,提供具有指导性、战略性、针对性和可操作性的战略思路、政策建议,服务经济社会发展;研究市场规律和趋势,服务企业前沿实践;讲好中国故事,提升商学教育,支撑中国实践,贡献中国方案。

为了有效传播这些高质量的学术成果，使更多人因阅读而受益，2018年年初，在和北京大学出版社的同志讨论后，我们决定推出"光华思想力书系"。通过整合原有"光华书系"所涵盖的理论研究、教学实践、学术交流等内容，融合光华未来的研究与教学成果，以类别多样的出版物形式，打造更具品质与更为多元的学术传播平台。我们希望通过此平台将"光华学派"所创造的一系列具有国际水准的立足中国、辐射世界的学术成果分享到更广的范围，以理性、科学的研究去开启智慧，启迪读者对事物本质更为深刻的理解，从而构建对世界的认知。正如光华管理学院所倡导的"因学术而思想，因思想而光华"，在中国经济迈向高质量发展的新阶段，在中华民族实现伟大复兴的道路上，"光华思想力"将充分发挥其智库作用，利用独创的思想与知识产品在人才培养、学术传播与政策建言等方面做出贡献，并以此致敬这个不凡的时代与时代中的每一份变革力量。

北京大学光华管理学院院长

序

数字化转型是走向数字经济的重要实践活动,正成为各个企业寻求提升竞争力和可持续发展能力的焦点。数字化转型尚处于发展早期,需要深入总结实践经验,加强对理论的探索,本书正是从这个方面,为这一伟大的历史进程添加了一块新的基石。

数字化转型的兴起源自新一代信息技术的发展和应用的普及,数字化转型的落地在于一个个企业的成功实践。

本书的作者,从新一代信息技术推动企业数字化转型发展的不同视角,展示了这一历史性变革的丰富实践。细细读来,有一些值得深思的启示。

第一,谨慎的数字化规划与行动的成功概率比激进的要高。本书详细比较了通用电气(GE)公司和西门子公司数字化转型的异同,这里摘录几段,从中可见一斑:"GE 采用彻底变革方式,而西门子则选择坚守根基,小动作变革""GE 的'颠覆'商业流程,直接造成和业务部门的考核冲突,西门子的'重塑'商业流程,赋能业务部门,避免了和业务部门的直接冲突"。综合分析,可以看到,GE 在数字化转型开始时,制订了雄心勃勃的计划:服务自身,要实现卓越制造;服务客户,要提升客户成效;服务世界,要使 Predix 工业互联网平台成为工业操作系统,赋能全世界的工业企业;到 2020 年成为全球十大软件公司之一。实际上,上述目标基本没有实现,GE 数字化部门的收入"主要来源于 GE 的其他业务部门"。

第二，数据驱动的数据来自驱动对象本身。本书以发那科公司零停机（ZDT）系统为例，阐述了零停机系统的实现过程，特别是用于预测、分析数据的来源——"实时获取机器人状态的相关数据，例如机器人的零部件包括马达、减速机、能耗、位移坐标等数据""利用积累多年的机器人工业算法和知识，预判设备故障或者使用寿命"。

第三，明确了信息技术与运营技术加速融合是数字化转型的基本特征。本书所指运营技术的对象主要是机器、设备、业务、生产。运营技术在生产制造环节包括生产线逻辑编程控制（PLC）、机器人、服务器、马达；在运算环节包括车队调度、管理、运维等。融合技术而不是新一代信息技术主导数字化转型，这对所有经济和社会发展领域的数字化转型具有深刻的启示。

第四，数字化转型要与企业的战略目标和发展痛点高度吻合，主要依靠自身的力量去实现。美的公司是我国数字化转型的一个先行者，本书对此做了详细的介绍。从"632项目"到双智战略，美的公司均以企业面临的压力和发展战略为导向——解决盈利压力、内部管理分散压力、国际竞争压力，实现"产品领先、效率驱动、全球经营"的企业发展战略。"632项目"的推进，遵循的是"一个美的、一个体系、一个标准"的原则和方法论；双智战略则聚焦于企业的智能产品和智能制造。这样的项目"涉及集团内部庞大、复杂的业务体系，第三方外包公司无法深入了解集团内部的流程和问题，因此主要依靠自身的技术力量去做"。

这些启示对我国各个领域的数字化转型实践都具有重要、普遍的借鉴意义，必将产生深远的影响。本书还对数字化转型的战略、能力建设、架构和技术机制创新等进行了介绍及论述，非常有益于学界和业界深化对数字化转型理论与实践的理解。

是为序。

杨学山

工业和信息化部原副部长

2021年7月

前　言

人类社会的发展是与技术进步紧密相连的。蒸汽机的发明极大地解放了生产力,电灯的使用把黑夜变成了白昼。然而,每一次技术进步造成的经济生活的改变和社会组织的变革都会伴随着社会组织的调整以及商业活动的重大变化,而这种调整对于一部分个人和经济组织来说往往是痛苦的。虽然蒸汽机的能力是以马力计算的,但蒸汽机发明之后,马的作用就极为有限了,甚至有工人通过捣毁机器来宣泄失去工作的愤怒。在爱迪生发明了白炽灯,因而电力照明大行其道之时,蜡烛厂商的生意和命运就可以想见了。因此,技术进步和产业革命为社会带来新的机会、新的发展和巨大财富的同时,必然会伴随着被时代抛弃的失败者和失意者。

数字时代来临形成的巨浪以比过去历次工业革命都更大的冲击力及速度改变着社会组织、经济生活和商业活动。伴随着数字革命的风暴而形成的巨大旋涡,在重新塑造产业结构和企业的命运,新的企业诞生了,新的产业兴起了,而传统产业中的传统企业则面临着巨大的危机。如何在快速发展的数字革命的大潮中,把握机会,驾驭风浪,平稳转型,顺势发展,关系到千千万万个企业的生存和发展。作为企业和企业家就需要认识到数字技术对企业发展的未来带来的变化、新技术创造的新的机遇和可能性、适应数字化转型的组织变革,以及新的组织形势下的激励机制。这是一个大浪淘沙的过程。而传统行业中的企业如何在数字时代的大潮中创新、变革和发展就构成了本书的主题。

从结绳记事的远古时期到今天的数字时代,人类的经济活动和社会的进步与数字是密不可分的。随着科学技术的进步和人类社会的发展,数字得到越来越广泛的应用。在过去的50年里,特别是进入21世纪,伴随着信息通信技术的进步和计算机的广泛应用,数字成为生产资料、经营模式和人们生活的重要内容。以传感器为代表的感知技术把现实世界中的各种事物以及经济和社会活动以数字的形式再现出来,通过大数据技术、云计算技术、人工智能技术和机器人技术创造了新的价值,形成了数字技术的产业链和价值环。数字化的浪潮同时催生了一批勇于探索的企业和企业家,这些数字技术的探索者通过对数字技术的理解将其与经济和商业活动相结合,极大地提高了生产力,推动了相关业务的发展,形成了快速成长的以数字技术为基础的新行业。数字经济已经成为国民经济的重要组成部分,同时也是重构经济结构和经济发展模式的新动力。

面对百年未有之大变革,我国的经济和社会发展进入新的历史时期。我国基于对未来经济和技术发展的预判,把以数字化、信息化和智能化为标志的"新基建"作为到2035年基本实现社会主义现代化远景目标和到本世纪中叶把我国建成社会主义现代化强国的长远目标的重要举措,并且已经开始了规划和实施。这些着眼于未来的新型基础设施的建设和完善,会进一步推动数字产业的发展,而这些经济结构的变化将为传统产业的数字化转型提供技术条件和能力。

然而,"新基建"只是经济发展和企业竞争力提升的前提条件,生产领域的企业基于创新的价值创造才能真正提升企业竞争力和生命力。从传统企业转变为基于现代信息通信和数字技术的企业,对于每个企业和每位企业家来说都是巨大的挑战。能够完成这个跨越的企业将成为未来的企业,而敢于探索的企业家将成为新一代科技浪潮中的弄潮儿。这一转型过程中充满了风险,企业的发展方向和组织架构以及每个人的角色都会在这场大风暴中发生转变。

前 言

我们写作本书的目的就是帮助传统企业在数字化转型过程中顺势而为,乘风破浪,规避风险,完成企业的转型升级。与其他技术革命一样,企业的数字化转型要求数字技术和企业现有业务的有机结合,同时在企业正常的管理和经营的基础上更快、更好地提高效率及市场竞争力,更好地为客户创造价值,实现企业的可持续发展。

本书的读者是企业家和企业数字化转型的负责人。我们在进行调研的过程中发现,与我们在案例中选择的大部分企业一样,领先企业在数字化转型过程中取得了很好的成效,但数字化转型也不乏失败的例子。正因为如此,大多数企业还在思考和观望。我们希望本书能够从战略层面、能力构建及风险规避方面为正在探索和思考的企业与企业家提供一些建议,同时,由于数字化转型会带来企业组织内部和外部的巨大利益调整,因此,书中也就如何设计新的机制与创新提出概念、框架和方法。企业数字化转型是一个持续的过程,战略思维和机制创新涉及顶层设计与长远规划,这是涉及企业生存和发展方向的大问题,而企业数字化转型的实施更多地涉及企业的各个职能部门和各个业务单元的调整。由于篇幅所限,本书侧重于企业层面的战略转型和创新的讨论,业务单元和职能部门的具体运作也有涉及,但更详细的内容有待今后再做论述。

本书是集体智慧的结晶。武常岐负责撰写第一章有关企业数字化转型战略的内容。第二章有关数字化能力的内容由具有二十多年在顶级跨国公司企业信息化和数字化转型方面经验的海广跃主笔。第三章有关企业数字化架构和数字化转型技术的内容由具有卓越技术能力与丰富经验的凌军完成。董小英教授在第四章中深入讨论了企业在数字化转型中的机制创新,并总结了领先企业的成功经验。第五章关于企业数字化战略和企业发展的案例分析以及第六章对于企业数字化转型的展望则由武常岐完成。在成书过程中,我们得到了北京大学光华管理学院和思科公司的大力支持,北京大学出版社的贾米娜女士和光华-思科领导力研究院的朱峰女士对于书稿的完成做出了巨大的贡献,我们在此表示感谢。我们同时感谢在研究过程中接受访谈的思科公司、海尔集团、宝马中国、SAP(思爱普)中国、中国平安、美的等公司。我们对于参与研究工作的北京大学光华管理学院在读博士生刘小溪、张东芳、张昆贤一并表示感谢。

作　者

2021 年 7 月

于北京大学燕园

目 录
○ ○ ○ Contents

第 1 章　企业数字化转型战略　001
　1.1　数字化转型的内涵　001
　1.2　数字经济的发展意味着什么？　004
　1.3　数字革命对于不同行业和不同国家的不同影响　008
　1.4　数字革命对于企业未来发展的意义　021

第 2 章　数字化能力建设　025
　2.1　数字化能力　025
　2.2　数字化旋涡与颠覆　028
　2.3　企业能力的演进　031
　2.4　企业数字化能力坐标系　070

第 3 章　企业数字化架构和技术　104
　3.1　企业数字化转型技术阶段　104
　3.2　数字化转型技术　116
　3.3　软件与基础架构融合　149
　3.4　数字化业务架构　153

第 4 章　数字化转型中的机制创新　161

4.1　企业数字化转型的挑战　161

4.2　组织数字化转型中的六种复杂关系　169

4.3　数字化转型中的机制创新　173

4.4　数字化转型机制创新实践：以平安为例　177

4.5　数字化转型机制创新实践：以美的为例　209

4.6　数字化转型机制创新研究发现　247

第 5 章　企业数字化战略和企业发展　260

5.1　海尔集团数字化转型案例　260

5.2　GE 数字化转型案例　279

5.3　华晨宝马跨国经营与数字化转型之路　289

5.4　企业数字化转型中的助力者　298

第 6 章　企业数字化转型进行时：政策启示与未来展望　306

6.1　数字化转型和经济全球化发展　308

6.2　企业数字化转型的测度与评价　309

6.3　数字化转型和行业标准　310

6.4　数字化转型和信息安全　311

6.5　未来的工作与未来的人才　313

6.6　数字化转型的关键成功要素　314

6.7　数字化转型和智能制造　315

6.8　企业数字化转型带来的新商业模式和新机会　316

参考文献　321

第 1 章

企业数字化转型战略

1.1 数字化转型的内涵

数字化转型是运用数字技术创造或者改进现有的业务流程、企业文化和客户体验,以面对日益变化的商务和市场挑战的过程。这种在数字时代进行业务再造的过程就是数字化转型。数字化转型超越了传统的营销、销售和客户服务等功能,彻头彻尾地改变了有关你的企业应该如何思考和维护客户的问题。当我们从纸和笔的计算转换到试算表,再转换到用智慧应用程序管理业务时,我们实际上就是在再造我们做生意的方式。

数字化转型是当下备受热议的话题,但这一概念的起源并不明确,同时,伴随着数字技术的发展,其内涵也发生了演变。今天,不同研究机构或学者给出的数字化转型的定义虽然存在些微差异,但都强调这是超越技术层面的全面而深层次的变革。

数字化转型(Digitalization,Digital Transformation)有别于信息化(或数字化)(Digitization)。后者是信息的数字化,指的是将模拟信号转换成数字形式,由计算机信息系统来存储、处理和传输,例如将客户或商品的信息以数据的形式录入信息系统中。前者则是社会和商业活动在根本层面的转变，包括价值创造逻辑的改变以及新的业务和商业模式的产生（Iansiti & Lakhani，2014；Legner et al.，2017）。

信息技术咨询公司高德纳（Gartner）将数字化转型定义为利用数字技术改变商业模式，并提供创造收入和价值的新机会，它是指企业的业务转向数字业务的过程。①

中国社会科学院工业经济研究所研究员吕铁（2019）认为对传统产业而言，数字化转型是利用数字技术在生产、运营、管理和营销等环节的深化应用进行全方位、多角度、全链条的改造过程，实现企业以及产业层面的数字化、网络化、智能化发展。

浪潮集团执行总裁王兴山（2019）认为数字化转型是基于信息技术，从客户体验、企业运营和业务模式三个方面推进企业运营平台化，推动客户、供应商、员工、创客及消费者全程、深度参与价值创造过程。其中，数字化运营是企业数字化转型最为重要的挑战，要求企业建立囊括数字化营销、数字化研发、数字化生产、数字化服务流程的横向及纵向高度集成的数字化管理平台，并基于互联网、云计算建立可视化的生产指挥平台、柔性生产控制平台、开放产业协同平台。

随着互联网的普及以及大数据、云计算、物联网（IoT）、人工智能（AI）等数字技术的兴起，新一轮的科技革命正在推动经济和社会领域中的深刻变化。根据国际数据公司 IDC 的估计，从 2008 年到 2018 年，全球每年产生的数据量从 0.49ZB（泽字节）增长 67 倍至 33ZB。不仅数据生产量正在高速增长，企业也更加积极地运用数字技术发掘和实现这些数据的价值，使其成为重要的生产要素。此外，以共享经济、众包、网络协同为代表的生产

---

① https://www.gartner.com/en/information-technology/glossary/digitalization（访问日期：2020 年 8 月 20 日）。

活动重构了新的生产关系。这些变化催生了数字经济的诞生。

根据 2016 年发布的《二十国集团数字经济发展与合作倡议》，数字经济是指以使用数字化的知识和信息作为关键生产要素、以现代信息网络作为重要载体、以信息通信技术的有效使用作为效率提升和经济结构优化的重要推动力的一系列经济活动。1995 年，美国数字经济之父唐·斯普斯科特在其著作《数字经济：网络智能时代的希望和危险》中首次提出数字经济的概念并预见了信息技术对经济发展产生的影响。随着信息技术革命的推进，数字经济孕育、壮大，如今已成为全球经济发展的重要驱动力。华为公司发布的《全球联接指数 2018》报告指出，过去 15 年全球数字经济的增速是全球 GDP（国内生产总值）增速的 2.5 倍。数字经济在国民经济中的地位稳步提升。

在数字经济的浪潮下，传统商业模式面临重构，原有的信息沟通、组织管理模式已经不能适应新的市场环境，实体经济的发展以及企业的生存和发展必须走追求高效、敏捷的数字化转型之路。

制造业作为国民经济的主体，是发展数字经济的主战场。智能制造是数字经济时代实现制造业升级的内在要求，也是数字经济的重要引领。智能制造本质上是促进新一代信息技术与制造业的融合发展，已成为世界制造业发展的趋势：德国提出"工业 4.0"战略，美国提出"国家制造创新网络"和工业互联网，日本提出新一代工业价值链，我国也将把智能制造作为主攻方向。智能制造是我国重塑制造业新优势的现实需要，也是制造业企业保持竞争力的必然要求。

制造业的数字化转型是世界各国数字经济转型的重心，是实现智能制造的必要途径。根据 IDC 公司的《数字化转型支出指南》[①]，数字化转型支出最大的两个行业是离散制造业和流程制造业，2018 年其支出份额分别为 43.4%

---

① http://www.199it.com/archives/893321.html（访问时间：2020 年 8 月 20 日）。

和 22.7%。然而，数字化转型作为一个复杂的系统性工程，对企业尤其是传统企业来说是巨大的挑战。调查表明，虽然大多数企业都已经意识到数字化转型是制造业的未来，然而，70%的数字化转型项目无法实现既定目标。[①] 根据 2018 年华为对自身客户的一项数字化转型进展调查，只有 5%的企业处于观望中，也仅有 26%的企业实现了大范围的推行，绝大部分企业正在规划准备（31%）或开始先期试点（36%）。传统制造业由于企业数量众多，且有相当数量的大型企业，整体信息基础设施和关键技术能力较为薄弱，因此数字化转型更是难上加难。

企业的数字化转型，简单理解，就是传统企业通过将生产、管理、销售各环节与云计算、互联网、大数据相结合，促进企业研发设计、生产加工、经营管理、销售服务等业务实现数字化转型。根据有关机构的测算，数字化转型可使制造业企业成本降低 17.6%，营收增加 22.6%；使物流服务业成本降低 34.2%，营收增加 33.6%；使零售业成本降低 7.8%，营收增加 33.3%。我国企业推动数字化转型的比例约为 25%，远低于欧洲的 46% 和美国的 54%，属于刚刚起步阶段，面临很多急需解决的实际困难。

1.2 数字经济的发展意味着什么？

近年来，数字化概念的兴起引发了学术界对数字经济的讨论。数字化的兴起得益于信息时代的来临，而信息时代的来临又得益于互联网技术的发展。麦肯锡公司 2018 年发布的研究报告《数字时代的中国：打造具有全球竞争力的新经济》中提出了数字化的三大推动力，即去中介化、分散化和非物质

---

① https://www.forbes.com/sites/forbestechcouncil/2018/03/13/why-digital-transformations-fail-closing-the-900-billion-hole-in-enterprise-strategy/#287d54af7b8b（访问时间：2020 年 8 月 20 日）。

化。去中介化意味着零售这一中间环节被完全砍掉，供应商直接通过数字平台对接消费者，颠覆了零售行业；分散化意味着将庞大的资产分散为多个小份，再转化成服务提供给碎片化的消费者群体；而非物质化即产品或流程从实物转向虚拟，以数字化交付"解绑"需求。三大推动力带来的是更加注重客户体验、更加快速反应和更加碎片化的商业模式。为了顺应这一模式，企业的数字化转型应该从产品技术层面、企业管理层面和产业模式层面展开。

产品技术层面是最为基础的一个方面。譬如，从20世纪80年代末开始，随着电子技术尤其是网络技术在出版产业中的应用，与信息社会相适应的全球化、网络化、数字化出版时代到来。随着时间的推移，产品技术层面发生了根本性的变革，计算机与网络技术开始应用于出版的某些环节，电子图书开始出现。进入21世纪以后，以高等教育出版社和商务印书馆为代表的一批传统出版社迈出了向数字化转型的步伐。除了出版领域，数字技术也已经广泛应用于建筑设计、电影、教育、数码摄像等各个行业中。

随着数字化技术的深入发展，尤其是在制造业领域，大家更加关注的是如何利用新兴的数字化技术来实现企业的数字化改造，将企业打造成更具效率、更加智能的企业。中国工程院院士周济认为，随着以数字化为基础的各种信息技术的深入发展，企业的生产将发生巨大的改变。通过将人工智能、传感等数字技术应用到生产中，企业能够实现对生产环境的实时监测、控制和处理。同时，生产设备将更加智能，其自我学习和决策能力将得到巨大提升。周济在2012年贯彻落实全国科技创新大会精神院企交流会议上说："制造业数字化智能技术是互联网时代新兴工业革命的核心技术"，运用数字化技术来实现智能化管理，将大大提高企业的生产和管理水平、降低成本。而这种成本的降低不仅仅局限在企业的生产方面，数字化企业的建构基础是数字信息技术，通过将信息传输和计算机技术相结合，实现整个企业业务流程的巨大变革。袁清珂、何圣华和李炳田（2003）认为，企业的数字化是指在实现生产管理、设计、装备等数字化的基础上，实现企业生产运作管理各个环节全方位的数字化。这种数字化的企业将更加智能，能够根据消费者需求迅速做好订单处理和生产管理工作，优化生产、销售、服务等企业业务流程的各个环节，提高企业应对市场需求变化的能力和创新能力，从而实现综合竞争力的提升。范玉顺（2016）认为，信息时代数字化技术的深入发展，将会导致企业的经营模式和制造技术产生变革。各企业之间的竞争不再仅仅局限于有限的地域和单个的企业之间，而是拓展到全球范围内、各个企业群体之间。毫无疑问，随着数字化技术的深入发展，企业通过各种智能软件集成管理系统能够摆脱以往单靠手工管理企业内部数据的缺陷，实现对企业生产、销售、售后乃至消费者的全面统一管理。

产业模式的数字化转型是在更高层次上讨论数字化的又一进步。我们讨论的不仅仅是数字化技术，也不仅仅是将数字化技术应用到企业管理中，而是一种思维模式，一种建立在互联网时代的背景下、对传统企业如何进行转型升级的思考，这种转型必将是对商业模式的彻底颠覆。因此，综合以上讨论，我们认为数字化是指企业在互联网时代，以用户需求为导向，通过数字化技术和手段在企业价值链的各个环节进行服务，以提升用户价值的过程。而数字经济则是在数字化技术的催生下萌生出的一种全新的经济形态。这种经济形态以需求为导向，以数字和信息为竞争的资源焦点，通过计算机技术培育企业的竞争优势。

数字经济的发展以互联网技术为基础。自1994年中国接入国际互联网以来，互联网在中国特有的环境下掀起一波波巨浪，使得人们对于互联网的认识也经历了一个不断变化和深入的过程。近几年，尤为明显的是，越来越多的互联网企业纷纷"跨界"，渗入传统工业领域，"互联网思维"颠覆了许多传统的行业，开启了一个全新的时代，也引起了很多学者的关注和思考。《哈佛商业评论》曾经指出，商业即数字。丁宝洛2013年在《哈佛商业评论》上发表《商业即数字》的文章，认为未来的世界是数字化的世界，商业的数字化是基于个体生活的数字化。在数字化的世界里，无论你身处哪个行业，你的企业都将化身为数字企业。

随着互联网的深入发展，整个传统行业的商业模式受到了来自互联网的强烈冲击。对于传统企业而言，在互联网时代必须转型升级，去适应全新的商业模式。以传统汽车行业为例，过去几百年间汽车的生产制造讲究的是流水线分工的精细化，现如今在物联网技术和人工智能技术的辅助下，如果仅仅依靠人工来实现分工协作，其效率和精准程度都将失去传统的优势。因此，对于汽车产业而言，数字化转型为行业升级提供了一个明确的方向，为汽车行业提供了一个发展机遇。再比如化妆品行业，传统工业时代的商业模式是：规模化生产、规模化销售和规模化传播"三位一体"，但在互联网时代，这种"三位一体"的模式就显现出明显的弊端。在互联网时代带来的挑战下，我们看到的情况是，许多企业为了应对这一挑战纷纷从数字化转型的角度做出努力。

在互联网时代之前，企业与消费者之间存在着重重隔阂。企业对于市场上消费者需求的判断更多的是依靠以往的经验和专业的市场调查报告。同时，产品从研发、生产到最后的问世需要一定的周期，等到产品制造出来销售时，原有的市场环境可能又已经发生了变化，这种需求和供给之间存在的时滞是非常致命的。基于第二次工业革命之后奠定的生产传播模式创造出批量化的工业品，对于满足人们日益增长的物质文化需求，提高人们的生活水平，无疑是非常有帮助的。生产机器的发展、生产力水平的提高为工业产品的生产奠定了基础，报纸、广播、电视等媒体的传播模式成为宣传的重要手段。这种模式下，具有资本势力的企业往往占据着十分有利的地位，它们凭借着雄厚的资金实力和生产能力打通各个渠道，建立起规模经济。而互联网时代的来临则完全是一种全新的模式，互联网追求的是快速迭代和个性化。在迭代思维中，目前来看主要基于两个原则：一是从小处着手，进行微创新。这里强调的是要持续而快速地在产品、体验等方面加以改进，通过累积效应最终形成颠覆式的创新。二是快，只有快速发展用户、快速开发产品，才能立足于市场。对于传统企业而言，在互联网时代必须进行转型升级，以适应这种全新的商业模式。有学者认为，"互联网发展到今天，就如同电力一般，已经演变成为当今社会生活的基础设施，我们应该用全新的眼光来看待，它不仅是提高生产力的工具，构筑未来生活的基础设施，更应该是一种全新的思维模式"（赵大伟，2015）。在互联网时代，传统企业价值链中的商业模式是以供给为导向的，如今这种模式正在受到以需求为导向的商业模式的冲击。在以往的商业模式被颠覆、传统意义上可依托的壁垒被打破的背景下，许多传统企业面临着互联网化企业"降维"式的打击。我们现在正处于从工业时代向信息时代并进一步向数字时代转变的阶段，在这个时期，那些拥有"互联网基因"的企业必将有所作为。

总结来看，数字经济的到来使得我们不应仅仅将关注的焦点放在互联网企业身上，而是要去追求如何把最先进的信息和网络技术应用到传统工业的转型升级上来。在这一过程中，企业难免会面临诸多挑战，例如商业模式的彻底颠覆、技术的发展速度与日益增长的产品需求不相匹配、应用层面出现"水土不服"等，但我们应该认识到，数字经济本身具备巨大的发展潜力，不应因为受这些挑战的影响而使我们发展的步伐受阻，相反，我们更应该看到的是挑战背后的机遇，例如如何利用这些技术使业务流程的管理更加精密、更加高效，如何在互联网时代最大限度地降低成本、提高利润，如何在数字经济的驱动下实现消费者和生产者的和谐共生、促进整个社会的共同进步。这将是数字经济发展带给我们的最有意义的结果。

1.3 数字革命对于不同行业和不同国家的不同影响

数字革命是指将计算机所产生和处理的电子信号，用"1"或"0"转换以后变成图像、文字、声音、数据等加以处理。这种数字处理方式的变革被称为数字革命（Digital Revolution），其标志就是计算机的发明和数字化时代的到来。数字革命在技术上为数字经济的到来奠定了基础，也为数字经济培育了新型的生产工具和生产方式。数字经济通过不断升级的网络基础设施与智能机等信息工具，利用互联网、云计算、区块链、物联网等信息技术，使得人类处理大数据的数量、质量、速度和能力不断提升，推动人类经济形态由工业经济向信息经济、知识经济和智慧经济形态转化，极大地降低了社会交易成本，提高了资源优化配置效率，提升了产品、企业、产业附加值，推动了社会生产力的快速发展。正是得益于数字经济提供的历史机遇，我国才得以在许多领域实现超越性发展。

1.3.1　数字经济对于不同行业的影响

数字经济的兴起给处于实践中的这些行动者们出了一道难题，他们想要在新型的经济形势下生存下来，就需要有创新的实践。因此，数字经济催生了对数字化转型的需求，而数字化转型带来的结果是倒逼企业、行业乃至国家开始实质性地谋划和布局战略方针。以移动及社交技术为代表的数字化技术无疑是新生代消费者日常生活习惯改变的背后推手。实际上不仅仅是新生代，通过数字化相互连接的广大消费者以及企业等都在悄然发生着变化。正是在技术快速变化的推动下，以互联网及高新科技为代表的企业率先实现了数字化转型，进而带动各个行业，包括传统的银行、电信、制造等行业都在发生深刻的变化。对于不同行业而言，由于其有自身的特性，在生产流程或环节、终端产品或服务所面向的人群、所处的政策环境、技术水平要求等方面具有显著差异，因此在推进数字化的过程中会展现出相异的特征和轨迹。

1.3.1.1　国务院发展研究中心课题组对于不同行业数字化转型的研究

2018年国务院发展研究中心课题组的研究报告以汽车、轻工、化工、食品、服务、医疗健康等行业为例进行了讨论。

1. 汽车行业

汽车行业更为注重研发能力的提升与生产过程的优化，通过 MBE（基于模型的企业）虚拟仿真设计和制造、基于工业大数据平台和相关供应链管理的集成，实现缩短研发周期、供应链和整车制造过程的无缝对接以及设备健康管理等在内的系列优化，实现智能产品、智能生产、智能服务，以提高生产敏捷性，满足消费者的个性化需求。目前，汽车行业的数字化发展呈现出一些新的趋势：汽车产品将普遍体现出智能网联特征，动力系统也将持续向电动化转型；大规模定制很可能成为汽车生产制造的主导方式，其他的一些方式也存在长期发展潜力；平台经济、分享经济模式兴起，智能交通体系不断完善。

2. 轻工行业

轻工行业中以家电业为例，家电生产商们积极探索互联工厂模式，缩短产品研发周期，提升工厂的自动化程度和生产效率，快速满足用户的个性化需求，实现从大规模制造到大规模定制的智能化转型。而实现这些目标可能的途径有：建设互联工厂，用机器人替代工人；建设精密装配机器人社区，实现并联式生产；通过 APS（高级计划与排程）系统自动根据客户订单排产来满足用户个性化定制的最佳体验；生产上通过通用化和标准化的不变模块与个性化的可变模块来实现高度柔性生产。

3. 化工行业

化工行业追求产品向数控化和智能化方向发展，流程制造业向以数字化、可视化、自动化、网络化、集成化为特征的集成制造发展，变革其规模定制生产方式和生产型服务业的生产模式及产业形态。可能遵循的路径有：积极开发供应链一体化、物联网、大数据和云计算等先进的信息技术手段，以信息化带动工业化；推进生产过程控制装备的数字化、网络化；与供应商、客户、合作伙伴实现协同业务的网络化、全球化，提高对市场动态多变的适应能力和竞争能力。

4. 食品行业

食品行业由于与消费者的健康、安全息息相关，因而其突出特征在于生产过程的实时监控以及事后的质量可追溯。食品行业在生产过程监控方面可应用物联网和/或大数据对产品进行从生产到加工的全流程监控分析，实现精细化、自动化生产；对于可追溯体系的侧重既使得食品企业能够取信于消费者，又能获得实现产品质量持续改进所需的系统完整的信息集成，更好地满足消费者需求。

5. 服务业

服务业更侧重于定制化（小批量生产或个性化单件定制），极为关注用户的体验。因而，为了应对消费者既个性化又日益分散化的需求，服务业可以努力的方向是转向网络选择更广泛的供应商，获取更详细的客户洞见，推出更丰富、更复杂的产品，以更精准地满足消费者需求。同时，还可以通过向消费者提供覆盖线下、线上和移动等各类平台的无缝、便利和个性化的用户体验，实现服务的快速反应。

6. 医疗健康行业

医疗健康行业在个性化、定制化方面的需求比服务业更进一步，同时兼具了食品行业对安全、健康的要求。该行业可以通过平台打通生产与计划资源，实现生产与供应链对用户需求的快速响应。借助平台，医疗健康行业中的企业可以实现与用户的无缝对接，通过用户交互及用户行为分析，形成满足用户健康需求的个性化定制方案；实现产品生产、交付的全过程透明可追踪，提升用户体验。

1.3.1.2 麦肯锡全球研究院对于不同行业数字化转型的研究

数字革命对于不同行业也会产生不同的影响。为了描述整个经济领域正在上演的这种转型，麦肯锡全球研究院 2014 年的报告也选择了六个代表性行业进行深入分析，它们覆盖了制造业与服务业中不同类型的行业，包括连续生产与离散生产行业以及企业与半公共性质的服务业。通过揭示不同行业受到数字革命的不同影响，我们可以更有针对性地对不同行业的数字化转型提出独具特色的道路选择方案。

1. 消费电子业：为创新电子产品开辟新市场

互联网为消费电子类产品释放出巨大的创新动力，包括智能家电和网络电视等连接设备。例如，海尔开发的智能家居解决方案，将用户的家电设备与家中的娱乐、安防及照明等各个系统相连接。中国消费者已经对数字电影、电视节目、音乐、游戏和其他媒体内容展现出浓厚的兴趣。2013 年，大约 70% 的中国网民观看网络视频，有大约 50% 使用移动互联网观看网络视频。数据存储、文件共享和其他用途的消费者云服务将成为增长的主要来源之一。互联网在扩大市场消费需求的同时，也帮助该行业提高了生产效率。由于供应商范围扩大了，企业可以用最合适的价格采购到所需的产品。同时，营销转移到网络平台后精准度更高了。从 2009 年到 2012 年，消费电子领域的电子商务每年的复合增长率达到 103%，而实体的复合增长率仅为 9%。一些企业甚至通过众包进行产品开发来倾听消费者洞见。比如，智能手机制造商小米推出官方网上社区，粉丝们对产品改善提出的建议会反映到每周的软件更新上。

预计到 2025 年，互联网对行业总体增长的贡献度为 14% 到 38%。互联网还能够给该行业及其相关价值链带来高达 7% 的就业增长。取决于互联网覆盖率和网速的提高，绝大部分增长可能来自为智能家电、互联网电视、数字媒体内容和云计算服务所开辟的新市场。

2. 汽车业：建立新的销售和服务

面临增长放缓和产能过剩，中国汽车业提升生产力的压力越来越大。互联网将帮助中国汽车制造商和相关价值链上的企业克服这些困难，创建新的增长模式。

领先的制造商已经使用实时数据来优化供应链的库存水平及运输线路。麦肯锡和中国汽车厂商的合作显示，业绩最好企业的库存周转速度比最差的快了 5 倍。今后，消费者通过网络获取信息会越来越普遍，互联网还能够帮助汽车制造商管理持续攀升的营销成本。斯柯达和大众公司正在尝试通过其官方网站或天猫销售汽车，此外，易车网、汽车之家等汽车垂直网站也发展迅速。

除提供更多的安全和助驾性能外，互联互通还将为汽车业造就一系列新市场和服务机会，比如维修保养提醒和远程车况检测，这既能为经销商节省服务成本，又能为车主节约时间。在中国，通用汽车的安吉星提供 GPS（全球定位系统）和维修保养提醒，宝马的 Connected Drive 则通过智能手机提供远程控制。梅赛德斯奔驰 2014 年发布了"Mercedes me"数字平台，整合为消费者提供的各种服务。本土车企现在还是主要关注首次购车者，对他们的信息掌握得有限，但随着客户消费的升级换代，互联互通将提供非常有价值的用户洞见，帮助汽车制造商实现未来的汽车和增值服务销售。物联网则为售后打开了新市场，如汽车的维修保养提醒和远程车况检测等。互联网还能追踪甚至锁住拖欠贷款的车辆，这样银行和经销商也更愿意为信用记录不足的中小企业主发放车贷。

中国的二手车市场正在成长，发展空间还很大。据中国汽车流通协会统计，二手车市场的规模由 2014 年的 300 万辆增加到 2020 年的 1 430 万辆。电子商务平台优信拍和车易拍为经销商提供了可靠的二手车，帮助消费者寻找令其满意的汽车，提高每次交易的信息透明度，从而消除目前市场发展的主要障碍。一些领先的网站提供二手车交易的比较，如果能够出现类似美国的 Carfax 和 Kelley Blue Book 这样的第三方服务机构，提供汽车过往的驾驶信息和公允的价值评估等种种便利，二手车的增长势头将会保持下去。

大型汽车租赁和服务商通过搭建网上平台来削减销售及市场费用，而出租车和豪华车租赁服务开始使用互联网优化车队调度。乘客则可以使用滴滴打车等移动应用就近打车。预计到 2025 年，互联网技术对汽车业 GDP 增长的贡献度为 10% 到 29%，其中 60% 来自提高的生产力。我们评估的互联网应用对汽车业及其相关价值链的就业影响倾向于中性，最高可增加 1.5% 的就业率。二手车、远程服务、商用车次级车贷等新生市场可以创造多达 28 万个就业机会，足以抵销因现有运营中生产力提升而可能失去的 20 万个工作机会。

3. 化工业：推动产业链升级

中国的化工行业正在升级过程中——化工企业在低利润的大宗商品上竞争的同时，开始开发更加高端的产品。与此同时，公众对环境的普遍担忧导致监管的加强，企业的成本也随之提高。受此影响，化工企业迫切需要优化生产流程。互联网技术能够帮助化工企业解决这些问题。通过提供从供应商库存、货运物流到下游客户需求等方面细化的实时数据，互联网可提高预测的准确度并优化生产计划。这些工具的使用目前在中国仍然处于初期，但大型制造商有很强的动力加快发展。互联网还能帮助化工企业紧跟科学与行业的最新动态，与客户及外部专家实现合作，从而提高企业的研发能力。目前互联网对该行业的影响比较有限，但是随着化工企业将销售扩张到中小城市，也有可能带动电子商务的发展。有些企业已经搭建了自己的网络平台，或者与阿里巴巴、慧聪网或广州化工交易中心等第三方平台展开合作。企业可以利用物联网提供综合解决方案，例如工业企业的水处理方案。精细农业则是另一个新市场：传感器能够收集、处理农田中水分和营养水平的实时数据，并自动生成所需的肥料相关信息和处理方法。

预计到 2025 年，互联网对化工业 GDP 增长的贡献度为 3% 至 21%。生产力的提升有可能导致该行业及其相关价值链最高 3% 的就业损失。新市场能够抵销这一影响，但是在很多领域，新市场的成长取决于物联网的发展程度。技术标准的统一可以加速这一进程，让企业能够借助同一个行业平台而无须专门开发自己的系统。传统上，化工行业的IT（信息技术）投资要低于其他行业，特别是在中国。为了最大限度地挖掘互联网的潜能，化工企业需要加大对技术的投资。

4. 金融业：服务新的零售及企业细分市场

随着监管的进一步放松，以及互联网金融越来越大的影响，金融业的竞争日趋激烈。这些趋势可能会逐步侵蚀利润，使金融机构利用信息技术降低成本、开拓新市场的紧迫性更为突出。

通过对互联网上海量的实时数据点的分析，银行可降低不良贷款风险。银行、证券和保险公司纷纷搭建网络平台，以提高市场营销和与客户互动的有效性。根据中国工商银行的估算，网上的交易费用仅是网点柜台的1/7。提高风险管理和降低交易成本，可使银行有能力服务更多的个人和中小企业客户。

目前，中国消费者有大约60%的金融资产作为银行存款放置于银行，但互联网降低了交易成本，也降低了投资理财的门槛，因此，网上货币市场基金、折扣券商和第三方在线市场开始出现。在线支付平台为网络零售交易提供了关键的基础，亦推动了实体零售消费的增长。

预计到2025年，互联网对金融业GDP增长的贡献度为10%到25%。但是，生产率的提升可能削减最高5%的就业率，特别是在销售和客户服务领域。此外，由于互联网工具在金融领域的广泛应用，资本配置将更有效率，从而将为其他行业创造500万至1 100万个就业机会。考虑到互联网金融创新，金融业监管框架需要进一步明确。互联网金融模糊了监管方管辖的贷款、支付和投资领域的界限，这就需要各方通过合作来达成可预测的、统一的监管框架。监管方的挑战是要紧跟变化，并在鼓励创新和降低风险之间寻求平衡。同时，为了建设强大的信贷系统，监管者也需要制定明确的数据分享规则和保护用户隐私。

5. 房地产：从砖块到鼠标

中国的购房者和租房者越来越倾向于在网上搜索理想居所。类似于搜房网等电子商务平台，提供开发商、经纪人、个人房东的挂牌信息、楼盘广告和搜索功能。由于能够更快地找到有诚意的购房人，开发商和经纪人可以优化房地产搜索及交易流程，降低营销和存货成本。地方政府现在可以搭建土地招拍挂网上交易平台以提高信息透明度。此外，中国最大的C2C（个人对个人）网站淘宝网也在2012年推出了抵押房产的拍卖平台。

电子商务平台让房地产开发商、承包商和连锁酒店可以在各类电子商务平台上采购建筑材料、设施、设备和装潢材料。通过整合众多小型批发商的订单，采购成本可降低5%到30%，并且小型供应商可与买家直接对接。互联网也创造了新的商业领域。例如，物业管理公司可以建立网上社区，与某个小区的业主们保持联系。这类社区往往用于常规的管理和维修或提供增值服务，不过隐私和安全仍是问题。

从更广泛的角度来看，互联网正在塑造商业地产的需求。网络零售降低了对实体网点的需求，却提高了对拥有先进物流的现代仓储地产的需求。一些商场正变得更加娱乐化和以消费者体验为导向。把旅行者和愿意出租房屋的业主连接起来的新型服务网站则对酒店业造成了压力，虽然度假房屋租赁在中国的推广速度比世界上的很多地方都慢。

互联网对房地产业产生的可量化影响充满不确定性。预计到2025年，该行业的GDP增长可能因为互联网降低3%或增加6%。随着互联网带来的生产力的提升以及需求的重塑，也可能会使该行业及其相关价值链减少高达8%的就业机会。此外，互联网有可能导致房产的价格变化，因为购房者和租房者获得的信息更多了，更高的透明度降低了信息不对称产生的溢价。

6. 医疗卫生业：扩大覆盖，降低成本

中国正在雄心勃勃地改革其医药卫生体制，人口老龄化和慢性疾病对原

有系统造成的压力越来越大。医药卫生体制改革能否成功，医院资金也许是最关键的决定性因素。不过，一旦医药卫生体制改革成功，互联网将成为提升医疗系统效率的重要工具。现在很多低级别的医院、社区卫生所和农村诊所都缺乏技术系统。即使是大城市的三甲医院，信息管理仍然十分分散。从纸质病历记录到电子管理系统的转变将大幅提高中国公共医疗卫生的管理水平。结构性失衡是中国医疗卫生系统面临的最大挑战之一。中国80%的医疗资源集中在城市，哪怕是小毛病，患者也要千方百计到大医院治疗。区域健康医疗信息网络（RHINs）则可以将大医院和社区诊所联网，协调转诊和治疗事宜，从而缓解这些问题。目前，区域医院信息网络已经在上海和北京实施，并逐步推广到全国其他大城市。远程医疗和远程检测在病人与几百公里之外的医学专家之间建立起全新的联系，一定程度上缓解了医疗资源的不平衡。这些理念在中国得到快速推广，但是必须有效协调医院和医生的利益，这样才能激发全部潜力。

互联网还能提高治疗水平。例如，临床决策支持系统协助医生进行诊断，如果医生开具的药物可能出现不良反应，系统就会进行提醒。电子病历和网上追踪系统有助于制定疾病治疗规范，医生可以访问学习网站（例如丁香园），了解最新的研究成果。现在，人们可以访问点评医院和医生的网站来了解相关信息。因为这些工具使得治疗结果和患者满意度更加公开透明，所以医院和医生就必须做得更好。网上预约系统能够缓解三甲医院的排队问题，而网上咨询平台可以让患者直接向医生提问。

制药企业和医疗设备制造商可以通过大数据扩大研究合作，提升临床试验效率。为了加强对药品供应链的监督，杜绝假药并防止滥用，药品电子监管码已经得到应用。电子商务最终将扩大非处方药市场，也能够提高市场营销的效率。互联网每年可以节约1 100亿到6 100亿元人民币的医疗卫生支出，这笔费用将占2013年到2025年医疗卫生成本增长的2%到13%。效率提升会使该行业及相关价值链的就业机会降低2%。但同时，一个更高效的系统将产生更多的间接收益，提高人民的生活质量，以及打造更健康、更高效的劳动力队伍。

电子病历和区域网络等信息化举措取得积极进展的同时，政府也需要采取行动，鼓励医院、医生、制药企业、医疗设备企业以及支付方使用基于互联网的工具和系统。与此同时，个人医疗信息的私密性非常关键。有关方面需要出台新的监管政策，以控制风险，监督新药和新服务的质量，防止欺诈和网上信息误导。

1.3.1.3 小结

通过国务院发展研究中心课题组和麦肯锡研究院针对不同行业的数字化特征及历程所做的研究报告，我们可以总体上来看数字革命对不同行业产生的影响。首先，无论对于什么样的行业而言，由数字化带来的数字经济的特征在所有行业上都表现出了同一性。比如更加注重客户的服务体验、以需求为导向，这也启发市场上的企业要转变战略思维模式，提高消费者乃至全社会的福祉；再比如运用各种互联网技术实现高效管理，结合人工智能、物联网、大数据等管理用户数据，支撑企业运营。简而言之，数字化趋势下的革命对不同行业的应变能力、技术开发能力和满足社会需求的能力等方面都提出了更高的要求。这是数字革命对不同行业产生的共同影响。而正如我们一开始所提及的，不同行业由于具备不同的发展周期、发展历史和技术水平，在吸纳新技术及应用新技术的速度和效率上会产生差异。轻工业（如服装业）和医疗健康产业因为轻资产的特点，在利用互联网技术上对于数字学习的能力要求相对较低，所以吸收能力更快，更能在企业乃至行业内部带动变革，而传统工业，如制造业、化工行业由于自身设备更新换代的速度较慢，如果依靠整个互联网带动企业管理，则需要有满足更高要求和更全面的信息系统进行辅助运营，因此对于数字学习的能力要求则相对较高。从另一个角度看，不同行业与互联网之间、与客户之间联系的紧密程度也使数字革命的影响产生了差异。生产系统、销售系统及客户管理系统的数字化改造升级不仅仅需要单一体系的努力，还需要整个企业甚至整个行业生态圈的共同努力，因此转型带来的压力自然会有所不同。此外，不同行业面临的挑战不同，由此产生的机遇也会不同。有些行业顺应了数字化趋势，在短期内发展迅速，快速进入成长期，而对于有些夕阳行业而言，升级换代的任务则更为艰巨，但如果能够把握好这一契机，由此产生的增长空间也会很大。

1.3.2 数字经济对于不同国家的影响

数字革命除了给不同的行业带来不同的影响，对于不同国家而言也是如此。由于不同国家经济发展水平、地域和文化存在较大差异，数字革命对不同国家也会产生不同的影响。以发达国家为例，美国、日本、英国、德国等国家早在几年前就开始大力推动数字化。比如美国的硅谷，凭借着雄厚的科研实力和创新精神，使得高新技术产业率先实现了数字化转型；再比如德国宝马，为了响应数字化趋势的号召，德国总部的制造工厂也开始向全球范围内的各大工厂推行创新实践，同时鼓励不同国家和地区之间的跨境交流与合作。发达国家推动数字革命的优势在于完善的基础设施体系、雄厚的资金实力和科研能力以及高质量的创新技术，因此无论是在开始时间、转型速度和转型质量上都占据优势，但应该看到的一点是，发达国家由于自身的发展基础本来就较好，数字化转型更多起到的是锦上添花的作用，对这些国家的企业而言，转型释放出来的增长潜力可能远不如新兴市场来得大。过去十年来，新兴市场企业的发展速度已经远远超过成熟市场的同行业企业，而这种增长的一个主要推动力就是数字经济，尤其体现在对电子商务和数字服务与日俱增的消费需求上。波士顿咨询公司（BCG）根据技术和市场调研中心 Forrester Research 和市场研究机构 eMarketer 的预测分析认为，确定的新兴市场上有超过22亿在线消费者,其中约5.5亿人在2016年至少有过一次网购经历。在巴西,互联网消费者使用互联网购物的比例占购物总量的56%。大约70%的印度消费者通过访问互联网做出了更为明智的消费决策。根据艾瑞咨询的调查,中国消费者的移动交易数量是美国的50倍以上。新兴市场除了在消费端表现出巨大的发展能力,它们的企业也正在逐步与发达国家争夺市场份额。例如,它们在全球互联网软件和服务收入中所占的份额从2007年的7%上升到2016年的32%。科技行业的各个板块也显现出类似的势头,在同期的十年间,电信设备企业的收入份额从5%增至21%,保持同样势头的还有半导体及半导体设备、电子设备及元件企业。非科技类企业也正在运用数字技术以改善运营,克服其在新兴市场上面临的物理、金融以及商贸方面的诸多业务障碍。以中国为例,腾讯、阿里巴巴、比亚迪等一些走在世界前列的中国企业也依靠自身的努力,把新兴市场的数字化建设能力带到了世界舞台,向全世界展现了新兴市场巨大的发展潜力和它们对于数字化发展的信心。在未来的发展中,新兴市场将会继续保持这样的势头,成为数字革命最主要的推动者。而其他的一些发展中国家可能出于种种原因,包括地缘冲突、社会动荡等,无法为数字革命提供一个好的环境,因此在这一方面会有所落后。发展较好的发达国家和发展迅速的新兴市场国家也有责任与义务帮扶较落后的发展中国家,共同推动全球数字革命的进行。

当然,以数字经济为特征的数字革命一旦在全球范围内开展,势必会面临跨境数字运输的问题。以往传统的国际合作与竞争可能仅仅停留在商品货物和服务层面,在这些实体经济的部门内进出口,但随着数字经济的影响日益增大,跨境货物流通贸易的方式也将发生改变,依靠数字流通实现跨国、跨境贸易管理,必然会对保密性、准确性和硬件系统的支撑提出更高的要求,而这样的改变对于贸易顺差国和贸易逆差国而言究竟是好是坏,国家之间应该如何应对,将会是一个十分重要的话题。

1.4 数字革命对于企业未来发展的意义

数字革命对于企业而言，无疑是一次巨大的发展机会。数字化时代正在不断重置客户的期望，促使企业不断重新思考如何端到端地提升用户体验，包括如何帮助客户快速发现企业的产品及服务、如何随时随地作为独立个体来对待每个客户的每次交互、实现产品及服务的无缝体验、建立超越交易关系的互信、形成有共同利益的关系等。但摆在企业面前的关键问题是：如何以最佳方式应对这种变化？如何抓住机遇实现创新、差异化和增长？在数字化转型的道路上应该如何走、走多快以及走多远？

通过分析 IBM 商业价值研究院在过去 10 年里发布的年度全球 CEO（首席执行官）调查报告，我们可以看出，企业领导从过去关注企业业绩的单纯增长，逐步转变为关注业务模式的改变和创新，以及如何应对内外部的个性化需求，通过生态环境建设增强创新能力。据此，IBM 商业价值研究院进行了大量深入研究，从两个维度提出了企业数字化转型的方向：一方面，从外向内重新确定客户价值主张，即客户需要什么、企业应该提供什么；另一方面，从内向外重新规划运营模式，即企业如何被组织起来提供服务。因此，对于企业的未来发展而言，数字革命带来的是运营管理和用户体验的转型换代，未来的企业需要将发展重点从注重利润转变为注重管理和注重客户。这是数字革命给企业带来的最为根本、最为彻底的改变。

在当前日益数字化的世界中，即便在产品主要采用物理形式的行业中，企业也不会从"零"开始数字化转型；相反，大多数企业已经通过提供交互式网站、更好的客户服务或者更优质的客户体验找到了使用数字化信息的方式。无论企业当前处于什么阶段，企业的数字革命之路都可以遵循以下三条路径：其一，注重客户价值主张；其二，注重运营模式转型；其三，从更为整体和整合的角度，将前两条路径结合起来，同时进行客户价值主张和组织交付运作方式的转型，最终达成业务模式的转型。

在客户价值主张方面，数字革命有助于帮助企业从以往的对于财务指标和财务业绩的关注拓展到更加注重用户体验和与用户的关系。正如我们上文所提及的，与客户建立起超越交易关系的连接纽带，有助于企业最大限度地理解客户甚至整个相关市场的真正诉求，找准自己的定位，提供自己所能提供的，更好地抓住市场机会、应对竞争。

我们在对宝马合资在中国的公司——华晨宝马——负责数字化转型的管理人员的访谈中得知[①]，华晨宝马公司四大数字化模块中就有一块是关于与客户之间的数字化交互的。以4S店的销售为例，如今通过视频交互的功能，消费者可以远程全方位地了解新车的各项性能；企业可以通过后台的大数据分析潜在客户的属性和特征，针对不同消费偏好的客户群体，采取不同的营销策略。另外，在售后服务方面，客户也可以实时依靠数字技术上传、共享其在用车过程中遇到的各种问题。企业通过运用数字化手段，就可以了解到客户真正的诉求，更好地服务于客户群体。要知道，对于消费者而言，消费体验往往是最为重要的一环。对于企业而言，未来更加注重客户价值，不但能够帮助自身实现盈利，也能够带来更大的社会福祉。而在运营模式方面，企业未来将会更加注重低成本、高效率的运营管理。随着企业越做越大，对于企业内部信息的管理将会变得更加庞大复杂，而数字化技术带来的实时存储、共享、后台分析等功能则为企业的运营管理提供了一个很好的方式。还是以华晨宝马公司为例，其开发的Joychat平台力图打造移动应用的平台，实现所有业务，如实时通信、App（应用程序）等，这是第一次将所有员工（无论是白领还是蓝领）赋予数字化身份的实践。比如说工资条以前都要打

[①] 受访者已授权本书使用访谈资料。

印，现在可以直接在手机上查询，又比如班车的安排、餐厅的菜单等都可以在平台上直接查询。员工们还可以在这样的一个平台上自主学习，可以通过手机拍照识图，对一些很难用标签说明的零部件进行识别。实践证明，这种人工智能技术在企业层面的应用大大提升了工人的工作效率。再比如物联网方面，员工可以监控车间的温度、湿度、灰尘，通过数字化手段来操控车间的硬件配置。

随着数字革命的深入推进，企业未来的运营管理系统也将会是全新的、高效的、低成本的。企业可以通过实现前两个方面的转型，最终实现业务模式的转型。业务模式的转型需要企业内部各个流程和各个部门的配合，因此对企业的组织架构设计提出了更高的要求。但任何革命最终一定会带来彻底的转变，因此对于企业而言，在业务层面实现数字化转型是企业的最终目标。

我们要意识到的一点是，对于所有企业而言，数字革命的推进势必离不开两个基础。其一是企业文化。企业文化是否能孕育数字创意将直接决定在意识层面能否将数字化转型具象化。许多企业需要改变的不仅仅是数字化的技术，更重要的是它们的思维模式。企业员工应该在思想层面重视数字化所带来的红利和效益，从思想上把数字化转型放在首位，并以此来指导实践。企业领导者还应该了解不同的数字技术或方法是否能够带来这种变化，他们必须了解现有文化的哪些方面可以刺激更进一步的数字化转型进程。思想上的变革往往最为基础也最难开展。除了在思想上重视数字化的大趋势，还需要有创新意识，因为数字化的推动是技术发展的必然结果，因此创新精神必不可少。其二是人才。顺着创新意识的推动讲，人才是创新最根本的原动力，没有人才就没有办法推动技术进步。当然，在数字化转型中需要的不仅仅是懂技术、会技术的人才，更需要综合型的人才，只有懂得把技术应用到商业实践中，才能把技术红利释放出来。这将使企业在未来发展的过程中更加注重企业文化的培育和人才的培养，也将使企业在人才发展战略和人力资源规划的设置上做出改变，而由此带来的实践又将会是创新性的。

数字革命是特别的，影响是深远而又广泛的，尽管目前大多数企业已经在促进数字化转型，但这些尝试往往只是开始，还远未到成熟时期，因此，企业未来的发展道路还将十分曲折，唯有不断创新、不断试错，才能最终实现数字革命。当然，前途是光明的，要坚信数字革命带来的收益一定是巨大的。

第 2 章

数字化能力建设

数字化转型的愿望如果要变成现实,企业本身必须有相应的能力。在这一章里,我们将讲述数字化能力建设的各个方面。

2.1 数字化能力

> 一只站在树上的鸟儿,从来不会害怕树枝断裂,因为她相信的
> 不是树枝,而是自己的翅膀。

2.1.1 TechnipFMC 公司首席数字官的任命

2017 年 11 月 15 日,安-克丽丝廷·安德森接到一份意想不到的工作任命:成为 TechnipFMC 公司的首席数字官(Chief Digital Officer,CDO)。TechnipFMC 是一家年营业额达到 150 亿美元的油气服务公司,分布在全球 48 个国家,拥有 37 000 名员工。安德森并不熟悉时髦的数字技术,尽管她很熟

悉谷歌搜索引擎的使用（谷歌公司毕竟已经成立近二十年了），可在她看来，IT互联网和石油行业相距甚远，完全是两条没有交叉点的平行跑道。她也不知道公司新设立的这个岗位的具体职责，以及为什么把自己派到这个岗位上。总体而言，她完全不是一个IT人，没有在IT部门等相关高科技部门工作过。她的工作经历主要是作为运营工程师、商务专员以及业务执行总监等。

一切皆有因果，FMC公司刚刚丢了几个大的项目，深层次的原因竟是公司缺乏数字能力和清晰的数字化战略。这个反馈令公司高层非常震惊，因为公司一直以来都被国际大型油气公司看作行业领袖和信任的伙伴。石油、石化行业已经受到数字化转型浪潮的冲击，数字化技术在重塑这一传统行业。FMC需要任命安德森为首席数字官，让她去指挥传统的FMC公司进行数字化变革，拥抱自身的数字化转型，进而获得更深刻的业务影响力，利用数字化技术创造新的业务模式。最后的成功是皆大欢喜、互助共赢：FMC公司与全行业共同迎接数字化转型的浪潮，帮助FMC的客户获得了更高的业务价值，FMC公司也找到了自身被全行业优选和信任的伙伴位置。这真是一个共赢的结果！当然，安德森自上任后并没有固守传统思维，而是利用多年的业务经验，积极与IT部门和科技人员对话，并且与瑞士洛桑国院管理学院充分合作，制定了坚实可行的数字化战略并坚定执行。安德森的这一系列数字化战略举措帮助FMC公司重回行业之巅，并插上了数字化的翅膀！

2.1.2　Orolay羽绒服的"冠军"之路

英国《金融时报》2019年2月21日报道，产自中国浙江嘉兴的Orolay（欧绒莱）女款加厚羽绒服成为这个冬季的"爆款"，给奢侈服装行业带来了寒意。在美国最大的电商平台亚马逊上，Orolay冲上了亚马逊"女士羽绒服外套"分类销量第一。这款来自中国的羽绒服不但有自己的主题标签，而且还有自己的Instagram账号。《金融时报》称，对奢侈品行业来说，它还代表了欧洲奢侈品品牌高管和拥有者长期以来一直担心的"破坏性威胁"，即亚马逊电商平台销售热销时尚产品的能力、中国制造时尚产品的能力以及传统奢侈品客户认为少花钱也是一种时髦的观念。

"你在纽约如果不认识 Orolay，就相当于在国内不认识 Canada Goose（加拿大鹅）[①]。"这是一个纽约留学生对 Orolay 的评价。

Orolay 的影响力并不局限于电商，连纽约当地的创意名人、知名杂志主编都是它的粉丝，为它贡献了不少流量。当时这款售价为 99.99 至 139.99 美元（现在的售价变为 139.99 至 189.99 美元）的女款加厚羽绒服在亚马逊网站上有 6 000 多条评价，其中超过 80% 是 4 星或 5 星，因为广受欢迎，它还被亲切地称为"亚马逊外套"。

值得关注的是，这是一款被拿来同 Canada Goose 相提并论的羽绒服，既没有李佳琦等网红直播带货，也没有普京等知名人士加持。实际上，它由嘉兴当地一家并不起眼的公司——嘉兴子驰贸易有限公司——设计、生产，该公司的注册资本为 50 万元人民币，其总经理"80 后"的邱佳伟，正是通过新的数字化平台——亚马逊电商平台，利用新型互联网社交工具 Instagram 等创造互联网流量（草根流量），让中国民营制造服装走向世界，并勇夺全美服装类的线上销量冠军！

2.1.3 小结

这两个故事揭示了一个趋势，在从工业时代向数字经济的转型过程中，我们习以为常的逻辑及做业务的方式发生着巨大的变化，那就是：规模化、经验甚至过去的成功不再是竞争力，反而可能变成各种陷阱以及转型的阻力；而新兴公司、小规模公司，只要有电脑和手机，通过互联网及云计算，整合各种数字化工具，提升自己的数字化能力，就有机会快速成长并实现超越。

[①] 加拿大著名羽绒服品牌，价格高昂，普京和"007"詹姆斯·邦德等硬汉亲自上身后，风靡全球。

这一切不但成本低，而且使企业更为深入地走向市场。适当的思维方式，加上适当的工具，然后不断地适应、迭代下去，成千上万个 Orolay 就会出现，这就是数字化颠覆的巨大能量！

那到底什么是数字化能力？如何才能在今天快速变化的市场中抓住数字化转型的机遇，提高企业的数字化能力呢？

2.2 数字化旋涡与颠覆

数字化的概念是多维度的，也是不断扩展和演化的。因此，对数字化能力的定义和衡量变得十分困难。而且企业本身因所处行业的不同，规模大小的不同，现有企业和闯入者、在位企业和初创企业的不同，对数字化及其能力的内涵和层次的认知有很大的差别。

美国思科公司和瑞士洛桑国际管理学院联合研究的结果显示（见图 2.1），受数字化颠覆影响最大的行业是科技产品和服务业、媒体和娱乐行业、零售业和金融服务业。由于这些行业最接近旋涡中心，因此受当前数字化颠覆的影响最大。而相比其他行业，制药业受全数字化颠覆的影响最小。然而，即便如此，制药业也是很容易受到数字化颠覆影响的。互联网医疗、基因测序和人工智能辅助医疗等由技术推动的创新给世界各地的医疗机构带来了压力。

同样，调查也发现，现有企业，特别是大量的传统企业，正面临着所谓的"创新者的窘境"。哈佛商学院教授克莱顿·克里斯坦森注意到，"现有企业难以利用破坏性创新的原因，在于其现有流程和商业模式，事实上正是它们在现有业务上的优势，让它们在争取破坏性创新时处于劣势"[①]。然而，即

---

① 〔英〕迈克尔·韦德等，《全数字化赋能——迎击颠覆者的竞争战略》，瑞士洛桑管理发展学院译，中信出版社，2019 年，第 13 页。

使现有的许多企业囿于墨守成规的惯例，并受缚于股东期望、死板的成本结构及其他种种因素，在创新性上仍能有所作为。

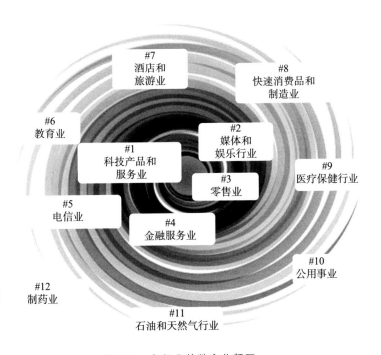

图 2.1　各行业的数字化颠覆

资料来源：全球数字化业务转型中心，2015。

此外，美国的互联网企业如谷歌、亚马逊、脸书（Facebook），以及国内的阿里巴巴、腾讯和京东正虎视眈眈，从 B2C 转向 B2B，希望在传统产业闯出一番天地。我们从调查的结果可以看出（见图 2.2），"业内人士"最有可能成为颠覆者。所谓业内人士，泛指受访者所在行业的现有企业和初创企业。媒体和娱乐行业、电信业和零售业在孕育创新型初创企业方面有着悠久的历史，这几个行业的高管认为，初创企业仍将是推动颠覆的生力军。但是，这并不表示其他行业的企业不会对它们构成威胁。正如我们看到的那样，"外界人士"（"外行"）也能够利用颠覆成为"空降兵"从而重创现有企业，比如特斯拉正在颠覆汽车和能源行业，而这一切似乎都无章可循。无论颠覆来自行业内部还是行业外部，现有企业向全数字化旋涡中心移动的趋势是不变的。

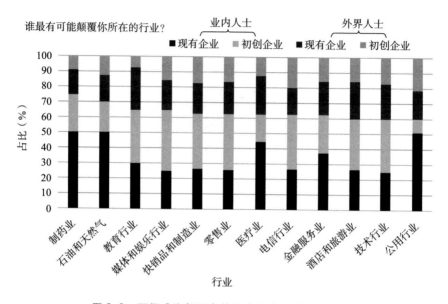

图 2.2　可能成为颠覆者的现有企业/初创企业占比

资料来源：全球数字化业务转型中心，2015。

我们可以把过去十年看作数字化初创企业，也就是消费互联网企业的表演舞台，许多数字化初创企业都一夜成名。比如美国的视频网站 YouTube、旅游垂直媒体 Tripadvisor、短租网站 Airbnb、打车软件 Uber，中国的今日头条、美团及滴滴打车等。它们都是闯入者，利用移动互联网、云计算、大数据及人工智能等新技术，尤其是通过数字化平台，迅速在消费者（需求方）和生产者（供给方）之间建立起连接并进行匹配，改变并优化原有价值链，解决长期困扰市场的信息不对称、交付困难及客户体验差等问题，极大地释放了市场的动力。

无论是阿里巴巴和美团从电商平台到生活一体化的价值链重塑，还是腾讯从社交平台到生活一体化的价值链重塑，它们都有一个共同的特点，即从 C 端（个人消费者）的营销平台切入，缩短产供销的链条，为最终消费者提供增量价值，同时产品的交付多是劳动密集型，而且交付周期短且容易实现。此外，它们也大多没有涉及 B 端（生产性企业及大中型传统企业）的业务。

为什么会出现这种情况呢？因为这些闯入者——消费互联网公司，利用数字化技术，通过互联网平台在消费者和供给者之间搭架起一座能够快速进行信息获取、产品交付和服务提供的桥梁。但传统的制造业、能源行业，由于复杂的组织架构、流程而形成大量的鸿沟和竖井，难以在短时间内建立一个平台打通这些鸿沟和竖井。进而导致的后果就是，产业互联网的进程变得比较缓慢，在数字化转型道路上有掉队的危机与可能。

也正是因为产业互联网的流程复杂和难以颠覆，传统行业的数字化转型和颠覆多是由内向外发生的，即由传统行业的现有企业——传统大中型企业自身——来完成其行业的数字化转型！所以未来十年，人们将目睹众多传统企业作为数字巨头而重新崛起，依托其深厚的资源、巨大的规模以及切实贯彻的流程，这些新的数字化专家将会改写大部分的数字市场格局，推动数字经济的蓬勃发展。

2.3 企业能力的演进

前面提到了数字化浪潮对传统行业的促进与变革，这里数字化能力的概念也就呼之欲出了。传统行业要想了解自身的数字化转型需要及提升自身的数字化能力，首先就必须对企业的层次及内涵进行解构，并对不同层次的能力进行分析。此外，只有将每一层次的能力与邻近层次的能力进行比较和分析，企业才能了解数字化是如何进行能力释放和能力提升的。

我们生活在一个分层的世界中，每天的生活和工作都在层化。层化的好处是可以把复杂的整体变成一层一层细分的单元，层与层之间有清晰的界面，每一层都有其清晰的范围和内涵。过去我们一想到企业，就是"人、财、物",后来演变成"人、产品、流程、平台、供应链/生态、渠道/体验",现在还必须加上"数据"(见图2.3),贯穿这七个层次的能力建设和内涵建设对不同企业、不同时期的战略和行动而言也有很大差别。

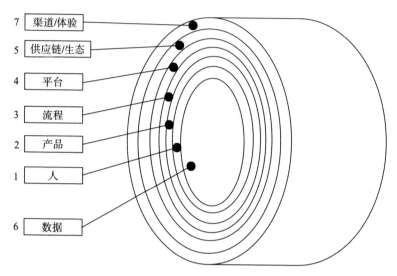

图 2.3　企业能力的不同层次

资料来源:作者根据相关资料绘制。

2.3.1　企业能力的层化

通过对企业能力的解构,企业可以将其能力转化成不同的层次、功能和类别。我们生活在一个分层的世界中,每天都会和不同的人、产品、流程、平台、供应链/生态、渠道/体验和数据打交道。在数字化转型的过程中,这七个层次如何演变、如何相互作用?哪些会成为未来数字化转型的核心?企业如何在这些方面进行数字化的演变和提升?下面结合这七个层次进行分析。

2.3.1.1　人

"数字化转型"的本质,在于数字化,更在于"转型"。人永远是数字化转型中的核心要素。麻省理工学院斯隆管理学院数字经济首席科学家乔治·韦斯特曼提出了"数字化转型第一定律",或称"乔治定律",总结起来就是：技术变化很快，但组织变化却慢得多。

该定律解释了为什么数字化转型更多的是领导层及组织方面的挑战，而不单单是技术难题。大型企业的组织要远比科技复杂得多，因而更难以管理并做出改变。

技术系统主要根据指令运行，技术组件也主要按照设定好的程序运行，但人类系统却完全不同。编辑软件组件或是替换某个元件要相对简单得多，但要改变一个组织却不是一件容易的事。更何况数字化转型是一个系统工程，需要从企业高层到基层员工的共同参与和推动，其中值得注意的点包括：如何推动企业高层领导支持数字化转型？如何引导全体员工参与数字化转型？如何借助外部人力资源实现数字化转型？

首先，实现文化的变革。企业文化是企业运作的产物，由员工集体的经验、信仰、价值，以及企业的领导力、目标和发展愿景组成。铂慧全球数字化转型专家布赖恩·索利斯指出数字文化应主要体现在以下七个关键点上[①]：

1. 创新。支持冒险行为、颠覆性思维和探索新思想的团队氛围。

2. 数据驱动的决策。采用数据挖掘和分析等手段以提升业务决策能力。

3. 合作。创建跨职能、跨部门的团队来提升企业的实力。

4. 开放文化。与外部网络（如第三方供应商、初创企业或客户）的合作程度。

5. 数字第一思维。数字解决方案是未来的思维方式。

6. 敏捷和灵活性。决策的速度和执行力以及企业适应不断变化的需求及技术的能力。

7. 以客户为中心。利用数字化解决方案扩大客户量，提升客户体验，并与其共同开发新产品。

---

① The Digital Culture Challenge: Closing the Employee-Leadership Gap, https://www.capgemini.com/consulting/wp-content/uploads/sites/30/2017/07/dti_digitalculture_report.pdf（访问时间：2020 年 8 月 20 日）。

从这七个维度考察员工体验，特别是员工的参与度和决定权，是实现企业文化变革的重要因素。一方面，企业应该建立起一套新的管理及考核机制，打破组织的边界，改善组织的敏捷性，以客户的业务成果为导向，充分授权，倡导合作，容忍失败，数据驱动，快速迭代，实现文化的变革。另一方面，要管理好新、旧文化冲突。因为每个传统企业，尤其是成功的传统企业都有自己的文化。据 IBM 对世界 500 强企业的调查，这些企业出类拔萃的关键是具有优秀的企业文化，它们令人瞩目的技术创新、体制创新和管理创新都根植于其优秀而独特的企业文化。Gartner 研究副总裁克里斯蒂·斯特拉克曼表示：在 50% 的案例中，转型举措明显失败的主要障碍是文化。文化变革是一个漫长的过程，研究表明：一家企业要真正实现从旧文化向新文化的转变，需要 5—10 年甚至更长的时间。比如，GE 前总裁杰克·韦尔奇实施的文化变革工程历时 12 年，GE 倡导的"合作创新，宽容失败"的数字化转型已历时十余年，但文化变革仍在进行之中。所以我们要有足够的耐心管理文化变革，以促进组织的变革。

其次，实现组织的变革。数字化的组织形态是"平台化+分布式"的扁平形态。数字化转型更多的是领导层方面的挑战，必须让管理层将注意力放在员工是否渴望做出改变以及组织是否能够进行改变上。为了将数字化转型从项目转变为一种能力，以下三点至关重要：

（1）改变愿景。大多数人都不喜欢变化。如果你要推动变革，就需要让别人看到变革能带来的好处。伟大的愿景能够清晰地描绘出企业未来发展得更好的蓝图，这样的企业对客户和员工都是更好的选择。你要让别人明白为什么新的愿景要比原来的运作方式更好，你还需要让企业员工了解如何适应这一转变过程以及组织未来的发展态势。如果你已创造好了条件，你的员工甚至可以为此建言献策，让愿景成为现实。以海尔为例，海尔在国际化进程中曾经强调产品、执行力及团队精神各个环节串联式的领导方式，导致所有工作都是为上级指令而不是用户体验服务，因此没有人为亏损负责。自注入

"人单合一"的愿景后,海尔形成了一种以用户价值来体现个人收入的模式,由此扭转了兼并三洋白电后的亏损态势,带来美国、俄罗斯及澳大利亚市场的业务提升。

(2)改变遗留平台。技术本身无法创造价值,如果技术的效果不好,它还会削弱价值。许多组织的遗留平台——杂乱的业务流程和早已过时且错综复杂的IT系统——是数字化转型过程中造成惰性、产生成本的主要因素。例如,当系统无法为用户呈现统一的视图时,你就难以打造一致的用户体验;当数据杂乱或流程分散时,你就难以推行基于数据分析的全新的商业模式。因此,为了成功实现新一轮的数字化创新,企业必须升级原有的IT及业务系统,建立支撑协同和数字业务的新平台,海尔的COSMO(卡奥斯)工业互联网平台就是最好的例子。

(3)改变组织协作方式。如何解决数字化转型过程中IT部门或新成立的数字化部门与传统部门之间不同竖井组织的协作问题,是个极大的挑战。许多企业的传统业务与数字化业务的员工无法相互配合。激励问题使得传统部门的员工将精力更多地放在自己身上,而不是集中在数字化创新或数字化和传统交互的混合体上。虽然美好的愿景能够创造出动力,但组织和激励问题会成为转型道路上的阻碍。

解决这些组织问题需要经过反复沟通,建立清晰的激励机制,并在某些时候采取明确的措施对朝着错误方向努力的人员进行管教。

数字化部门应找到与IT部门协作的方式,而不是围绕IT运行,同时,业务主管应主动邀请两个部门共同参与战略决策的制定。即使企业要建立一个独立的数字化部门,这些最优秀企业的IT和数字化部门主管也应能够相互协作,推动数字化转型。

最后,数字化人才的培养。一旦企业层面制定数字化战略,就需要专业人才来跟进。如果企业内部缺乏专业数字化人才,那么就不可避免地需要从外部引进相关资源来开展工作。通常而言,企业会引入一名有丰富从业经验的高管，担任首席数字官或者类似角色；或者引入一个数字化团队。2013年，快餐品牌麦当劳为了推动自身数字化转型，从亚马逊挖来了阿蒂夫·拉菲克。阿蒂夫·拉菲克的大部分职业生涯都是在硅谷度过的，在此之前曾就职于美国在线、雅虎等公司。

一旦企业拥有了变革能力，数字化转型就会永不停歇。它会变成持续的过程，同时，在持续的转型过程中，员工和他们的领导会不断明确新的转变方式，从而使企业发展得更好。

2.3.1.2 产品

产品的数字化就是让数据价值落地到产品中去的过程。用数据来改善产品，把数据当作产品的核心原材料。要让数据前置，而不是做好产品之后再通过传感器去抓取数据，将数据嵌入产品的设计、生产流程及最后的产品本身当中，在数据提炼的"最后一公里"，让数据在产品中"说话"。这样不但能实现产品本身的智能，更重要的是可以利用产品在设计、生产制造及使用过程中产生的数据，进行数据分析，从而产生对产品的洞察，然后利用这些洞察去完善产品，以提升客户体验。下面我们结合汽车行业的产品数字化创新进行具体分析。

汽车行业是最传统的行业之一，汽车也是传统产品之一。特斯拉 CEO 埃隆·马斯克让数据价值前置，打开了汽车的数字化之门。特斯拉汽车集环境感知、规划决策、多等级辅助驾驶等功能于一体，将 IT 语言与机械语言相融合，是计算机、现代传感、信息融合、通信、人工智能及自动控制等技术的完美综合体。运用这些技术，相当于给汽车装上了"眼睛""大脑"和"四肢"，即摄像、计算和自动操纵系统等装置，汽车可以像人一样"思考""判断"和"行走"，实现人、车、路的互联互通。

汽车设计的智能，对特斯拉来说非常重要。特斯拉设计部门是由汽车设计师、车辆工程师、软件工程师、人体工程学专家、可视化专家、黏土建模师、数字建模师和原型师组成的混合团队。

尤其是 Model 3 汽车以其标志性意义的中控设计成为汽车业内一个颠覆式的创新。Model 3 采用极简的内饰设计,精简了物理按键,方向盘上只有左、右两个滚轴,可以结合触屏上的内容进行切换,左滚轴可以控制外后视镜、方向盘(上/下,伸/缩),进行音量增减和音乐切换,右滚轮可以控制语音唤醒、巡航车速和车距。甚至连仪表盘都不需要,一切控制功能都集中在中控大屏上。该设计还建立了平台和操作系统,采用可不断迭代的软件空中更新技术,以解决物理按钮不能空中修复,定死后再改变的成本非常大的问题。由于是基于数字化,所以其功能需求按场景化设计(见图 2.4),比如车况信息区,在驻车时显示车门状态、前后舱门开关和充电口开关,在行驶中显示辅助驾驶相关信息。车速低于每小时 24 公里时自动寻找车位,然后由用户决定是否开始自动泊车。再比如内容切换区,以地图为底图,在驾驶过程中,导航最重要,而多媒体只在一个迷你栏中显示少量信息,用户往上滑动,则再多显示一些隐藏的内容,再往上滑动,则显示更多的内容。另外,导航设置中有一项"旅行计划"(Trip Planner)的选项,可以根据电量情况把充电站点自动规划到导航路线中。这些都体现了场景化设计的思路。

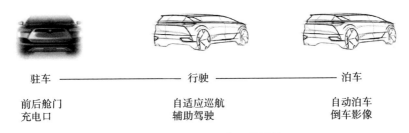

驻车 ——— 行驶 ——— 泊车

前后舱门　　　　　自适应巡航　　　　自动泊车
充电口　　　　　　辅助驾驶　　　　　倒车影像

图 2.4 特斯拉汽车场景设计

资料来源:作者根据相关资料绘制。

智能工厂。特斯拉的汽车工厂在加利福尼亚州的弗里蒙特市,占地 370 英亩(约为 1.5 平方公里)。这家工厂原来属于丰田公司,破产后被特斯拉买了下来,主要用来生产特斯拉 Model S 和 Model 3 汽车。如果你到这家工厂参观，可能会深受震撼。你会看到由大量机器人组成的方阵就像有生命一样在自行生产，而不是我们过去在电视上看到的那样：车身在流水线上露出大量的零散部件，戴着面罩的工人在那里焊接。

特斯拉的生产过程包括四部分，首先是冲压制作各个组件，然后把各个组件连接成车身，再然后是车身喷漆，最后是安装其他组件。其中，前三个环节特斯拉都能做到自动化，只需要少量人工进行检查和日常产线维护即可。整条生产线上用了被美的收购的库卡公司和日本发那科公司的大量机器人，有意思的是，这些机器人都是用漫威漫画中的角色来命名的，比如金刚狼、冰人、魔形女等。

汽车行业的生产速度一般用每秒几英寸（1英寸=2.54厘米）来计量，现在汽车行业的生产速度比人步行的速度慢多了。马斯克对未来的想法是，流水线上的自动化机器人应该尽可能快地移动，去挑战物理学的极限，它们的生产速度应该快到一般人根本反应不过来，这就是为什么马斯克总说未来的工厂里工人数量会大大减少。为什么不能有工人在那里？因为工人们移动得太慢，机器会伤到他们。马斯克还专门研究可口可乐高速制造易拉罐的视频，来思考怎样更快地制造汽车。

特斯拉工厂正在做的，就是在工厂面积不变的情况下，通过高度自动化生产线的改造，让产能达到之前的10倍。更大的产量就需要更快的生产速度。过去几年来，特斯拉一直在努力不断引入更多的机器人来提高工厂的生产效率，特斯拉Model S和Model X汽车的生产速度为每秒5英寸，马斯克预期Model 3的生产速度要比前两者提高20倍，至少达到每秒1米。

产品本身的智能。产品要具有数字化特征，首先是产品可定制化，允许用户通过在线交互方式尤其是移动互联方式与生产厂家进行沟通，选择及定制自己独特的、个性化的产品。其次是有产品的账户管理系统，良好的人机接口设计和交互是产品智能的方向，用户可对产品进行信息的收集、查询及交互管理。最后是数字化的服务体系，实现客户服务体系的多渠道在线化和智能化，提升客户的服务体验。

特斯拉 Model 3 已经实现将前面所述的设计中的智能汽车多项炫酷功能变为现实，其中最值得关注的五大看点分别为：空中升级、远程诊断、中控屏幕、自动求助和交互关系。

空中升级。这是大多数特斯拉车主最倾心的智能化服务，它与目前的智能手机一样，车主可以在联网状态下随时随地更新车辆的最新功能来尝鲜。这是非常智能的集成应用，它颠覆了人为更新的传统方式。特斯拉自 2014 年至今在中国已经进行了多次更新，依次实现了导航服务、巡航控制、防撞辅助、倒车辅助增强、车速辅助、智能温度预设、自动紧急制动、盲点警报、代客模式以及 3D 导航等功能的更新。

远程诊断。这项功能可以让车主遇到问题时，能够直接联络特斯拉的技术支持和售后部门。特斯拉的工程师可直接通过后台查看车辆出现了哪些问题，不用到店进行检查，省去了车主的时间，提高了诊断效率。这一切都建立在联网的基础上，正是所谓的"车联网"技术。

中控屏幕。值得一提的是，目前智能规划已经在美国实现，通过中控台可实现最优路线指引、电量预估、目的地充电提示、车速规划等智能规划。未来智能规划还会实现交通信息、路况信息以及天气信息的交互和传递，届时将可以给车主带来极大的驾驶便利。

自动求助。智能汽车不仅要智能、环保，还要更安全。特斯拉目前不仅可以通过辅助驾驶、自助驾驶等功能保护车辆的出行安全，还有另一大亮点——自动求助功能。例如，如果特斯拉 Model 3 发生了碰撞等紧急情况，该车将立即向后台自动发送相关参数，客服人员会在必要情况下，及时联络车主帮助处理后续事宜。此外，后台工作人员也可通过车号自动得知该车辆是否需要更换相关部件，辅助车主进行升级或部件替换。

交互关系。智能汽车十分重要的一项功能就是实现交互关系，要实现车辆与交通中心交互，车辆与车辆交互，车辆与信号灯、行人等交互。特斯拉目前配有官方移动客户端软件，车主可通过 App 实时操控车辆。如果车主哪天忘了带钥匙，用手机便可以开启车门；如果车辆丢失，通过远程应用即可查看车辆位置并协助找回。

产品的数字化和智能化之路还比较漫长，我们欣喜地看到，由于我国是制造业大国，在智能制造的带动下，智能设计及智能产品将迎来蓬勃的发展。关键点是数据前置，把数据当作产品的核心原材料，去聆听客户的体验和反馈，然后完善设计和制造，形成一个数据驱动的产品数字化和智能化生态体系。

2.3.1.3 流程

流程管理，是一种从顶层流程架构开始，以规范化地构造端到端的卓越业务流程为中心，以持续地提高组织业务绩效为目的的系统化方法。具体目标：一是规范化，明确人与人、部门与部门之间如何分工协作，控制风险；二是提高效率，平衡企业各方资源，降低成本，提高服务质量；三是提高客户满意度和企业市场竞争力，进而达到利润最大化和提高经营效益的目的。

传统企业的业务流程经过长时间的沉淀，历经多次信息化建设，变得越来越复杂，应用场景也越来越多，进而形成许多业务竖井，不同部门、不同系统之间的业务数据仍未完全打通，导致一线工作者的工作量增加，也影响了决策的效率和准确性，尤其在面临快速变化的市场及不确定性时，数据驱动和敏捷性就变得非常重要。实现从流程驱动到数据驱动的数字化转型，通常分两步走：一是业务流程自动化，二是智能化。

业务流程自动化，是对现有的流程进行优化，其利用数字化技术，对实现一种特定功能（或工作流）的活动、服务进行自动化。业务流程可以根据组织活动的不同部分及环节予以确定，包括销售、管理、运营、供应链、人力资源和信息技术。

业务流程自动化的目的有两个：一是替代人类员工，进行更加安全、快速、高效的生产，进而提升生产效率；二是通过机器人实现减员并岗，避免不必要的劳务开支与劳动力资源的浪费。

业务流程自动化既可以通过系统集成来实现，也可以通过机器人流程自动化（RPA）来实现。

系统集成是对原本多个独立、分离的系统进行整合，从而可以发挥整体效益，达到整体优化的目的。通过系统集成的方法整合现有系统是一项具有挑战性的工程，有的企业可能需要将上百种软件集成到一起，投资大，周期长，要实现的难度可想而知。思科公司的思科商务空间（Cisco Commerce Workspace，CCW）为了给客户和合作伙伴提供一个统一的商务界面，历时多年，整合了客户关系管理、电商平台、订单管理系统、制造执行管理系统、供应链系统、物流系统。

RPA 是近几年迅速发展起来的技术，作为一种敏捷、高效、成本可控的数字化方式，实现逻辑相对简单，实施周期短。RPA 通过软件机器人模仿人类的行为，处理大量重复、基于规则的工作流程任务，比如，想要在不同系统、软件之间录入、处理、导出数据，就可以通过 RPA 非侵入式地实现业务流程自动化，尤其是结合人工智能等相关技术，将 RPA 推向更加广泛的应用场景。从标准的结构化数据，到非结构化数据，再到与数据相关的一切提取、转换、处理，"RPA+AI"赋予业务流程自动化新的生命力。国内许多大型企业正利用 RPA 实现财务、行政、人力、物流等跨部门及跨业务线的流程自动化。

智能化，是抛开现有的流程，利用数据驱动重新定义业务，建立从数据出发的管理体系，用数据驱动业务的运营、战略的制定和创新的产生。企业需要建立统一的数据管理平台，打破企业各条业务线、管理及运营的竖井，构建业务知识图谱及算法平台，完善云边端的计算能力，实时采集数据并对其进行集成、共享、挖掘、分析，进而形成业务洞察，驱动创新发展。

2020 年 6 月 15 日，国家电网发布"数字新基建"十大重点建设任务，其中一项重要举措就是"电网数字化平台"。国家电网通过近几年的信息化建设，特别是云计算、物联网平台、数据中台和人工智能平台的建设，正逐步形成智能化的数据驱动业务运营架构。比如，"网上国网"已经整合掌上电力、电e宝、e充电等移动端App入口，提供传统电力服务及电动汽车、光伏等新能源服务；整合共享身份认证、积分等服务，日调用微服务超过4 065万次，有效地推动了服务资源的集约共享；整合数据模型，建立数据共享机制，共享用户行为数据达7 709万条，支撑各单位开展数据价值挖掘。2019年年底，在实现国家电网27家省公司的推广应用后，"网上国网"已成为国家电网客户服务业务统一的线上入口。

随着机器和人工智能逐渐接管企业的运营，人类的角色将发生改变。人们将创造出更多新的工作岗位，来增强或自动化工作流程。随着时间的推移，我们希望看到工作流程的操作由人工到自动化的转变，以及不远的将来，人工智能或高级分析得以顺利进行，数据驱动的智能化大大改变企业的运营和业务的创新。

2.3.1.4 平台

尽管对于占据数字化转型主导地位的平台是否就构成了"颠覆式"创新还有争论，但是以互联网平台型企业的成功为标志，平台战略在企业的数字化转型中已形成星火燎原之势。纵观2001—2016年世界上市值最高的企业排名变迁，我们感受到了平台的力量。以2016年8月为转折点，石油企业、工业企业、金融企业、零售企业悄然退出世界前五的行列，取而代之的是苹果、微软、亚马逊、谷歌、Facebook等互联网平台型企业。代表中国企业的腾讯和阿里巴巴两家基础性的平台型企业，以突破4 000亿美元的市值进入世界前十，因而在世界范围内掀起了一场平台革命。平台价值对竞争效应具有颠覆性的影响，因为它引入了呈指数级变化的元素。平台可以制造网络效应，在这种情况下，用户数量或用户类型将会左右平台所能实现的价值。网络效应通常遵循梅特卡夫定律，即"网络的价值与用户数的平方成正比"。例如，单独一部电话的个体价值并不是很高，但是随着用户数量的增加，每一部电话的价值也随之提高。这在很大程度上解释了为什么平台能推动颠覆，因为平台引起的市场变化不是线性的，而是指数级的。

从不同角度出发，数字平台被贴上了不同的标签。支持者多称其为"创意经济"或"分享经济"，而保守者则称其为"零工经济"或"不稳定生产者的经济"。相比前者，后者更关注数字平台对于生产者及其收入的影响。无论是何种标签，每一个平台都依赖用户参与生产：谷歌将用户的搜索行为转换为具有丰富价值的商品，Facebook运用用户的在线社交采集大量可出售的数据，阿里巴巴利用淘宝电商平台沉淀的数据实现新的服务变现。

图2.5是Facebook平台的一个简化结构图，业务、数据、模型/算法及生态系统构成平台的四要素。Facebook的核心业务是社交媒体和广告，其他三个要素——数据、模型/算法和生态系统——都是围绕着核心业务的。

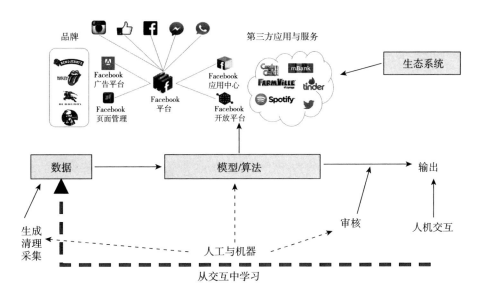

图2.5　Facebook平台结构简化图

资料来源：作者根据相关资料绘制。

数据，是平台的金矿。平台对在线社交数据的采集、挖掘和治理是支撑其业务的第一要素。当然，Facebook 也做了数据前置，有目的、有计划地去抓取数据，这些数据包括情景数据和行为数据。Facebook 可以说是世界上最受欢迎的社交媒体网站，每月有超过 20 亿的活跃用户。Facebook 存储了大量的用户数据，因此成为一个庞大的数据"金库"。每天，我们都会通过大量的信息为 Facebook 提供数据。每 60 秒，上传 136 000 张照片，发布 510 000 条评论，进行 293 000 个状态更新。起初，这些信息似乎并不太重要，但是通过这样的数据，Facebook 知道我们的朋友是谁，我们的样子，我们在哪里，我们在做什么，我们喜欢什么，我们不喜欢什么，等等。一些研究人员甚至说 Facebook 有足够的数据比我们自己更了解自己！Facebook 还有其他的方法得到用户的行为数据：

（1）追踪 Cookie。Facebook 使用追踪 Cookie 追踪网络上的用户。如果用户登录 Facebook 并同时浏览其他网站，Facebook 就可以追踪他们正在访问的网站。

（2）面部识别。Facebook 最新投资的功能之一是面部识别和图像处理功能。Facebook 可以通过互联网和其他 Facebook 个人资料追踪用户，并通过用户共享提供图像数据。

（3）标签建议。Facebook 标签建议通过图像处理和面部识别来标记用户。

（4）分析喜好。通过分析用户的 Facebook 喜好，可以准确地预测一系列高度敏感的个人属性数据。剑桥大学和微软研究院的研究人员开展的研究展示了 Facebook 喜好的模式如何能够非常准确地预测你的性取向、对生活的满意度、智力、情绪稳定性、宗教信仰、酒精饮用情况及是否吸毒、关系状态、年龄、性别、种族和政治观点以及其他许多观点。

这些大量数据的存储、治理、搜索和安全是个大难题，剑桥分析公司不正当地访问数据使 Facebook 在 2018 年 3 月中旬遭遇隐私丑闻，也为我们敲响了数据安全的警钟。

　　模型/算法。模型/算法是平台型企业赖以生存的根本，Facebook 平台用到了各种各样的机器学习算法，包括支持向量机、梯度提升决策树和多种神经网络。Facebook 的机器学习架构主要包括 ML-as-a-service（内部的机器学习工具包）、开源机器学习框架以及分布式训练算法。从硬件角度看，Facebook 利用了大量的 CPU（中央处理器）和 GPU（通用图形处理器，俗称显卡）平台来训练模型，支持必要的训练频率，满足服务的延迟需求。机器学习提供了驱动几乎全部用户服务的关键动力，具体包括：

　　（1）移动信息流服务（News Feed）排序算法，可以让人们在每次访问 Facebook 时第一眼看到与他们最相关的故事。首先训练一般模型，以选择最终用来确定内容排序的各种用户和环境因素。然后，当一个人访问 Facebook 时，该模型会从成百上千的候选信息流中生成一组个性化的最佳状态、图片以及其他内容来显示，以及进行所选内容的最佳排序。

　　（2）西格玛（Sigma）算法，是整体分类和异常检测框架，用于许多内部应用，包括站点完整性、垃圾邮件检测、付款、注册、未经授权的员工访问和事件推荐。

　　（3）图像识别（Lumos）算法，从图像、内容中提取高级属性和映射关系，使算法自动理解它，进而利用图片内容，而不是图片名称或标签进行搜索。

　　（4）人脸识别（Facer）算法，是 Facebook 的人脸检测和识别框架。对于给定图像，它首先找出图像中的所有人脸，然后，运行针对特定用户的面部识别算法，以确定图中的人脸是你的好友的可能性。Facebook 通过这项服务帮助你选择你想在照片中标记的好友。

　　（5）语音和文本翻译（Language-translation）算法，支持超过 45 种语言、2 000 种翻译方向，每天帮助 6 亿人破除语言障碍，让他们能够看到翻译版本的 News Feed。

（6）语音识别（Speech-Recognition）算法，将音频转换成文本，主要应用于为视频自动填补字幕。

（7）广告（Ads）算法，利用机器学习来决定对某一用户应显示哪些广告。这一算法通过训练来学习如何通过用户特征、用户环境、先前的交互以及广告属性来更好地预测点击广告、访问网站或购买产品的可能性。

（8）搜索（Search）服务算法，针对各个垂直行业推出了一系列不同的、特定的子搜索，如视频、照片、人、事件等。分类层运行在各种垂直搜索的顶部，以预测要搜索的是哪个方面。

我们以 News Feed 算法为例，其目的是向人们展示与他们最相关的故事。News Feed 算法可以分解为四个因素，以确定你在打开 Facebook 时会看到什么。

（1）库存清单（Inventory）：你可以看到但尚未在 News Feed 中显示的内容清单及库存。该集合依赖于你关注的人员和页面，好比餐馆的菜单。

（2）信号（Signals）：该算法测量每个潜在的故事，并通过信号来衡量项目对你的重要程度。例如，发布时间、发布者、对帖子的评论、互联网的速度、你使用的移动设备类型等都是该算法测量的信号。这好比每个人对菜单上的菜品都有自己的喜好。

（3）预测（Predictions）：评估后，算法会预测你评论、分享或推荐故事的倾向。它还会预测你会花多长时间观看视频或阅读文章。虽然大多数预测是个人的，但有些是普遍的。例如，News Feed 的管理副总裁亚当·莫塞里说他们可以预测一个故事会不会是"标题党"。有些预测是积极的，有些则是负面的。如果你想报道或隐藏故事，这不是一件好事。这好比根据某个人的喜好预定了菜品。

（4）评分（Scores）：他们权衡每次预测并得出一个数字来表示他们认为故事对你有多重要。每次访问 Facebook 时，这一过程都会发生在你的 News Feed 中的每个故事中。这好比对每道菜的预测进行了可能的评分。

通过模型算法对数据进行训练和分析，把数据变成可以产生价值的业务和服务，然后输出给 Facebook 的不同业务平台，比如 Facebook 的广告平台，同时，广告平台产生的数据又沉淀下来，反哺给平台，形成新的业务价值。

生态系统，是平台型企业扩展和指数增长的基石。从平台的角度谈的生态系统主要是商业生态，即如何改善客户体验、如何提升商业价值以及如何形成一个商业闭环。在平台上，提供标准化的工具包、组件、环境或"沙盒"供他人使用。苹果的 iOS 系统是生态系统最有名的例子。这里结合 Facebook 的广告业务来谈谈其生态系统是如何构建的（见图 2.6）。Facebook 首先通过其社交媒体去吸引客户，形成其广告的基础群体；然后，通过其数据管理平台（Data Management Platform，DMP）去挖掘管理数据，形成可供不同广告主使用的业务数据，同时对广告主提供不同的付费选择，比如优化的按次付费；最后，通过实时竞价的广告交换平台（Ad Exchange，ADX）为广告主提供许多方便的在线工具，帮助其广告落地，并形成良好的客户体验和客户转化。

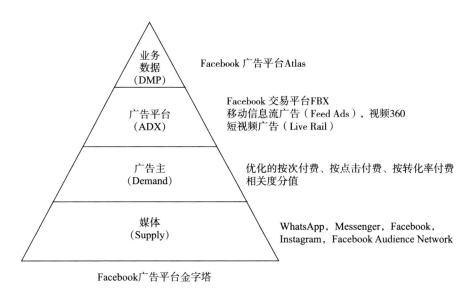

图 2.6　Facebook 广告平台生态系统

资料来源：作者根据相关资料绘制。

社交媒体方面，很多移动设备都内置了 Facebook 移动端。另外，在苹果手机（iPhone）上，前五个下载最多的应用，Facebook 就占了四个（Messenger，Facebook，Instagram，WhatsApp）；另外，对于非自有应用，Facebook 提供了 Facebook Audience Network 的软件开发工具，它类似于谷歌的 AdMob，可以将这些非自有应用快速集成到各个大型应用，特别是一些游戏和工具类型的软件中。

广告主方面，Facebook 的广告主数量超过 250 万，其中大部分都是中长尾广告主。

广告主有三种广告出价方式：优化的按次付费（Cost Per Mile，CPM；即按 1 000 次浏览付费）、按点击付费（Cost Per Click，CPC；即按点击广告付费）、按转化率付费（Cost Per Acquisition，CPA；即按消费者转化成功率付费）。

对每一个广告位，系统都会对所有参与竞标的广告生成一个分数并以此排序，分数排名最高的广告获得广告位。对每个被选上的广告，平台收取的价格并不受当前广告出价的影响，而是取决于其他参与竞标的广告出价。这样做的好处是出价与要付的钱分离，鼓励广告商说真话，提高广告系统的外部性，维护平台的长久价值。

Facebook 在广告排序上考虑了更多与用户互动率相关的因素。比如说，如果一条广告的质量很高，评论和点赞数都很多，Facebook 就会自掏腰包加以补贴，极端情况下这条广告还可以免费；反之，如果用户"关"掉这条广告的次数很多，Facebook 就会收更多的钱以示惩罚。Facebook 的广告系统在服务外部广告商为公司挣钱的同时，也是其内部流量资源的分发者。对于希望获得流量促进产品增长的内部团队，Facebook 的做法是按项目的重要程度划拨一笔预算，把产品当作一个来自内部的广告商，同外部市场一同参与流量的竞标。

广告的技术平台方面，Facebook 有自己的广告交易平台，叫作 Facebook Exchange（FBX），上面提供大量的工具，其中创新的广告形式"移动信息流广告"（Feed Ads）、短视频及 360 度全景视频大大提升了客户转化率。

数据方面，是广告平台金字塔的塔尖。市面上各企业都号称自己有用户数据，但这些用户的基础数据往往是不准确的、片面的。而 Facebook 的企业数据来自用户高可信度的填写，另外它还有靠谱的社交网络和互动，这些真实的数据都为广告投放提供了极大的增值服务。特别是，Facebook 还收购了 Altas 公司，这家公司是一个老牌的数据管理平台，除了有线上数据，还有些离线的数据，包括部分用户信用卡的交易数据，这帮助 Facebook 构建了一个高可信度的、线上线下互补的用户数据库。

2.3.1.5 生态系统

一方面，"生态系统"日益成为商界的热词，尤其是互联网企业，靠生态战略打入一个又一个相邻行业，加上有许多成功的故事被媒体粉饰，一时间无数企业宣称要打造一个自己可以主导并分享最大收益的商业生态圈，或者至少进入一个强势的商业生态系统。而另一方面，我们也看到，由于政治、资本、贸易等的影响，生态又变得非常脆弱，因此生态系统对企业的发展甚至生存发挥着日益重要的作用。

企业生态系统的概念最早由战略管理学家 J. F. 穆尔于 1993 年提出，他基于生物学的类比，从有机的生态联系视角将企业比作生态系统中的物种，以审视现代企业与环境之间的关系。企业生态系统是指，企业与企业生态环境形成的相互作用、相互影响，以实现企业增值的复杂经济群体。在这一群体中，企业间形成网络，以共同价值为纽带，组织与个体间相互作用，形成动态的适应系统。

加入世界贸易组织（WTO）后，中国企业的生态系统也从自给自足逐渐走向全球化。以华为的手机生态为例，根据中金公司研究部对 P30 Pro 手机生态的研究（见图 2.7），2019 年 5 月前，P30 Pro 手机主板的射频前端组件、天线以及内存等许多芯片硬件来自美国，系统平台是安卓（Android）系统，Google GMS 是华为手机最核心的生态系统服务，正是全球生态链及华为强有力的研发支持了华为手机在全球市场的快速崛起。但华为被美国列入实体清单后,这个生态系统就被打乱了,许多人怀疑华为的生态重建能力,不仅仅是芯片的备胎问题,手机上的许多应用也都是基于 Google GMS 开发的,在这种情况下,华为的生态系统是如何经受住考验的呢?

图 2.7　华为 P30 Pro 手机生态构成

　　从华为发布的 Mate 30 Pro 手机来看,技术洞察(Tech insights)公司对华为 Mate 30 Pro 系列供应链情况进行了详细的分析(见图 2.8),华为自主研发的海思芯片占据主板的一半,原先射频中由美国 Skyworks 和 Qorvo 供货的前端模块被海思和日本的村田替换掉了,美光的 DRAM(动态随机存取存储器)也被 Skynix 取代,更为重要的是,华为先后推出了华为鸿蒙 OS 系统、华为 HMS 服务,以替代 Google GMS 服务,这样能够避免在缺失了 Google GMS 服务后的应用问题。2020 年 2 月 24 日,首款搭载华为 HMS 服务的荣耀 V30 Pro 手机正式登陆欧洲市场,这充分反映了华为优秀的自主研发能力以及对供应链强大的整合能力。大家一定有疑问:华为的生态系统是怎么做的?怎么能够经受住这样的冲击?这与其很早就开始的供应链管理变革及数字化转型有密不可分的关系。

图 2.8　华为 Mate 30 Pro 5G 手机生态链

资料来源：作者根据相关资料绘制。

华为的供应链管理变革可以分为两个阶段：1999 年到 2003 年，集成供应链（Integrated Supply Chain，ISC）系统建立；2005 年至今，全球供应链（Global Supply Chain，GSC）系统建立。

集成供应链系统，是和 1999 年开始的集成产品研发（Integrated Product Development，IPD）同步进行的，它是由供应商、制造商、经销商、零售商和客户构成的集成网络。该网络中包含不同的职能部门，比如采购和仓储部门负责材料供应，生产部门负责产品制造、组装和调试，销售部门负责订单管理，交付部门负责产品交付，客户服务部门负责产品维护和技术支持。集成供应链系统的目的就是打破这些部门的壁垒，将所有内部职能部门和运作活动整合在一起，从而匹配供应与需求，及时准确地将产品交付给客户，提高客户满意度。此外，集成供应链系统强调通过信息系统集成、组织间合作、流程简化和连接等将制造商与它供应链上的供应商及客户整合在一起。基于内部整合、供应商整合和客户整合，供应链上的不同企业可以像一个组织一样运作。

全球供应链系统，是将集成供应链的模型扩展到全球范围，是指由供应链伙伴所构成的全球的、集成的网络。华为实施全球供应链系统变革的第一个动作，就是在它的海外事业部和办事处运行企业资源计划（Enterprise Resource Planning，ERP）系统。在这个过程中，华为遇到的最大挑战就是不同国家的法律、法规和客户需求的巨大差异。为此，华为专门挑选了来自财务、供应链、采购、流程和IT部门的200多名员工，成立"海外ERP项目"团队，并采用细胞分裂式的方法将ERP成功实施的经验扩散出去。基于这些分散的ERP系统，华为开始建立全球的集成供应链。在这个过程中，华为的一线员工发挥了巨大作用，他们根据工作的需求提出创造性的解决方案，以保证华为的主干系统适用于当地的法律、法规和客户需求。华为在供应链系统变革及数字化方面的持续努力大大提升了其运作效率，也为此次被美国列入实体清单后能够快速调整整个供应链的研发、物料、生产、制造、销售、物流及客户服务，打下了坚实的基础。

华为供应链运作参考模型（Supply Chain Operations Reference Model，SCOR）提供端对端的全流程贯通的解决方案。如图2.9所示，华为将集成供应链系统界定为计划、采购、制造、物流、客户五大部分。

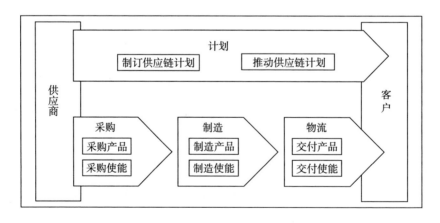

图2.9 华为供应链运作参考模型

资料来源：作者根据相关资料绘制。

上面主要谈了华为基于供应链对其生态所进行的变革和数字化转型。围绕市场，华为同样进行了生态的数字化转型，当然，有学者把它叫作"企业的数字化生态"，可能的原因是数字化原生的互联网企业的生态，从一开始就是围绕市场来建设的。

"企业的数字化生态"是指企业在数字化方面具有一定架构的资产，包括网站、移动互联、社交媒体、智能家居、可穿戴设备等正在蓬勃发展的在各个技术接触点上运行的各种应用。其中，电子商务和支付平台现在已成为数字化生态系统中不可或缺的一部分。

我们接着谈华为是如何进行生态的数字化转型的。

首先，华为构建了以客户为中心的网站生态系统，支持多区域多语言版本的响应式网站，改变了过去以产品为中心的单独网站品牌和设计，网站首页把客户分为个人客户、企业客户和运营商客户，并提供相应的解决方案、产品及服务。

其次，华为打造移动端应用生态系统，采用多应用单目标的移动生态系统模式，构建丰富多彩的应用，如华为商城、华为云、华为企业服务、华为技术支持和华为手机学校等。

社交媒体方面，华为采用混合的社交媒体生态系统模式，比如既有基于微信的华为公众号，也有某一方面的重要应用，如华为商城、华为企业业务、华为客户服务中心等。

说到"企业的数字化生态"，不得不说的一个数字化原生企业的例子就是阿里巴巴。淘宝不是零售商，不拥有任何一件商品，但它建立了一个超级零售的数字化生态圈。淘宝之所以能够创造这么多奇迹，很重要的一个原因在于，它通过生态的数字化赋能其用户——卖家，进而演化成一个社会化协同的大平台。如今，即使是一个非常小的淘宝新卖家，也可以在线同时和几百个服务商合作（见图2.10），只需要有一个API（应用程序编程接口）的链接，就能调动相关的数据和服务。相关的服务可以包括打通微博这样的社交渠道、蚂蚁金服提供的金融服务后台、旺旺的工作流以及各种营销产品。所以淘宝本身就是一个非常复杂的数字化生态"协同网络",而这个"协同网络"带来了巨大的社会化的价值创造。

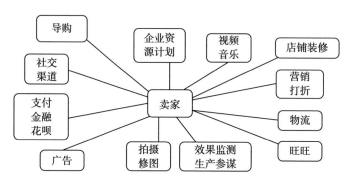

图 2.10 淘宝如何赋能其用户——卖家

资料来源:作者根据相关资料绘制。

阿里巴巴集团学术委员会主席、浙江湖畔创研中心教育长曾鸣曾谈到过一张价值"千亿美元"的战略图(见图 2.11),这张图是在 2007 年阿里巴巴战略会上发布的,该图确定了阿里巴巴未来十年的战略,目标是"建设一个开放、协同、繁荣的电子商务生态系统",并成为一家千亿美元的公司,而当时阿里巴巴公司的市值仅 100 亿美元左右。

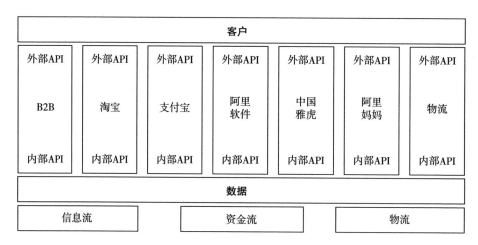

图 2.11 阿里巴巴的生态系统

资料来源:作者根据相关资料绘制。

这张图的第一个核心是要建设一个生态系统，而生态系统的核心是客户，是数据，是最底层的信息流、资金流、物流。所以阿里巴巴把贯穿所有子公司的数据业务打通，并将其命名为整个集团未来的"奔月计划"，这是其未来发展的核心，也是生态系统的根本。

正是因为提出了"奔月计划"，所以阿里巴巴在那次会议上明确了一定要在一年内找到一个 CTO（首席技术官），他要能够带领公司完成"奔月计划"，在数据这个领域走向未来。后来，王坚博士加入阿里巴巴，缔造了云计算的一段传奇。

这张图的第二个核心就是开放 API，而开放 API 是实现生态系统数字化的关键。阿里巴巴高层在那次会议上有过很多争论，最后没有达成共识的就是：在集团层面对外开放数据（这就意味着外面的人可以用阿里巴巴的基础设施开发一个类似于淘宝的平台来跟阿里巴巴竞争），还是在淘宝这个层面对外开放 API（别人可以利用淘宝的基础设施建超市、百货公司和商店）。

阿里巴巴高层当时意识到，如果真正能够把数据打通，还能把对外开放 API 的链接做好，那么阿里巴巴应该会创造一个前所未有的奇迹——数字化生态系统。这样一个生态系统应该会有价值千亿美元的可能性。

阿里巴巴正是通过 API 这个链接赋能在淘宝上的卖家，而卖家同样通过 API 链接打通了生产商、金融/支付体系、物流、服务等，并自我生长成自己的生态系统，然后由买卖双方的双边市场逐渐形成多边市场——密密麻麻海量的"点"，这些"点"就是生态中直连互动的各个角色。这些"点"由于巨大的规模经济，往往能提供性价比很高或者很独特的服务，这些服务又纵横交织成"线"，从而提供传统方式无法实现的更优质的服务。每条"线"都是一个细分场景，都是一种独特的服务。这些"点"和"线"，远看似乌合之众，排列分布几乎无规律可循，但实际上却能聚散自如，招之即来，来即能战。"点"的数量，从晨星寥落走向燎原之火，就是因为无数"点"与"线"构成的这张网,可以提供更高的客户价值,吸引更多的消费者,从而催生新的"点"或者新的"线"参与其中,形成良性循环。也就是说,从稀疏的"点"开始连接,"点"与"点"互动,帮助"线"更好地服务用户,构成了今日星河灿烂、生机盎然的淘宝的数字化生态系统。

2.3.1.6 数 据

数据的价值,超出所有人的想象。

消费互联网中,数据是个金矿,是平台的金矿,似乎是不争的事实。工业互联网建设中,数据同样是核心。工业互联网产业联盟编制的《工业互联网体系架构2.0》明确指出,"业务视图的数字化转型方向、路径与能力实质由数据所驱动,功能架构的网络、平台、安全服务于数据的采集、传输、集成、管理与分析"。热火朝天的人工智能,也有赖于数据训练和分析而产生的价值。许多咨询公司把数字化转型的商业逻辑总结为:数据+模型=服务,数据成为数字化转型的核心,转型的价值也通过数据能力、数据资产及由数据形成的服务体现出来。

数据的能力是什么?具备了这些能力后如何形成价值?这些价值又如何和业务应用结合起来产生效益?

数据资产化的过程就是数据能够沿着业务价值的方向自由流动,在面临市场不确定性、多样性和复杂性的时候,能够把隐性数据显性化并快速形成业务洞察,赋能业务场景。图2.12的数据能力架构概述了数据服务化的过程,该过程分为三个方面:数据能力抽象、数据能力具象、数据能力的应用场景。

数据能力抽象分为四个方面:传输能力、计算能力、资产能力和算法能力。

传输能力:传输能力可分解为底层数据传输效率和应用层数据传输效率。

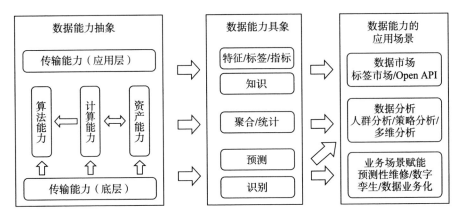

图 2.12　数据能力架构

资料来源：作者根据相关资料绘制。

底层数据传输效率包括底层各种数据的采集和数据源进入后的预处理阶段的传输效率，即源数据通过高性能的底层多存储的分布式技术架构进行 ETL（数据仓库技术）抽取、转换、装载清洗后，产出数据中间层通用化的结构化数据交付物。应用层数据传输效率基本不涵盖底层数据采集和加工处理环节，而数据产品会用到规定好的数据交付物（即已约定好的结构化或标准化的数据），而利用此数据交付物再经过产品对实际应用场景的匹配和加工来提供数据服务。底层数据加工计算所涉及的传输效率，决定了支撑数据产品高性能、高可靠性的自身需求；应用层数据的传输影响了用户体验和场景实现。

计算能力：传统的计算基本发生在数据中心，随着云计算、大数据、物联网、人工智能和认知计算的发展，计算将无处不在。CPU、GPU、ASIC（专用集成电路）、FGPA（现场可编辑逻辑门阵列）让计算能力和计算速度大幅提高，从离线数仓到实时数仓，再加上 5G 时代的加盟，数据应用的时效性会越来越强，应用场景会越来越多。

资产能力：可直接使用的交付数据才是数据资产，当然，可直接使用的数据有多种形式，比如元数据（Meta Data）、特征、指标、标签和 ETL 的结构化或非结构化数据等。数据资产的价值可以分两部分来考虑：一部分是数据资产直接变现的价值，另一部分是数据资产作为资源加工后提供数据服务的业务价值。

算法能力：算法能力是将多元的数据集或者说尽可能多的数据转化为一个决策判断结果并将其应用于业务场景的能力。不管是通用的自然语言、语音和图像算法，还是和业务相关的机理模型算法，都是数据业务化的关键。

数据的传输、计算和资产是基础能力，算法是高级的泛化能力。而离业务场景最近的就是算法能力所提供的算法服务，这是最直接应用于业务场景且更容易被用户感知的数据能力。数据能力的输出和应用才能体现数据价值，数据能力的最大化输出考验着整个数据产品架构体系的通用性和灵活性。

数据能力具象是体现数据价值的桥梁。每种能力都既可以独立开放，也可以组合叠加，既可以是数据资产的直接调用，也可以融入计算能力的聚合和统计处理，或者加入算法的识别和预测。如果将能力具象，就会衍生出产品形态的问题，产品形态在数据资产经过（数据能力）具象，比如打上标签后产生。

应用场景是数据体现价值的落地应用。数据经过计算分析变成产品及服务，和用户的业务结合起来，构成一个个应用场景，重塑企业的业务，实现企业的数字化转型。

首先，基础的应用场景就是数据直接调用，数据资产的使用基本会基于特征、指标、标签或者知识等交付形态。在数据市场中，可以通过构建出的一些开放平台进行赋能。

其次，对基础的数据资产进行计算处理后将其变成可以进行数据分析的场景交付形式。加入计算能力后，分析场景包括人群的画像分析、多维度的交叉分析、业务的策略分析和监控分析等。

最后，业务场景赋能是指利用算法能力和计算能力把基础的数据资产变成业务人员更理解的业务场景交付形态。比如，对一些业务场景的预测分析，甚至一些人工智能场景的识别或学习思考，都可以通过算法赋能来实现。

以上能力应用场景都是对数据传输能力的考验。源数据通过高性能的底层多存储的分布式技术架构进行 ETL 抽取、转换、装载、清洗后，产出的是数据中间层通用化的结构化数据交付物。随着数据量级的急剧增大，数据孤岛产生了。那么散乱的数据，只有通过数据平台整合起来，通过算法转换成资产才可以发挥价值。

2.3.1.7 渠道

在数字化的浪潮下，企业要想树立差异化的品牌特质，就需要重新审视自身与客户的连接渠道，进而更好地服务客户，改善客户体验。企业需要探索更多交互方式，增进与用户的沟通，并且通过搜索引擎、社交网络、预测性分析、认知计算、物联网等技术，建立灵活应变的运营环境，进而做到及时的产品与业务拓展。

如何增加线上渠道即数字化的客户接触点日益成为企业成败的关键。图 2.13 列出了不同的数字化渠道，这些都是企业和用户之间最有可能的沟通接触点。这些接触点不仅可以作为用户消费的入口，更是企业了解用户习惯、收集数据的基础。不同的行业与目标客户可能对渠道的选择有不同的偏好，这与客户所处的行业特点、周边环境、接触信息的手段、管理方式及日常习惯等有关系；同时，很多企业也会根据渠道的绩效、客户的偏好与渠道的性价比来决定企业对于渠道的投资和关注程度。

对企业来说，在所有网络接触点中，最重要的莫过于"口碑"，而搜索引擎是聚合口碑最重要的载体，它将分散在网络各处的口碑信息集中呈现在消费者眼前，供其参考和比较。对于搜索引擎这个渠道来讲，使企业的目标关键词尽可能地在搜索引擎的自然搜索结果中排名靠前，是非常重要的一环。相对于收费的搜索引擎广告，消费者更倾向于相信在自然搜索中表现出色的网站，因为自然搜索的设计理念是为客户的查询提供直接答案，而付费搜索则是广告的另一种形式。目前，已经有很多工具可以协助企业对其搜索引擎在自然搜索方面的表现进行衡量，例如 GoDaddy 和 Moz.com 就提供这样的服务。

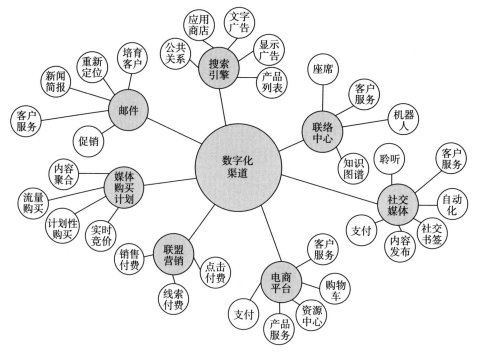

图 2.13　数字化渠道

资料来源：作者根据相关资料绘制。

全渠道成为新常态，企业需要通过多样化的触点技术向顾客提供随时随地、连贯一致的用户体验。以亚马逊书店为例，线上也能提供与线下一致的体验，如"一进门的推荐货架""每本实体书都配有评论卡（Review Card），可以看到读者评论""相似图书的推荐""与线上的同一价格"。而做到线上、线下书店拥有几乎完全一致体验的前提是整个企业需要具备如表 2.1 所示的基本能力。

表 2.1 亚马逊数字化渠道

数字化渠道基本能力	描述	客户体验
单一客户视图	其客户和目标客户的数据应是唯一、连贯、准确和整体的视图	实时了解并匹配客户的需求,更好地服务客户
内容	结合客户的特征和不同数字渠道的特征建立连贯的内容策略	在多种渠道之间引导客户的消费旅程,并提供一致的服务,以实现任何时间、任何地点、任何方式与客户的有效交互
数据分析	基于从各种渠道获得的客户本人及其行为的数据分析	向客户提供定制化的内容、服务和产品推荐
应用	所有的线下服务,都能以软件应用(尤其是原生的 Android 和 iOS 应用)的方式提供给相应的数字化渠道	持续交付,提供全渠道的快速响应

资料来源:作者根据相关资料整理得到。

单一客户视图(Single Customer View,SCV)是其客户的唯一整体视图。客户在不同的生命周期中,在不同触点会产生不同类型、不同结构的各类数据:人口/家庭/组织特征及联系数据、社交媒体数据、市场活动互动数据、交易数据、用户行为数据,以及其他非结构化的各种数据,如社交媒体上的评价、各类服务请求等。只有当这些异源异构的数据有机地组合在一起,形成单一客户视图时,才能准确衡量客户终身价值(Customer Lifelong Value,CLV),在各个渠道上提供一致的用户体验,更有效地进行交叉销售(Cross-sell)和追加销售(Upsell),进而留住客户。

一个典型的建立单一客户视图并实现个性化营销的方案(见图 2.14)包括以下步骤:

(1)采用数据流如 Kafka、Flume、Flink 技术来采集数据进入数据湖;

(2)利用 Spark Streaming 这种流式计算框架进行实时数据分析;

(3)进行数据的清洗、过滤、整合、身份关联,建立单一客户视图;

（4）将相关的产品、销售、订单、渠道触点等信息也通过数据集市展示出来；

（5）BI（商业智能）及 Analytics 分析系统建立智能分析模型，如"客户终身价值""下一步最佳行动"等；

（6）营销活动系统发起"客户留存""交叉销售""追加销售""最佳渠道""潜力客户转化"等营销活动流程，进行智能个性化营销。

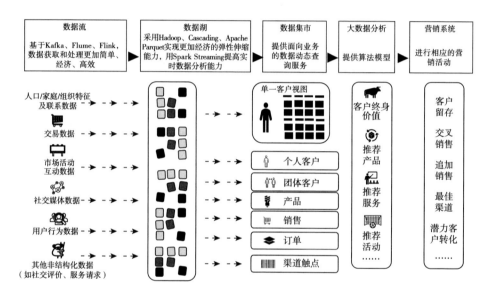

图 2.14　单一客户视图和个性化营销

在客户的单一客户视图建立起来后，接下来要做的最主要的一件事情就是内容营销。

内容营销，就是一种通过生产对目标用户有价值的免费内容来实现商业转化的营销过程。内容营销正逐渐从传统媒体转向自媒体和社交媒体。以往，用户接收的信息较少，且渠道单一。所以，网络营销主要就是对渠道的营销。比如脑白金，只是循环地进行电视广告播放，对用户进行洗脑。而现在，渠道更加碎片化，用户每天可接触的新鲜信息也很多。因此，用户不再只是信息的接收器，他们会构建自身的逻辑和观点。

内容营销要求企业能生产和利用内、外部有价值的内容吸引特定客户。重中之重是特定人群的"主动关注",也就是说,你的内容能否自带吸引力,让消费者来找你,而不是单纯地利用媒介进行曝光。内容生产的过程中往往隐含着用户认可的价值观和逻辑体系,使他们更愿意主动传播,变成传播网络上的节点。

总的来说,内容生产主要有以下三种方式:

(1) 品牌生产内容(Brand Generated Content,BGC)。以内部团队为核心,为受众提供产品/品牌/品类相关的信息,目的是让品牌成为消费者心目中的权威专家。主要表现形式有海报、H5(HTML 5)与视频、发布会等。

(2) 专业生产内容(Professionally Generated Content,PGC)。企业借助代理/网红/名人(关键意见领袖)或专业内容方的外部内容,为更广泛的消费者群体提供品牌信息。主要传播形式有直播、媒体软文、影视植入等。

(3) 用户生产内容(User Generated Content,UGC)。以品牌粉丝为核心,产生他们原生的口碑内容。主要形式包括构建社群,进行社区聚拢、直播互动等。

用户生产内容更像是每个品牌的一种目标,是互联网时代与消费者连接更紧密的一种表现。总之,内容营销要求品牌不断创造高质量的 BGC 和 PGC,同时激发 UGC,实现增长目标。

在多样化的触点形成以后,内容的推送和服务也要相应地在正确的时间、通过正确的渠道推送给准确的目标群体。通过单一客户视图,对客户进行细分,进而把生产的内容通过合适的渠道传播出去(见图 2.15),包括以下几个步骤:

(1) 构建目标客户画像,分析和洞悉客户所思所想;

(2) 整理内、外部可用的内容,定位内容主题;

(3) 制作内容日历,持续有效地与客户交互;

(4) 发布和推广内容,达到影响力最大化。

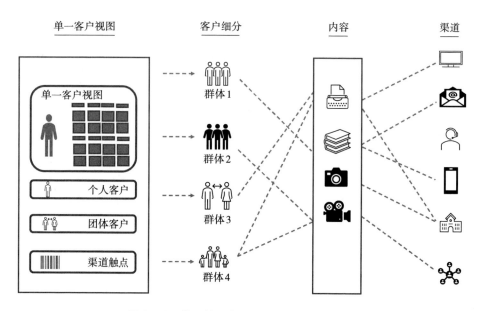

图 2.15 基于单一客户视图的内容传播渠道

资料来源：ThoughtWorks 公司数字平台战略。

社交媒体已经成为数字化渠道的一个主要组成部分。企业已经开始利用大型社交媒体（如 Facebook、LinkedIn、推特、微信、微博、今日头条、喜马拉雅等）提高客户的参与度，处理客户服务方面的事宜，提升品牌关注，思考领导力，以及管理公共关系等。在 2020 年年初国内新冠肺炎疫情比较严重时期，大量的企业借助微信、微博、今日头条和一些自媒体，一方面开展防疫宣传及体现其社会责任，另一方面宣传其移动办公解决方案或者工业互联网或大数据或人工智能等技术如何帮助抗击疫情，助力企业复工复产。

世界上最大的在线社交媒体杂志 Social Media Examiner（SME）发布了《2019 年社交媒体营销行业报告》，该报告调查了 4 800 多名营销人员，目的是了解他们是如何利用社交媒体来发展和促进其业务的。主要调查结果如下：Facebook 的主导地位不可动摇，94% 的营销人员表示他们在使用 Facebook；其次是 Instagram，占 73%，首次超过 LinkedIn；57% 的营销人员表示自己在使用 YouTube。61% 的营销人员声称 Facebook 是他们最重要的社交平台。72% 的营销人员使用 Facebook 广告，59% 的人计划在未来 12 个月内增加对 Facebook 广告的使用。

当然，一些管理人员仍然认为，社交媒体对于千禧一代来说是精力的浪费。社交媒体行为及关注，可以对企业的自然搜索排名带来何种程度的提升，无法评估。尽管是非直接的原因，很多企业还是会自动将自身精力集中投入那些目标与社区背景及企业品牌相匹配的社交网络中。比如在中国，IT 企业更关注"云头条"和"特大号"等与 IT 行业相关的自媒体。

即使建立起数字化渠道，企业还是需要形成利用数字化信息管理企业的能力，通过跨渠道、跨组织的数字化信息，优化线下、线上的融合能力。最后，企业需要围绕客户接触交互点进行数字化整合，对产业链中的所有元素进行优化。

上面从企业能力的七个层次，即人、产品、流程、平台/生态、渠道/体验和数据，分析了企业是如何提升数字化能力建设的，下面结合企业能力的内涵做进一步的分析。

2.3.2　企业能力的内涵

在企业能力的内涵方面也有很多维度，为了便于我们解构和分析，这里分为两个维度：一个是价值链维度，一个是客户体验维度。

2.3.2.1　价值链维度

价值链是传统企业"在位者"常用的一个维度，也是企业为市场及客户提供产品和服务时交付行动的路线图。工业革命数百年以来，每一次技术进步，都会引起价值链的变化。以零售业为例，百货商场是对中国几十年供销社体系的一大革命，尤其是国美及苏宁等电器巨头，利用一体化的 IT 系统，不但提升了整个供应链的效率，而且极大地节省了物流成本，提升了客户体验。随着新技术的发展，特别是云计算和移动互联网的出现，整个零售业供应链的格局大大地改变了,标志性的企业就是阿里巴巴。新技术使得价值链更加透明,产业越来越细,并且更容易分解和模块化。过去,价值链的颠覆往往涉及整个价值链的更替,或者价值链的大部分更替,所以涉及大量的原有生态体系的变化,更替周期比较长,成本比较高,比如百货商场对传统供销社的业务流程及市场营销模式的颠覆。而现在随着产业化的细分,价值链的颠覆将涉及更多功能化、专业化和跨界化的竞争。

随着专业厂商进入市场提供关键能力,价值链将出现裂变(见图 2.16)。

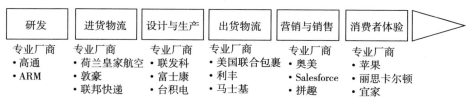

图 2.16 价值链裂变

资料来源:作者根据相关资料绘制。

价值链裂变的现象在 IT 及半导体行业尤其明显。传统的 IT 公司比如思科、IBM 及惠普很早就把制造分离出来外包给富士康、伟创力这样的专业制造业企业,因为它们在制造方面可以以规模化的生产、更低的成本、专业的服务展现更强的产品生产能力。

在半导体产业,因所需的投资巨大,沉没成本高,所以设计和制造又进一步细分为四种模式:IDM、Foundry、Fabless 以及 Fab-lite。传统的半导体企业像英特尔这种,采用 IDM(Integrated Device Manufacture,集成器件制造)模式,从设计、制造、封装到测试一条龙全包;有的半导体企业只做设计这一个环节,是没有 Fab(制造工厂)的,通常就叫作 Fabless,例如 ARM、英伟达和高通等;还有的公司,只做加工制造,只代工,不做设计,称为 Foundry(代工厂),比如台积电等,这些晶圆代工厂将很高的建厂风险分摊到广大的客户群以及多样化的产品上,从而集中开发更先进的制造流程;Fab-lite 是介于 IDM 和 Fabless 之间的轻晶圆厂模式,是企业为了降低投资风险而采取的一种策略,核心芯片采用 IDM 模式,其他部件采用外协合作,自己不再投资兴建晶圆厂。

支撑这种价值链裂变及重塑的基础除了专业化、功能化以及跨界的生态融合,还有一个非常重要的因素就是 IT 基础设施的建设和数据的驱动,特别是云计算技术、数字化平台、协作技术及移动互联的发展,促使跨地域、跨行业的价值链的融合。比如美国思科公司,通过思科商务空间(CCW)系统,打通、整合客户关系管理系统(CRM)、供应链管理系统(SCM)、企业资源计划系统(ERP)及制造执行管理系统(MES),实现客户、代理、企业及外包制造厂商的价值链融合和价值增值。而且这些融合是实时和动态的,价值的创造和分配的方式也会因之改变,不再是传统的"成本加回报"的简单叠加,而是由价值生态中的每一个参与者对整个系统创造的价值的整合。

2.3.2.2 客户体验维度

客户体验是"闯入者"尤其是互联网企业最关注和常用的一个维度,企业的关注点不再是产品功能、特性等方面,而是从客户的业务成果出发,关心用户使用商品后最直接的感受。这种感受包括操作习惯、使用后的心理感受等。根据伯尔尼·H.施密特在《客户体验管理》一书中的定义,客户体验管理(Customer Experience Management,CEM)是"战略性地管理客户对产品或企业全面体验的过程",它以提升客户整体体验为出发点,注重与客户的每一次接触,通过协调整合售前、售中和售后等各个阶段,各种客户接触点,或接触渠道,有目的、无缝隙地为客户传递目标信息,创造匹配品牌承诺的正面感觉,以实现良性互动,进而创造差异化的客户体验,实现客户的忠诚,强化感知价值,从而增加企业收入,提升资产价值。

同样以零售行业为例,客户体验首先需要从打造新的体验开始(见图 2.17),推进产品、服务和流程数字化,在各个客户接触点上(例如销售人员、呼叫中心、代理商、广告、活动、收账人员、客户接待、产品使用手册和网站),时刻与客户实现有效的互动,增强客户黏性,提升客户体验,重新定义产品、服务以及不同客户场景及一系列体验/感受(例如视觉、语气、味觉、气氛、细致入微的关怀与照顾);其次是构建新的业务战略重点,包括催生新的业务模式,特别是跨界的价值链整合、低价甚至免费的互联网降维打击模式、新的融资方式以及对技术创新进行的投资,营造符合情境的深入体验;再次,客户是数字化重塑的关注焦点,因此,企业零售商的人才培养和梯队建设应该反映出客户群的代际特征,这样就可以为其目标客户提供贴切相关的、富有吸引力的服务体验;最后就是建立完全整合、灵活且敏捷的运营环境,使客户关系最优化、客户价值最大化。

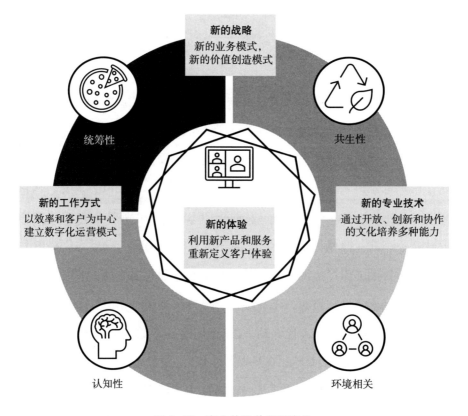

图 2.17 客户体验的重新定义

资料来源:IBM 商业价值研究院。

美团作为一家本地生活服务 O2O（Online to Offline，在线离线/线上到线下）平台，利用"外卖"平台，整合各个用户接入点，从开始的"高校学生及白领群体"与"中小型餐饮企业"的连接和互动开始，扩张到了酒店、婚庆、教育甚至出行、金融等领域，并积极构建多维度生态系统；然后按照便利店、传统商超、近场零售、写字楼等不同场景，形成四种不同的运力网络模式，结合"超脑"即时配送系统以及无人配送车等智能装备，满足不同的配送场景和不同商家的需求，提升配送效率，降低物流成本，重新优化客户服务和体验，尽量实现全方位的选择权和便利性，以此达到"品牌忠诚"。进而，以后客户通过美团新零售平台购物，就像点一份外卖一样，不管买什么，只要网站上有，下单后 30 分钟基本就到手中了。

沃尔玛已经成功地将创新电子商务网站 Jet.com 整合到其运营当中，从而在实体零售店的基础上以敏捷的数字平台增添新力量。凭借独特、透明的客户购物体验，Jet.com 能够在智能购物篮的帮助下，提供富有竞争力的价格，并提供免费退货和借记卡支持服务。Jet.com 重新将关注重点放在千禧一代身上，通过沃尔玛的连锁店网络加快订单履行速度，并获得支持店内提货的能力。通过一系列举措，Jet.com 成功打造了无缝购物体验：可以帮助消费者节省时间，让他们买到更加经济实惠的商品。

一方面，通过价值链维度和客户体验维度对企业的解构，可以将企业能力转换成不同的层次、功能与类别，这将有助于企业了解在不同的业务板块和时间节点，企业的战略、流程、人才如何与数字化的不同方面进行交互和迭代，进而采取必要的行动，实现数字化转型。

但另一方面，这么多的新型能力，哪些属于数字化，哪些属于传统能力的提升？怎样理解一家企业的数字化成熟度？路线图该怎样设计？能不能把企业能力的七个层次及企业能力的内涵归纳成更易使用的能力架构和工具呢？

2.4 企业数字化能力坐标系

一方面,数字技术的发展,特别是云计算、大数据、人工智能以及最近几年兴起的机器人流程自动化(Robot Process Automation,RPA)技术的发展,对企业的影响是深远的;另一方面,不确定性对社会及企业的影响越来越大。这两方面的影响叠加,要求企业必须既能够快速响应市场的变化,又要具有支撑业务变革的技术能力,特别是数字化能力。这里所谈的企业能力主要专注于如何构建面向未来的数字化能力。

2.4.1 数据敏捷系统

数据敏捷系统,简称 DA 系统。其中,D 是数据(Data)的英文单词首字母,A 是敏捷(Agile)的英文单词首字母。DA 系统是由数据驱动力(Data Driving Force)和业务敏捷力(Business Agile Force)构成的数字化能力二维系统架构。

在思考企业能力架构特别是数字化能力体系架构的过程中,美国宇航局(NASA)前天文物理学部门主任查理·佩勒林的"4D 系统"(4D 就是四维,由 X 轴和 Y 轴构成四个象限)启发了我们,能不能构造一个像"4D 系统"那样简洁的 XY 坐标系统来简化我们对企业面向未来的能力的认知呢?就像咨询界的那句名言描述的那样:"每一个咨询顾问都是靠某个二乘二矩阵养活自己的。"

在分析了大量国内外互联网企业以及传统企业的数字化转型案例,尤其是国外的沃尔玛、微软、思科及国内的平安、海尔等企业的案例后,我们发现数字化转型的实质主要体现在两个方面:一方面是对数字化技术的利用,以及对传统业务的赋能,比如我国推广的"互联网+",其核心是"数据";

另一方面是企业本身传统的人、产品、基础设施、流程等如何利用"数据"被"赋能",如何重塑业务、重塑基础设施、重塑业务流程,包括重塑企业的人才体系。进而我们看到,传统研发变成了"敏捷开发",组织也进化为"动态组织",对资源的调用变成了"网络协同",这一系列变化的核心就是"敏捷"。

这样我们就找到了构成 XY 坐标系的两大元素:数据和敏捷,从而就有了如图 2.18 所示的企业能力坐标系——数据敏捷系统。数据驱动力被我们定义为 Y 轴,而 Y 轴的两端是"运营"和"创新",业务敏捷力被定义为 X 轴,X 轴的两端是"效率"和"协同"。

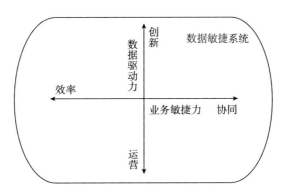

图 2.18 数据敏捷系统

资料来源:作者根据相关资料绘制。

2.4.1.1 数据驱动力

数据驱动对传统企业主要做了两件事情:一是对原有传统业务进行优化,二是面向未来进行业务创新。

我们知道,传统的企业运营模式是工业化生产的理念、流程化的管理,在标准化的基础上,将一个价值链分解成一个个的流程节点,然后将一个节点对应于一个小的组织,由这个组织来负责这个节点的工作。这样,整个价值链就可以并行运转,然后通过流程把工作串起来,我们称之为"流程驱动"。这在过去的工业化时代,提高了企业的管理效率,带来了规模化的生产。

而在数字化时代,数字化转型很重要的目的就是简化企业目前或今后可能会有的流程,流程转化为软件,实现了自动化,剩下的就是数据。数字化将运营过程沉淀成数据,这使管理者可以从数据视角而不是过程视角来查看其业务。随着数据的出现以及将这些数据与指标或问题联系起来的能力,组织不仅能够变得更有效率,而且其功能也能改变。通过把运营过程转化为数据,数字化转型给世界带来的商业影响是超大的,并且更重要的是利用数据驱动进行业务的创新,将数据服务化变现,为企业创造新的价值,带领企业面向未来。

某世界顶级能源企业,内部的管理高度标准化,所有的业务都分解到流程、节点,每个任务都有专人负责,然后通过各种关键绩效指标(KPI)来度量和考核。但是,近几年,该企业发现,随着新能源产业革命带来的冲击,以前的那种方法不起作用了,不管内部如何规范,如何提高效率,都无法提升销量,无法提升经销商的业绩。我们帮助该企业进行数据分析,发现本来相对简单的业务,由于部门分割、角色繁多,一套数据被反复解读、二次加工,产生了不同口径、不同维度的报表,然后这些报表又在不同的场合被作为事实的依据来指导不同的决策。

传统企业由于流程和组织的划分,原本统一的数据被割裂开来,产生了不同的解读,不仅无法提高效率,更无法有效地应对外部市场的变化。将数据利用好,就要摒弃以流程为核心的管理体系,建立从数据出发的管理体系,用数据驱动业务的运营和创新,这就构成了"数据驱动力"的两个核心主张:智能化运营和数字化创新(见图2.19)。智能化运营能力和数字化创新能力的建设,为企业在数字化转型浪潮中全速前进提供了强劲的驱动力。智能化运营能力帮助企业巩固原有的核心业务,为企业在核心业务上的优势进一步奠定了基础,此外,还为企业向新业务的过渡奠定了良好的基础,加固核心业务带来的业绩提升也为新业务带来了更大的投资空间。与此同时,新业务的拓展和规模化发展对企业运营能力的构建提出了更高的要求,而新业务带来的绩效回报将为企业的转型和整体提升打下基础。智能化运营与数字化创新这两大能力相辅相成,共同演进,推动企业实现业务的快速转型。

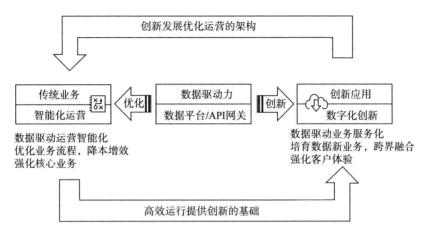

图 2.19　数据驱动力的智能化运营和数字化创新

资料来源:作者根据相关资料绘制。

智能化运营,也就是利用数据优化传统业务的业务流程,提升员工及客户体验,节省运营成本,提升运营效率,进而重塑企业运营。比如在营销与客户服务等前台环节,很多企业已经利用社交媒体、客户画像等开展数字化营销,通过数字化手段提升客户体验。在生产制造等中台环节,很多制造业企业将智能工厂、柔性供应链等先进的数字化生产手段引入产品的生产环节。在智能支持等后台部门,很多企业通过消除部门数据竖井,打造联通各个职能部门的数据中台和协作平台,实现运营数据等信息流在企业内部的顺畅流动,增强企业内部的沟通协作,以及对各个生产环节的智能管控,从而实现从企业的后台到前台的智能化运营。

数据驱动的智能化运营最典型的例子就是物联网的应用,通过采集现场的人、物及流程的实时数据,以及数据驱动去做一件事情——"减员降库存"。这通常是从价值链的某一环节开始进行优化,进而提升其效率,实现无人或少人值守、零或少库存、节能及预测性维护。

富士康是一家传统的代工企业,它是如何利用数据驱动内部智慧化运营的呢?以富士康深圳"熄灯工厂"为例,2018年,富士康采用物联网技术实时采集一线数据,该生产线的工作人员从318个减少到38个,生产效率提升了30%,库存周期缩短了15%。2019年1月,工业富联"柔性装配作业智能工厂"成功入选达沃斯世界经济论坛"制造业灯塔工厂",成为全球16家工业4.0未来智慧工厂的一员,是唯一一家当选的中国本土企业。

数字化创新,这是数字化原生企业的强项,BAT(百度、阿里巴巴、腾讯)公司利用数字化的平台,其业务的生产、销售、运营和交付从一开始就是数字化的,数据是其业务的根本,利用数据去创造价值、改变客户体验就相对容易;但对于传统企业,尤其是国企和央企,实现起来就有很大的难度,一方面要兼顾核心业务的稳定,另一方面又面临市场和监管部门的压力,而数字化创新的关键是将数据作为资产实现变现,过去积累的数据和经验仅仅是个"矿产",如何挖掘这些"矿产"并实现数据的价值,且对市场未来的发展趋势有所洞见,确实是一个持续进化的过程。这个过程有时很可能会很漫长。

数据驱动的数字化创新及业务服务化,最典型的标志就是"数据平台和API网关"的建设。数据平台对分散的多方数据进行整合,将其纳入统一的技术平台,并对这些数据进行标准化和细分,然后形成"数据自服务"。"数据自服务"可被客户调用并产生价值,而API网关对外可以打通与这个"数据自服务"相关的生态系统,对内可以驱动相关的资源服务。

富士康借助工业云(Fii Cloud)与雾小脑的工业互联网平台的建设,尤其是内部的智能化运营,包括熄灯工厂改造、智能钢轨铣刀、智慧园区、安全灾害领域应用等积累了数据资产,进而打造出工业富联的创新应用。工业富联将"三硬三软"("三硬"是工具、材料、装备,"三软"则是工业大数据、工业人工智能、工业软件)作为工业互联网平台的核心基础,在此基础上实现工厂全要素及上下游产业互联互通，持续打造工业互联网平台，并通过平台实现对外跨行业、跨领域赋能应用，由此工业互联网赋能产品正式成形，并将工业富联作为富士康的新业务平台推向市场。比如，工业富联与东方明珠合作的上海智慧城市建设项目已完成杨浦区、普陀区、虹口区的城市大脑平台建设，已部署43个场景应用，涵盖防盗、防灾、防火、防污、防堵智慧服务和管理等方面，布置30类传感器，连通超过17万个感应终端。到2019年年底，其智慧城市业务已拓展至上海、广州、南宁、南京、唐山、西安等城市。

透过富士康工业富联的案例我们看到，"数据驱动力"快速解决了制造业企业转型升级中遇到的问题，构建了工业互联网对内增效、对外赋能的创新型商业模式，通过专业云（Micro Cloud）等云化服务的输出，实现产品服务化。工业富联经过内部验证的经验、方法、技能与工具向产业界推广。富士康从一家代工厂到工业富联的变化，实际上是代工企业向工业互联网企业的转型。

Y轴的数据驱动力正在通过两种形式——智能化运营和数字化创新——助力传统企业在数字化转型的道路上展翅高飞。

2.4.1.2 业务敏捷力

大家知道，数据和数据驱动力必须通过业务及业务场景对企业的发展与转型起作用，业务永远是企业的核心，而且近年来，市场的节奏越来越快，如何快速响应市场，如何构建新的业务场景并使其快速上线，敏捷性（敏捷开发、Scrum迭代等）日益成为企业发展的重要指标。业务敏捷力正是响应不断变化的客户需求、市场条件、新技术挑战以及突发事件对企业业务连续性的影响，快速调整组织及其基础设施、改变其工作方式以实现企业业务敏捷性。敏捷的概念源自软件开发，但很快就延伸至建设、运营及制造层面；广义上讲，它依赖于迭代和增量的努力与进步，特别是快速响应和适应的能力。

在位者必须建立一套能力，使自身能够以颠覆者的速度、流动性和有效性行动。在追求防御和进攻策略的同时，需要一种新的方法，来提供数字业务的灵活性，这就是业务敏捷力。业务敏捷力的两端追求两个极致：一个是"规模高效"，另一个是跨区域、跨行业、跨部门的"网络协同"（见图2.20）。

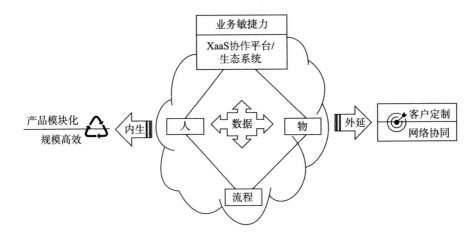

图2.20　业务敏捷力的规模高效和网络协同

资料来源：作者根据相关资料绘制。

"规模高效"或者说规模化一直是我们的梦想。从20世纪初人类实现大规模机械化生产后，工业社会中的传统企业就一直在追求规模化，以提高劳动生产率，节约成本，在竞争中赢得优势。中国企业也在过去四十多年的改革开放中抓住机遇，做大做强，实现规模化生产和交付，尤其在建筑、铁路、能源、电信等行业走到了世界前端。中国高铁"复兴号"从2017年6月首发，到今天的智能动车组，定义了高铁的规模化中国制造和交付。"规模高效"的核心是标准化、模块化、程序化和规模化，它的假设是确定性，是以产品为中心的模式。

"规模高效"带来企业效率提升的同时，也带来产品同质化的问题，与今天年轻一代追求个性化的要求相悖，所以业务敏捷力驱动的另一个变化是如何做到"网络协同"，响应客户的个性化需求，以及在面对不确定性和紧急情况时如何协调资源去响应变化，应对极端环境。

"网络协同"驱动企业从以产品为中心向以客户为中心转变。随着互联网由消费端转向产业端，一方面，用户可以通过移动互联网端的客户管理系统提出自己的个性化需求，另一方面，企业可以通过整合的网络协同平台打通供应链系统及生产制造执行管理系统，从而满足客户的个性化需求。中国服装品牌红领，自主研发了电子商务定制平台——C2M（顾客对工厂）平台，消费者在线定制，订单直接提交给工厂。C2M 平台是消费者的线上入口，也是大数据平台，从下单、支付到产品实现全过程都是数字化和网络化运作。这是"按需生产"的零库存模式，没有中间商加价，没有资金和货品积压，企业成本大幅降低，消费者也不需要再分摊传统零售模式下的流通和库存等成本。传统模式下，私人定制会导致企业成本居高不下，质量无法保证，交期在 1 个月以上，实现不了量产，价格昂贵。红领通过互联网将消费者和生产者、设计者等直接连通，个性化定制的服装 1 件起定制，传统服装定制生产周期为 20—50 个工作日，红领已将其缩短至 7 个工作日内。红领实现了量产，性价比最优，过去只有少数人穿得起的"高大上"的"贵族"定制，通过红领模式变成了更多人能享受的高级定制。

业务敏捷力有两大重要支撑："XaaS 协作平台"和"生态系统"。XaaS（X as a service，一切即服务）是一个新的运营模式和框架体系，它是从云服务模型发展而来的。通过软件定义网络，XaaS 在整个企业中实现了一种横向扩展的按需服务；在"XaaS 协作平台"上，一切都与其他一切相关联。数据通过连接的资产、员工、流程或通过 API 作为其他数据流进入组织，同时数据通过"XaaS 协作平台"实现传播，将数据转化为与生态系统接触时要采取的行动。对于每个企业来说，XaaS 的运营模式或者平台都是有所不同的，但通常会涉及利用敏捷和/或 DevOps（过程、方法与系统的统称）原则来更快地提供技术服务，其中包括快速更新周期、最低限度可行的产品、自动化属性和设计思维。在实施 XaaS 的过程中，首席信息官可以充当"云经纪人"，与业务部门合作，寻找合适的 SaaS（软件即服务）或 IaaS（基础架构即服务）解决方案，或者学习其云供应商合作伙伴，从头开始构建一些东西。有时，XaaS 需要沿服务线进行组织或重组。

前面也提到过的思科公司的思科商务空间（见图 2.21）从客户关系管理服务线出发，整合了电商平台、订单管理系统、制造执行管理系统、供应链系统、物流系统等，可以为客户提供一个端到端的产品订单、制造、交付的全程视角，客户可以灵活地选择更改产品配置、产品的元器件供应商、生产产地等，获得良好的客户体验。在通用汽车公司，XaaS 有着不同的用途。通用汽车在其私有云上构建了数据即服务平台。这个名为 Maxis 的解决方案可以帮助通用汽车支持定价、营销、销售预测和销售线索等各项战略，以及安全和联络中心的文本分析。

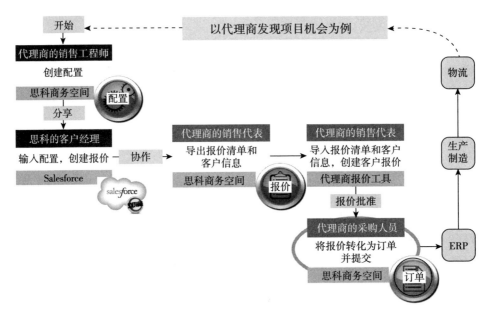

图 2.21　思科商务空间

资料来源：作者根据相关资料绘制。

业务敏捷力的另一个支撑是生态系统，这个生态经常以线上商店 Market Place 的形式整合其价值链。最典型的例子就是苹果的 iTunes 及亚马逊的云服务（AWS）线上商店。特别是AWS线上商店可以提供数千种在AWS云上运行的软件，从操作系统、存储计算、机器学习，到数据分析和数据服务，形成了一个高效、便利、敏捷及快速上线的商业系统，打破了过去开发、概念验证（POC）、试运行等费时费力的软件开发及上线体系。这样我们就明白了苹果、谷歌和亚马逊的估值为什么那么高，就是因为其通过线上商店建立起来的生态系统，这是其生存和强大的基础。

业务敏捷力通过打造敏捷组织，利用数据给企业的人、物（基础设施）及流程赋能，内生"效率"，外延"协同"。在协同平台上，通过数据的流动，人、物和流程连接起来。这些数据通过平台的传播、算法、代码和模型智慧化运营而内生"效率"，以帮助组织收集改进内部流程所需的见解（行动）；数据还通过生态系统而外延"协同"，包括机器人、移动设备、增强现实/虚拟现实、联网车辆及其他基础设施等；这些数据通过协同平台进行传播，将数据转化为与生态系统接触时要采取的行动。

人、物及流程通过协同平台的连接和数据的流动而实现跨部门、跨地域的动态资源调度，一切为业务目标服务。

美国陆军四星上将斯坦利·麦克里斯特尔等在《赋能：打造应对不确定性的敏捷团队》一书中讲到美军特遣部队与伊拉克"基地"组织斗争的故事。貌似不堪一击的"基地"组织由于没有统一的指挥，反而变成了美军的一个难缠的对手。美军一开始认为，伊拉克"基地"组织与美军特遣部队之间的战争根本就不是一个量级的较量，"基地"组织缺乏统一权威，一定会陷入内部的混乱之中。但事实上并没有，它依旧像往常一样固执而满怀怨恨地运转着，要实现的目标和采取的战略仍然前后一致，从未改变。美军被迫学习"基地"组织，把特遣部队变成了一个个相对独立、有决策权、能调动炮火的敏捷小组，通过敏捷力赋能，最终战胜了对手。其中，敏捷的人和组织，是制胜的关键。

面对 2020 年突发的新冠肺炎疫情，富士康利用其工业富联建立起来的数字化平台及生态系统，携手生态伙伴及社会力量共同面对疫情挑战，不仅基于工业互联网实现了产业链上下游的高效协作，快速跨界转产口罩等防疫物资，而且在火神山、雷神山医院建设过程中开展了跨行业、跨领域全面协作，保障了两大医院的顺利交付。此外，在政府的统筹引领下，企业主动参与、积极贡献，促进了疫情防控的高效协同与快速响应。可以说，富士康的业务敏捷力在赋能敏捷型产业组织能力建设方面发挥了重要作用。

思科全数字化业务转型主席迈克尔·韦德等人撰写的《全数字化赋能——迎击颠覆者的竞争战略》一书认为，业务敏捷力是基于三种基本能力的元能力：超感知（Hyper-awareness）、智慧决策（Informed Decision Making）和快速执行（Fast Execution）（见图 2.22）。太多的在位者，尤其是传统大企业，在面对指数级的市场变化时，都相信一种明显的线性策略（即规划或计划）将拯救他们。在一个不断变化的世界里，一个长期的计划不太可能像一个舵，而更像一个锚，把一个企业拴在一个不再有意义的位置上。美国导演伍迪·艾伦曾经说过："如果你想让上帝笑，就告诉他你的计划。"在数字化旋涡中，重要的是，计划可能会是问题之所在。

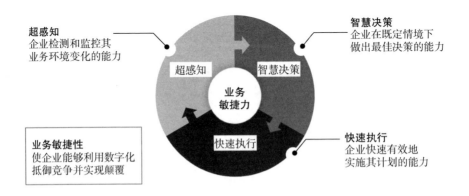

图 2.22　业务敏捷力的三个基本能力

资料来源：全球数字化业务转型中心，2015。

"超感知"，企业通过收集相关数据和见解，感知企业环境（情境感知和人的行为感知）中最重要的变化。运动品牌安德玛（Under Armour）投资7.1亿美元打造移动健身应用，将传感器嵌入服装和鞋子，利用传感器追踪个人活动和健康状况。安德玛公司现已转型为"健身教练"，帮助客户达成健身目标，在竞争激烈的运动服装市场中脱颖而出。

"智慧决策"，提供包容性的环境，分析数据，吸取经验教训，让正确的人始终如一地做出正确的决策。在做智慧决策时，我们看到的最大机会之一是通过将复杂的问题细分成小颗粒度的工作，通过细分小微类问题去赋能一线员工进行"民主化"分析和决策。这样，企业通过智能分析和决策决定大的方向与战略，而员工也可利用智能分析做出数百万个更好的决策。全球物流公司DHL（敦豪）进行了一项有趣的试验，显示了这种方法的潜力。DHL为仓库员工提供了头戴式显示器，比如Google Glass，在仓库中需要"挑选"的那些物品会以图形化的增强现实格式投射到显示器上。在员工的视野范围内，他们可以直接获得关于要挑选的产品的位置信息和数量信息，并且这些都是优化的信息，员工不必手动查找。优化信息的意思是系统告诉员工应该选择什么，以及按照什么顺序选择，对如何最好地选择项目做出数千个小的、单独的决策。这使生产率提高了25%。DHL试点是一个有趣的例子，说明了直接嵌入员工工作流程中的分析方法是如何实现变革的。

"快速执行"，利用敏捷组织和人才以及敏捷的技术，实时动态地将智能决策转化为快速行动，这包括组织根据业务条件快速获取、管理和转移资源的能力，以及动态调整组织流程的能力。快速执行还使组织能够比竞争对手更快、更有效地推出新产品和业务流程。通常情况下，创新要求组织在决策和执行上紧密结合。它们需要知道要追求（甚至是可能要追求）哪些创新，在生产原型时，它们必须迅速从成功和失败中学习——在执行过程中告知自己。

飞机制造商空客与Autodesk公司合作，使用先进的算法为飞机部件快速创建新的设计，然后利用3D打印技术实现快速测试和改进。该软件可以生成和分析成千上万的设计,而手工流程只能生成十几个。乘客和机组人员之间的隔板,即被称为"仿生隔板"的设计展示了这一过程的工作原理,最终的结构需要最少的材料——一种铝、镁和钪的合金(称为 Scalmalloy),这不但降低了成本和油耗,重量比当前最佳设计还要轻 45%,每年因此而减少了 46.5 万吨二氧化碳排放。

数据驱动力和业务敏捷力一起完整构成了数据敏捷系统。正如世间万物一样,"运营"是"创新"的基础,"创新"是"运营"的发展和进化,二者紧密联系,既对立又统一;同样,"效率"是"协同"的基石,"协同"是数字化时代"效率"的新来源和组织方式,二者相互依存、相互影响,并在一定的条件下相互转化。"运营"与"创新"以及"效率"与"协同"表现为相互作用、相互渗透的循环往复,构成了事物由肯定到否定再到否定之否定的辩证发展和永恒运动的前进过程,这也是数据敏捷系统赋能企业之数字化转型螺旋上升的曲折过程。

2.4.2 数据敏捷系统四象限

数据驱动力和业务敏捷力的坐标体系对应着数据敏捷系统的四个核心要素,也是数据敏捷系统的四个象限(见图 2.23),有些人喜欢把它叫作"维度"。

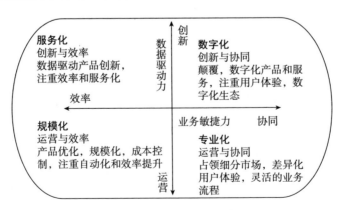

图 2.23 数据敏捷系统四象限

资料来源:作者根据相关资料绘制。

创新与协同——数字化维度：代表新的范式，是对传统工业化的颠覆，提供数字化的产品和服务。其出发点是用户的需要、用户的场景，采用敏捷研发而不是传统的瀑布式研发去快速响应市场，然后快速迭代，完善产品，改变客户的体验，并且依靠数字生态快速交付客户新的需求，并带来市场的指数增长。

创新与效率——服务化维度：代表从产品创新到服务创新的转变，注重通过数据驱动去完善产品以及客户的服务需求，并能利用数据分析定位新的产品销售机会，同时利用全球化供应链及专业分工优化价值链，实现规模化和高效运营。

运营与效率——规模化维度：代表工业化的分工合作及对产品性价比的追求。注重产品的标准化及有效的成本控制。打造完整的产业链、供应链，在争取规模化的同时，注重运营效率的提高，特别是利用数据驱动自动化及改善产品创新。

运营与协同——专业化维度：代表一体化的运营和专业化交付客户需求。注重从客户的角度去定位产品，专业知识、差异化、快速反应和核心业务的交付能力是其立于市场的根本。

图2.23的四个维度并不是对立的，它们是构成企业能力非常重要的四个维度。我们探讨数字化转型以及企业数字化能力的构建，是希望企业更好地了解新的范式，以及在快速变化的市场中如何有效地转型，避免被时代颠覆。下面用四类典型企业做代表来加深对数据敏捷系统四个维度的理解（见图2.24）。

数字化维度第一象限的企业基本上是"数字原生企业"，一般具备五大特征：数字化产品/服务，数字化（IT）基础设施（即以云计算为中心的服务交付、充分利用敏捷开发+DevOps实践、融入数字创新平台/社区，以及专注于集成化数据管理和货币化），数字化生态，数字化渠道，以客户需求及客户体验为中心［不是B2B，而是B4B（以客户的业务成果及体验为导向，提供定制化的业务解决方案）］。典型企业如亚马逊、谷歌、Facebook、阿里

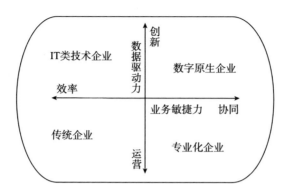

图 2.24 数据敏捷系统的四类典型企业

资料来源：作者根据相关资料绘制。

巴巴、腾讯等。当然，这类企业不够专业化，缺乏行业数据的沉淀。

服务化维度第二象限的典型企业是"IT类技术企业"，它们有非常强的创新能力，同时也有非常好的工业化和信息化基础，其特征是核心业务成熟、产品实现规模化、有良好的 IT 基础设施支撑并能数字化产品和服务，但组织的敏捷性弱，缺乏数字化生态。典型企业如 IBM、思科公司等。

规模化维度第三象限的企业属于"传统企业"，在过去多年的发展过程中，它们已形成自己的核心业务，在规模化、效率及运营方面都有成熟的经验，而且也有多年的信息化建设经验及数据沉淀，但组织的敏捷性弱，缺乏数字化产品/服务及数字化生态。典型企业如西门子、GE 以及国内某些大型国有企业等。

专业化维度第四象限的企业属于"专业化企业"，它们通过业务模块化、消除非关键业务组件、利用现有外部专家等，快速感知并响应意外的市场环境及客户需求的变化，能够灵活地适应成本结构和业务流程，具有很高的业务敏捷性和运营效率，但缺乏数字化产品/服务、数据管理平台、数字化生态。典型企业如咨询公司埃森哲、旅行箱品牌德国日默瓦、服饰品牌青岛红领等。

即便是处于第一象限的数字原生企业，也有转型的需求。它们对数字化技术非常了解，有消费端的数据和数字化产品。但随着消费市场增长乏力，这些数字原生企业希望进入市场，行业经验和数据的缺乏对它们的跨界颠覆造成很大的困难。同样，另外三个象限的企业的数字化转型，更多的是要利用数据驱动力和业务敏捷力去建立数字化平台、生态和敏捷组织等，进而打造数字化产品和服务，实现向数字化企业的跨越。考虑到第三象限的传统企业的转型路径会涉及第二及第四象限的企业的数字化转型，这里不详细论述第二及第四象限企业的转型，仅以第三象限的传统企业如何进行数字化转型为例加以分析。

2.4.3 传统企业的数字化转型路线图

2.4.3.1 问题的提出

传统企业作为一个主体，在过去多年的发展过程中形成了自己的组织机构、核心产品、生态及市场。在实现既定目标以后，需要结合自身的定位与特点，设定一个适合企业未来发展的战略目标。而这个目标，往往伴随着企业借助不同的通道，实现其定位的转移和跨域。在当前这个瞬息万变的数字化时代，固守传统企业的运作方式和技术积累，在数字化旋涡的冲击下，恐怕是难以为继的。我们从 S&P（标准普尔）500 公司的寿命转变就可以看到这个趋势。20 世纪 50 年代，S&P 500 公司的平均寿命大约为 60 年，如果一个普通人赶上了某家 S&P 500 公司发展的开端，踏踏实实地努力工作，基本可以坚持到退休，可以算是一份稳定的白领工作。而根据 2017 年瑞士信贷集团的调研，现在 S&P 500 公司的平均寿命已经降到 20 年以内（见图 2.25）。根据这个趋势，百年老店不知道是否会变成一个上古神话。

S&P 500 公司的寿命变得很短，意味着当今的市场变化越来越快，很多传统企业都掉队了。同时我们也看到，拥有数字化能力的企业，如谷歌、Facebook、腾讯、阿里巴巴、亚马逊等新型企业在快速崛起。很明显，新型企业是有"原动力"的，那就是科技尤其是数字化科技的力量。所以，传统

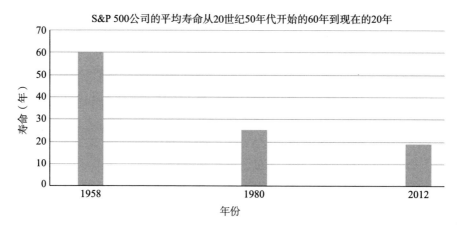

图 2.25　S&P 500 公司的平均寿命

资料来源：https：//www.cnbc.com/2017/08/24/technology-killing-off-corporations-average-lifespan-of-company-under-20-years.html（访问时间：2020 年 8 月 20 日）。

企业也需要进行自我调整，去适应市场，并利用传统行业的固有高门槛、护城河，结合数字化能力，实现企业的跨域与腾飞，延续企业的市场领先与文化传承。

这两年，"第二曲线"理论非常火。英国的管理大师查尔斯·汉迪告诉我们"一切事物的发展都逃不开 S 形曲线"，企业的发展都要经历一个从"起始期""成长期"到"成熟期""衰败期"的生命周期，其运动轨迹被称为 S 形曲线或者"第一曲线"。在第一曲线中，有两个关键点：破局点和极限点（失速点）。

破局点：企业在发展初期，或者是创业公司从 0 到 1 的阶段都在寻找一个破局点，一旦找到这个点，就会沿着增长曲线自增长，从而实现从 1 到 10 的增长。

极限点：企业在沿着原本的产品、渠道、技术、市场进行渐进性增长时一定会遇到极限点；极限点是任何企业都无法避免的，但它同时也是失速点，企业一旦到达失速点，只有 10% 的可能性能够重新恢复增长引擎。

人人都知道第二曲线是很重要的，但有个关键要点，那就是第二曲线必须在第一曲线到达巅峰之前就要开始。第一曲线到达巅峰，甚至开始降落时，就是企业开始走向衰落之时。此时，企业家所有的聚集力全部在于如何恢复第一曲线的增长，而没有余力顾及第二曲线。所以，一个企业转型或者创新的根本，是如何能在第一曲线到达巅峰之前，找到带领企业二次腾飞的第二曲线（见图2.26），实现对非连续性的跨越。

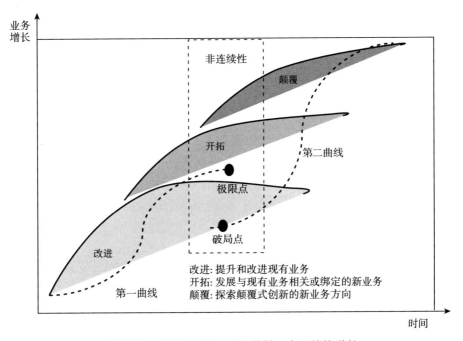

图2.26 企业如何跨越非连续性，实现持续增长

资料来源：作者根据相关资料绘制。

这是一个非常复杂的问题，从业务层面上，企业需要重新梳理、定位和创新。首先是利用数字技术改进现有核心业务及产品，优化并提升其价值；其次是利用数字技术开拓相邻市场的业务，向上销售和交叉销售；最后是利用数字技术打造颠覆性业务，探索新的数字化产品和服务，为客户创造三方面的价值，包括成本价值、体验价值和平台价值。[①] 同时，需要战略、组织、

---

① 〔英〕迈克尔·韦德等，《全数字化赋能——迎击颠覆者的竞争战略》，瑞士洛桑管理发展学院译，第3—5页。

执行和考核到位，这样才能有效地实现从第一曲线到第二曲线的跨越。

传统上讲，企业在市场中一直面临两方面的压力，一是市场的需求变化对业务创新的压力，二是日新月异的技术创新带来的压力。这两点与数据敏捷系统讲的"业务敏捷力"及"数据驱动力"不谋而合。思科公司提出了一个企业转型的 BOST（Business Operation System Technology）模型，或者叫企业架构，如图 2.27 所示。业务创新跟随市场"需求"的变化，从上往下沿着"业务→运营→系统→技术"这条路径重塑。首先是业务层面，需要重新梳理和定义业务及其战略，哪些是核心业务，需要保业守成，哪些业务没有竞争力，需要退出，哪些是需要开拓的业务以及哪些是创新的颠覆性业务；其次是运营层面，确定需要什么能力及流程去支持业务战略；再次是构建系统及平台，明确实现业务及运营重塑需要哪些应用和工具；最后是基础技术，明确哪些技术可以用来构建上述应用和工具。业务创新驱动的核心是关注客户需求及市场变化，进而优化企业的业务架构和运营，打造业务敏捷性，快速响应市场，改善客户体验。

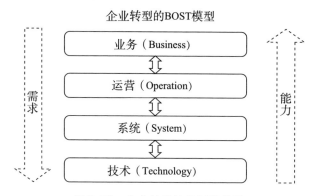

图 2.27　企业转型的 BOST 模型

资料来源：作者根据相关资料绘制。

反过来的过程，即从下往上的路径：技术→系统→运营→业务，我们称之为技术创新驱动的企业转型。这通常来自能力的建设，从底层的技术出发，评估企业需要的技术和人才，特别是当前流行的移动互联网、云计算、大数据、物联网、5G和人工智能技术如何赋能企业的业务；然后是基于这些技术，可以构建什么样的系统，打造信息技术即服务的技术架构，构建数字化平台，尤其是数据管理和分析能力；接下来是如何重塑运营系统，特别是建立敏捷的组织体系，支持开放API数字生态系统；最后回归到业务层面，利用数字化平台和数字化生态系统优化核心业务，打造颠覆性数字产品和服务。技术创新驱动的核心是关注数字技术对运营体系和业务的赋能。

自然，企业大多会把这两条路径结合起来，从而形成从业务需求到技术支撑以及从技术能力到业务创新的闭环，统筹考虑企业转型所需的企业架构。由于市场变化非常快，而且技术赋能又是一个长期的过程，因此在这个过程中充分利用核心资产进行高效、快速的创新实验，是考验一个企业特别是其领导者能否引领企业实现转型的关键。考虑到每个企业都不可能预先感知所有市场需求、掌握所有需要的技术、做好所有设计，因此组织的敏捷力和响应力成为关键，用"假说—实验"代替"需求—实现"，在不断的反馈中完善自己的产品和服务，逐渐打造出面向市场的创新产品及服务，并形成多数字触点的数字生态体系，最终完成自身的数字化转型。

结合数据敏捷系统及企业转型的BOST模型，我们把传统企业的数字化转型总结为三条路径：第一条路径是需求及业务驱动的"智能X"（Smart X）转型；第二条路径是技术驱动的"物联网融合转型"（IoT Transition）；第三条路径是整体全面的"数字化业务转型"（Digital Business Transformation）（见图2.28）。

第一条路径的"智能X"转型，是指传统企业采用分两步走的战略：第一步，先进行业务专业化的转型，提高企业的业务敏捷性及协同能力；第二步，通过数据业务化的转变最终实现企业的数字化转型。第二条路径的"物联网融合转型"，也是采用两步走的战略：第一步，利用数字化技术实现对传统企业的技术赋能，提高业务线的数据分析和决策能力；第二步，横向整合各个业务竖井，提高企业的业务敏捷性及协同能力，以实现企业的数字化

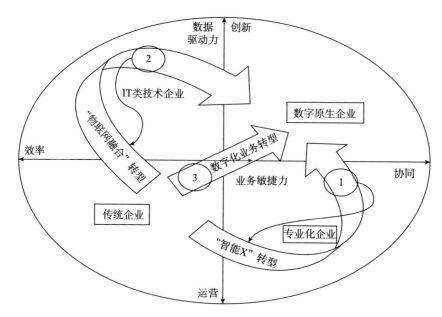

图 2.28 传统企业的数字化转型路线图

资料来源：作者根据相关资料绘制。

转型。第三条路径的"数字化业务转型"是一步到位的数字化转型之旅，涉及企业文化、组织架构、业务、技术及生态等一系列的整体变革，难度极大。一般企业通常采用比较容易的第一和第二条路径进行企业的数字化转型。

2.4.3.2 "智能 X"转型

"智能 X"转型是从传统到专业化再到数字原生的路径。这种转型是从业务及市场需求出发，按业务链条进行的专业化转型，而不是企业范围内跨部门的转型，比如我们常听到的"智能医疗""智能交通""智能物流"等。但这种转型并不意味着简单，比如"智能制造"就牵扯到非常复杂的流程及工艺再造。"智能 X"转型通常分两步走：首先，传统企业根据市场需求变化，对传统业务进行梳理，进而结合数字技术对业务进行专业化改造，特别是利用情境感知及行为感知的超感知状态感知系统，在数据分析的基础上进行智能决策，快速地动态调配资源并落地执行；其次，不断提高企业的业务敏捷性，建立起数字化技术支撑的数字化平台和生态系统，并在平台之上打通业务及各个部门之间的竖井，逐渐形成专业化的数字业务，并做大做强，慢慢就进入第一象限，传统企业也化茧成蝶，转型为数字原生企业。

这种转型的好处是从单一的业务部门开始着手，避免企业内部各个部门之间的官僚作风及协调难度。但缺点是没有统一的技术架构，容易造成部门之间的竖井，给后来的数据整合及平台建设带来难度。这种转型的代表性企业如飞利浦公司。

飞利浦公司本来是照明、电器、电子产品及医疗健康等方面的综合业务提供商。自2015年确立数字化转型战略以来，飞利浦精准聚焦"健康科技"业务，做专业化的"健康科技"产品及服务的提供商。

首先，从业务萎缩的市场退出。飞利浦在2011年退出电视机市场的基础上，于2016年将照明业务剥离。

其次，定位于做强专业化的"健康科技"业务。飞利浦整合了面向B端的医疗保健部门和面向C端的健康消费业务，全面聚焦"健康和医疗"，从而把以前与健康和医疗相关的多个不同产品线整合起来，逐步转化成专业化的医疗健康服务的提供商。

再次，从关注产品到关注客户"健康"需求和体验的转变。飞利浦以前侧重于工业，现在逐步转型为一家健康科技公司；以前侧重于设备和硬件，现在逐步转型为在原有设备基础上对病人全程关护以及根据疾病周期形成解决方案的企业。

从次，基于上述业务和运营定位，飞利浦打造了其数字健康平台（Health Suite Digital Platform），它是一个整合了各种服务和工具的云平台，比如客户关系管理通过Salesforce的云端系统支撑，云计算通过AWS和阿里云提供服务。这样通过各种设备的互联，所有与健康医疗相关的数据都通过云及这个数字健康平台实现无缝整合，然后基于这个数字健康平台进行数据分析和智能决策，帮助业务快速落地。

最后，完善生态链。飞利浦通过三年的转型和二十余笔收购优化了核心医疗健康产品,并开拓了医疗健康的相邻市场。飞利浦在2019年形成了"健康生活""精准诊断""介入治疗"和"互联关护"四大事业群,串联起患者从院内到院外的就医流程,提供端到端的全过程、专业化的医疗健康服务,但其数字化生态的构建仍在路上。

经过五年多的数字化转型,飞利浦的收入和利润都从开始时的负增长恢复到一个良性增长的状态(见图2.29),同时,公司的业务结构也发生了非常大的变化,已从一个具有百年历史的集照明、电器、医疗等于一体的设备制造企业,华丽转身为一家健康科技公司。目前,飞利浦全球的研发人员中有60%都是人工智能相关人员,是全球在人工智能健康医疗领域拥有专利最多的三大公司之一。

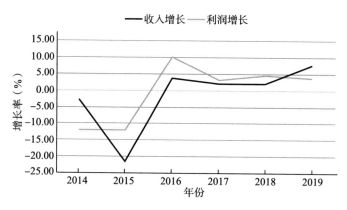

图2.29 飞利浦的收入及利润增长

资料来源:作者根据相关资料绘制。

2.4.3.3 物联网融合转型

物联网融合转型路径就是强化企业自身数字化技术,特别是新一代IT与架构的赋能。在完善企业自身的IT人才及技术能力的基础上,利用IT与OT(运营技术)的融合,将企业的经营方式逐渐向服务化转变,打造基于服务的企业架构,实现企业向IT技术企业象限的跳跃。随着企业成为技术(IT)型企业,IT与OT不断融合并培养数字化的产品和服务,同时增强面向市场的敏捷性，建立数字化生态，企业也最终成为数字原生企业。这类转型通常是跨部门的，需要对企业的组织及流程进行再造，并不断迭代。业务层面，从对企业原有业务的技术赋能开始，进行业务的优化和创新。如果企业在客户端产生价值的速度比较慢，也很难快速地带来竞争价值。

这种转型的好处是从一开始企业就有统一的技术架构、数据及数字化平台，但因为是跨部门的转型，需要协调企业内部各个部门之间的关系，所以对组织架构、运营等都会带来非常大的挑战。

但大部分的传统企业巨头，都在走这条看起来相对稳妥但实际上充满各种挑战的路径。大家也已经看到，各企业纷纷提出了自身的数字化转型战略，利用"云移大物智"等技术建立起企业的数字化平台，开发数字化产品和服务，同时也在建立数字化渠道和数字化生态等，拥抱科技，实现数字化转型。最具代表性和广为人知的是 GE 的转型。

GE 的数字化转型，就是从技术开始的。2011 年，GE 悄悄地设立了一个软件中心（地点位于加利福尼亚州的圣拉蒙市），就此开启了满怀信心和激情的数字化之旅。

为了实现技术转型的第一步，GE 需要打造自己的技术团队。首先，GE 成功挖脚思科公司前高管威廉·鲁、移动和云计算专家哈雷尔·科迪什（曾经领导过微软和 VMware 团队）、苹果的达伦·哈斯（苹果收购的语音数字助手 Siri 的创始团队成员之一，管理着 Siri、iTunes 以及 iCloud 背后的计算引擎），以及大量 IT 技术公司和互联网公司的人才。

接着就是构建 GE 的技术能力，并希望这些技术能力可以赋能 GE 的业务线，走 IT 和 OT 融合之路。正如威廉·鲁描述自己的软件部门那样，"如果 GE 真心想要成为一家数字工业化公司，我们就不能跟公司其他业务部门割裂"，数字化"工具和习惯"需要嵌入大家的做事方式里。一开始，该团队主要编写数据分析和应用软件，用于燃气轮机和喷气式发动机运营的维护与检修等。这些应用软件在 2013 年被命名为 Predix，也是从 2013 年开始，

Predix 软件服务被拓展到 GE 的其他业务部门。2014 年 3 月，GE 与 AT&T、思科、IBM、英特尔共同发起成立工业互联网联盟（IIC）。目前该联盟已包括全球 220 多家工业企业。

随着爱彼迎（Airbnb）"外部颠覆者"的成功，以及消费互联网公司 AWS、谷歌等进入行业市场，GE 的 IT 和 OT 融合战略被打乱了，其数字化转型的定位也发生了变化（见图 2.30）。为了提升数字技术开发能力，GE 于 2015 年整合了公司内所有的数字化职能部门，成立了一个统一的业务部门——GE 数字集团（GE Digital），其数字化转型的步伐瞬间加快了，目的是要把 Predix 做成工业行业的操作系统，打造新的工业互联网平台！平台的服务对象不同于以前的 GE 软件（GE Software），只服务于内部的不同业务部门，而是要向外部工业企业出售。类似于 Google 的 Android 系统，GE 软件采用开源模式，开放给外部贡献者。也是在 2015 年，GE 董事长兼 CEO 杰夫·伊梅尔特宣布，到 2020 年，GE 将成为全球十大软件公司之一。

图 2.30　GE 数字化转型定位

资料来源：作者根据相关资料绘制。

但是，要想让 Predix 作为平台发挥潜能，一方面，需要 Predix 对内的赋能以及不断的迭代和优化，而这个过程被大大压缩，进而影响了 Predix "构建—度量—学习"受控实验的过程和成熟。另一方面，GE Predix 平台需要外部的生态系统以及外部的程序员替它写软件，提供平台之上的各种应用和 App，这个数字化生态的建立需要开放的 API 支撑及价值链构建。

2016年，Predix平台开始运行，成为全球工业领域最早的开放互联网平台（见图2.31），但同时也埋下了步履维艰的种子。

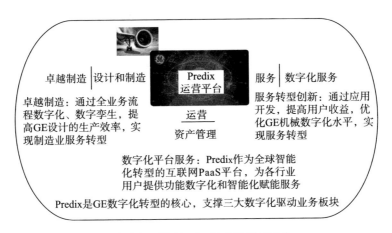

图2.31　GE Predix 工业互联网平台

资料来源：作者根据相关资料绘制。

短短几年，Predix从概念走向现实，为全球工业互联网的发展和进步带来丰硕的成果，但就像大多数超前的初创企业一样，Predix在市场和技术开拓过程中也屡屡受挫。而正在此时，由于实体产业大环境的变化，GE自身也陷入发展危机之中。在连续七年投入40亿美元之后，巨大的投入并没有得到实质性的回报，Predix的坚定支持者伊梅尔特于2017年7月离职。

由上面我们看到，GE Digital的使命是引领GE的数字化创新，它虽是独立的业务部门，却被GE继续作为其前身GE Software进行管理，管理方法包括设定盈利指标等传统模式。虽为现代的数字创新部门，却被用传统的企业管理方法管理，这令GE Digital处于尴尬境地。本想快速建立开放互联网平台对外提供服务，但GE Digital的大部分收入仍然来自GE其他业务部门，而不是外部客户，看各个事业部"老大"的脸色行事，这种做法，当然很难持续太久，再加上受燃机、油气、电力等系列主营业务的市场疲软影响，GE Digital的业绩无法得到支撑。再者，所有围绕Predix开发的软件，都是来自GE的业务部门或付费的合作伙伴，而不是真正的第三方外部开发者，没有形成数字化的生态系统，导致 GE Digital 的业务重点，变成基于 Predix 系统平台完成具体项目而获得一笔笔短期收入，而不是长期合作以便实现培育 Predix 的初衷——打造工业操作系统，改变客户体验并为客户带来价值。

时至今日，尽管经历了过去多年的巨变，承受着企业内外部的巨大压力，GE 还是一贯地坚守数字化转型。然而 GE 转型之路发展模式的转变与改革深化也势在必行。GE 的数字化转型是否能走完、是否能成功，我们也拭目以待。

作为对比，西门子的物联网融合转型，就没有采用 GE 那么激进的方式（见表 2.2）。西门子首先从战略上采用循序渐进的转型策略，并没有把数字化人才集中到一个部门，而是分散在不同的业务部门，避免造成巨大的文化冲突；同时，利用先进的数字化技术对内部业务部门赋能，提升运营效率，提高原有业务线产品及服务的价值，然后把内部的智能运营、自动化经验及创新应用开发成对外的数字化产品及服务，为不同行业提供定制化系统解决方案，利用其强大的设备制造装备及工业软件的支持，打造出"数字化工厂"解决方案，再加上政府做后盾整合设备制造资源形成生态和标准，降低了创新解决方案落地及交付的难度，拉动市场形成规模效应。其次，在平台端，西门子打造了 MindSphere 工业互联网平台，但这个平台有别于 GE 的 Predix，是基于云的工业互联网开放式系统，主要侧重于纵向的工业生产业务打通，涉及生产设备的互通互联，要求极低的时延和极高的稳定性，对技术升级的需求很高。而 GE 的 Predix 是要将工业与互联网在设计、研发、制造、营销、服务等各个阶段进行充分的横向融合，以提高整个系统的运行效率，是将整个工业过程互联网化。所以，GE 的 Predix 涉及面更广，直接提供一个数字原生的架构及工业互联网平台。而 MindSphere 平台的市场路径不同，西门子通过与 SAP 公司合作，利用 SAP 的 HANA Cloud Platform Could Foundry（HCP CF）工业云 PaaS（平台即服务）和它的应用服务进行各种应用开发。通过上述策略，西门子的数字化转型之路就相对比较平稳了。

第 2 章 数字化能力建设

表 2.2 西门子与 GE 的数字化转型对比

企业数字化能力	西门子	GE	备注
人/组织	1. 文化变革：西门子的文化更严谨保守，讲究论证、流程。西门子的高层管理者更倾向于谨慎决策。在数字化转型过程中，采用先示范、鼓励创新，但小步快跑的战略 2. 人/组织：数字化人才仍分散在不同的业务单元内	1. 文化变革：数字化转型前，GE 的文化是不允许失败，航空发动机、医疗和电力设备安全至上；同时，其内部竞争文化——每年淘汰 10%。GE 在数字化转型过程中，倡导合作，包容失败，并将企业基本理念改为"GE Believes"，取消了末位淘汰，而注重激发员工的热情 2. 人/组织：将分散在不同业务单元的数字化人才（包括工业专家、数据专家）整合到 GE 的软件开发中心（GE Digital）中	GE 采用彻底变革方式，而西门子则选择坚守根基，小动作变革。因为文化永远都站在数字化展现的对立面，所以 GE 的领导者耗费了很大的精力来调和内部的文化冲突，这让他们没有足够的时间创建那些可以向客户提供快速产品迭代的小型敏捷团队
产品	数字化的产品从垂直的，集中于工业的产品，如机器和医疗设备开始	一开始就采用"敏捷创新"模式，打造水平的、开源的操作系统——工业互联网平台	西门子的产品落地容易，而 GE 的产品是革命性的创新平台，落地周期长
流程	"重塑"商业流程：在现有商业模式和价值链之下，借助数字化技术重新塑造企业生产、运营、销售各个方面的运作方式以及服务客户的模式	"颠覆"商业流程：以全新的视角对企业自身所处的市场环境数字化进行审视及构思，将数字化技术与企业自身核心优势相结合，以前所未有的业务模式与市场建立全新的关系	西门子的"重塑"商业流程，赋能业务部门，避免了和业务部门的直接冲突；而 GE 的"颠覆"商业流程，直接造成和业务部门的考核冲突

（续表）

企业数字化能力	西门子	GE	备注
平台	从纵向的定制化解决方案开始，不同行业提供定制化系统解决方案，借助IT与网络技术为客户打造数字化解决方案，实现纵向延伸。与行业云计算平台商及行业应用服务提供商合作，并逐步整合到MindSphere平台	通用Predix云服务平台：其核心功能包括安全监控、工业数据管理、工业数据分析以及云技术应用等。作为一个完全开放的系统，Predix不局限于GE自有的机器与应用，而是面向所有的工业企业与软件开发者，他们可以利用Predix开发和共享各种专业应用。基于IT与网络技术打造通用平台，实现横向拓展	构建平台远比构建软件更具挑战性，因为平台要最终应用于那些尚未进行设计的广泛解决方案。GE并没有完全理解各种可能的硬件与软件之间的相互依赖关系，从而导致了兼容性问题。而且，GE还误判了在私有云中运行实时软件平台的成本与复杂性。与此形成对比的是，西门子推行纵向的软件解决方案，避免了GE的兼容性问题
生态	西门子展示了智能化工厂从一体化工程到一体化运维的数字化之路。主要是通过收购和整合工业软件，同时打造纵向的行业工业软件生态系统	通过Predix星火计划，吸引企业投入到工业互联网应用的开发中来，打造本地数字工业能力，推动GE发电、航空和医疗等关键垂直工业领域试点项目	西门子通过工业4.0示范工程，自己整合生态系统，容易落地；GE的横向生态整合落地周期长

(续表)

企业数字化能力	西门子	GE	备注
数据	数据一直是制造业和工业产品的关键，西门子通过数字化客户的工厂收集数据，打造基于业务线的数据平台	GE同样通过其航空工业及能源工业收集数据，典型的如GE喷气发动机，其包含数百个传感器，以此收集数据，进而打造统一的数据平台	GE想要为每个售出的产品构建一个类似的"数字孪生"，更多的是工厂流水线的数字化，比如对化工厂流程进行模拟仿真，实时监测。西门子的传统优势是，在PLM软件上，有很多研发和生产流程中的数据，它的"数字孪生"就是依托这些研发产品数据，构建虚拟产品模型
渠道	智能数据，以全渠道、全触点的方式运营	全渠道数字化营销，整合社交媒体和云端CRM系统，提供一站式内容发布和数字线索收集分析	客户的数字化体验是个长期的过程，两家工业企业都开启了数字触点和数据分析的旅程

这也从一个侧面揭示出，从技术着手的数字化转型，比如 GE 率先提出的构想和掀起的工业数字化浪潮，不仅仅是一个美好的畅想，还具有颠覆性的实用价值，同时工业数字化世界的建设难度远远超出想象。正如在前面"数字化转型第一定律"中提到的，组织的转型慢于技术的转型，所以对于大多数的传统企业来讲，对内，"物联网融合转型"在打造自身技术能力的同时，还要解决好文化冲突问题，并在组织上做好匹配工作，特别是对内的业务线赋能，不断迭代和优化其数字化能力；对外，基于内部数字化能力的打造，围绕细分领域和具体场景，输出数字化产品和服务，通过项目进行知识积累，先打造小平台，再由小平台到大平台，最终建立数字化世界，这是一个比较稳妥的路径。

2.4.3.4 数字化业务转型

数字化业务转型是企业的整体转型，非常复杂，涉及企业不同部门的利益及组织变革，是最难的转型方式。思科对"数字化业务转型"所下的定义是"利用数字技术及新的业务模式去改变企业绩效和方向的组织变革"，这个变革由于企业的规模、业务关联度/复杂性和动态的市场环境等的不同，每个企业改革的广度和深度在时间点上会有差异，但都是整个组织从根本上的变革。为了对抗颠覆式竞争，传统企业需要改变其业务模式、客户价值定位等，这通常既需要从打造企业的技术能力出发，利用 IT 和 OT 的融合去改变其传统业务的创新模式，又需要走以客户需求为导向的专业化及敏捷化的业务变革之路，以实现其数字化业务转型；同时，还需要建立数字化文化，形成创新实验的习惯，认识到这是一个长期的、需要不断迭代的过程，需要企业内部及整个生态的协作创新。

2013 年年初，平安集团董事长马明哲宣布平安全面向"金融+科技"方向进行数字化业务转型，也就是业务和技术同时进行的转型。这里主要从平安的业务模式创新角度，结合业务及技术强基、IT 和 OT 融合以及数据驱动的数字产品打造进行分析（平安案例的详细分析见第4章）。

2013年，原麦肯锡合伙人（全球董事）陈心颖空降平安，担任平安科技董事长兼CEO。平安科技作为平安集团的全资子公司，负责平安集团的数字化转型。

第一阶段，定义科技和业务转型的双螺旋战略——"**科技引领金融，金融服务生活**"。从业务转型角度，平安将自身的定位从中国领先的综合金融集团转变为中国领先的个人金融服务集团，标志着客户重心全面转向个人客户；同时，从技术转型角度，构建平安的基础科技能力，从IT系统的信息化建设开始，到移动互联、云、大数据等新一代互联网能力。到2013年，平安"万里通"注册用户达到4 500万；平安"好车网"正式营业；面向平安员工的移动智能办公平台"天下通"推出。同年，平安通过收购启动支付业务，目标是建成以小额电子银行为核心模式的移动互联金融服务平台。

第二阶段的重点是"**科技赋能金融**"，也就是IT和OT的融合。2014年，平安将自身的定位从中国领先的个人金融服务集团转变为成为国际领先的个人金融生活服务提供商。从金融延伸到生活，大大扩宽了客户服务的范围，平安的生意边界明显拉大。这一阶段的最大难题就是如何把一家传统的金融企业，通过科技变成一家线上、线下融合的集团，延长业务的边界，即让平安集团所有的业务单元，如保险、银行、证券、医疗健康、信托等可以做到线上、线下融合。不同于GE对GE Digital的管理方法，平安对团队最重要的考核指标是客户满意度、服务，以及有多少金融客户的转化来自互联网。平安科技通过移动端的免费服务（如在"好医生"上看诊，在"汽车之家"选车）吸引海量客户，并将这些客户产生的流量变现，使其成为平安集团保险、银行、证券等业务线的客户，实现交叉销售。2016年，平安各个IT团队及核心系统迁回业务单位，平安集团的科技也主动"退后一步"，将精力聚焦于新技术。通过这个物联网融合的过程，平安也逐渐形成其专业化的业务产品——金融科技Fintech系列产品（征信、风控、精准营销及人脸识别等），以及在金融、医疗、房产、汽车、智慧城市五大行业的应用。

第三阶段的任务就是打造**专业化**的、创新的"数字化产品和服务"输出。2017年前后，平安科技又"向前一步"，开始从服务后台走向前台，并独立运用，对外赋能。区别于传统的消费互联网的数字化产品和服务，平安科技利用其在五大行业和生态中积累的科技赋能经验及数据沉淀，对外输出两种能力：一种是科技赋能，另一种（也更重要的）是专业化的业务赋能。把科技与业务紧密结合起来的数字化产品和服务才能为客户创造价值，并改变客户体验。比如，平安构建的八大研究院（人工智能、区块链、云计算、宏观经济、金融科技、医疗科技、智慧城市、生物医药）和近50个实验室，就是从科技和行业专业化方面打造数字化产品——平安脸谱、"平安脑"及AIaaS等；又如，平安与近600家商业银行、70家保险公司、5 000家医疗机构及100个地方政府合作打造云计算的生态系统，支撑平安科技金融云平台。

通过6年的数字化转型，到2019年年末，平安的个人客户数超过2亿，相比2018年年末增加了超过2 000万；而其互联网用户数则达到5.16亿，相比2018年年底净增超过6 000万。作为一家以保险为主业的传统金融机构，平安拥有超过5亿的互联网用户，几乎可以和任何一家互联网巨头媲美。平安的年收入6年间增长了3倍多，从2013年的3 626亿元增长到2019年的1.17万亿元；利润6年间一直保持两位数增长，从2013年的281.5亿元增长到2019年的1 494亿元，增长了5.3倍（见图2.32）。尽管目前平安大多数互联网用户是来自其科技板块，但随着平安体系内各金融业务板块与科技业务板块逐步打通，公司未来将有更大的发展空间。

平安的故事告诉我们，数字化转型一定要有一个领军人物及合适的团队，利用数字化技术赋能和优化内部核心业务，并同时开拓相邻市场实现交叉销售，然后是对外赋能。当然，平安对外的"数字化产品和服务"业务，也仍然在路上。

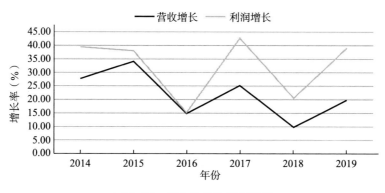

图 2.32　平安营收和利润增长

资料来源：作者根据相关资料绘制。

从以上传统企业的三种数字化转型路径我们看到，这是一个长期的范式转移之旅。这一转型不单单是采用了多少数字化技术，提供了多少数字化产品和服务，更重要的是整个企业文化和运营体系的改变。这些改变需要反映为企业本身战略和定位、组织架构、人力和资源协同上的改变，以及业务模式上的改变。需要企业关注市场及用户的需求变化，从技术能力的构建开始，重新定义客户的价值，重塑企业的产品服务和交付能力，重构生态系统，完善企业的数字接触点，打造敏捷组织，利用数据驱动企业的重塑，实现业务的腾飞，最终完成企业的数字化转型。

第 3 章

企业数字化架构和技术

3.1 企业数字化转型技术阶段

3.1.1 数字化技术应用三阶段

《第四次工业革命：转型的力量》的作者、世界经济论坛主席克劳斯·施瓦布指出，人类社会当前正处在第四次工业革命的开端。与以计算机、互联网、可编程逻辑控制器（PLC）等技术的应用为主要特征的第三次工业革命不同，第四次工业革命是在数字革命的基础上产生的，其核心无一例外地聚焦于"数字化"。德国政府提出的"工业4.0"国家战略中，将其目标定位为建立数字化的产品与服务生产模式；《美国制造业促进法案》指出，运用数字制造、人工智能重构美国制造业竞争优势。第四次工业革命是从全社会的维度出发的数字化变革或者全数字经济。落实到个体单元，便是企业的数字化转型。从施瓦布的描述我们可以看到，第三次、第四次工业革命有很多相似点，但是又存在本质的不同与飞跃。要充分理解数字化转型，理解第四次工业革命，是需要很多专业背景知识的，包括通信技术、信息技术、自动化技术以及行业相关业务的背景知识。我们见证和参与了中国通信网的建设、互联网的发展,也目睹了电力行业的腾飞,引导国内传统制造业进行智能制造改革,初步品尝了数字化转型成果的甘甜。

从第三次工业革命开始,世界逐渐进入数字化时代,代表性产物包括互联网、信息科技、PLC 等自动化技术。而对应数字化转型的工业 4.0,更是提出了虚拟世界的概念,通过信息物理系统(Cyber Physical Systems,CPS),构造一个虚拟的数字世界画像,对物理世界进行新的模式塑造和颠覆。参考之前的两次工业革命,虚拟世界(数字世界)的创新和演进,必然需要一个坚实的数字化基础架构(Infrastructure)。就每个独立的企业而言,作为数字时代的承载主力军,打造自己的数字化架构,是企业实现数字化转型、贯彻数字化战略、构建数字化能力的基础。

企业数字化转型,关键要素是将传统 IT 信息化技术应用于企业的业务当中,实现 IT 与 OT 的深度融合。因此,IT 技术升华为数字化技术,是数字化转型的根本与基础。这里将数字化技术应用总结归纳为三个阶段,供广大企业在实施数字化路径时参考。

3.1.1.1 数字化技术应用阶段一:联网

工业 3.0 时代,借助工业自动化系统,工业领域已经实现了初步的数字化或者信息化。例如工厂产线大量部署的 PLC,20 世纪 70 年代就问世了。在工业控制系统领域内,工业生产环境的物理机器和生产线通常由硬件 PLC 控制,这被认为是当时最优化的解决方案并以此驱动工业自动化进程多年。PLC 是为了应对机电继电器复杂的机器控制而开发的。PLC 用于开发灵活的控制系统,减少机器的停机时间,并用这种新设备执行逻辑功能。PLC 从开发出来到现在,达到甚至超越了最初设计和开发的目的。PLC 已经在工业自动化领域积极奉献了数十年,即使在对安全至关重要的应用中,它们也已经实现了对机器进行控制的可靠性,以至于几乎所有现代工业自动化的控制器都是由 PLC 实现的。在工业环境下，PLC 几乎无所不能。类似的重要设备还包括数控机床系统（CNC）等。

PLC、PC（个人计算机）、服务器主机、路由器这些设备，在企业（行业）中构建了大量的独立 OT 业务系统，特别是在行业内部与生产 OT 相关的领域，例如铁路交通、公路交通、民航机场、工厂车间、汽车、码头等。大量的系统是相互隔离、相对独立的。其中既有安全因素，也有技术和投资因素。在典型的工厂内部，大量的系统是相对独立的，或者只能传递简单的控制指令（通信行业中类似的信令），例如工厂 MES 与 ERP 系统相连，MES 与 PLC 相连，PLC 对机械手的控制等。这些传统工控应用系统间通信的典型方式为单向的，或者非实时，或者简单指令。由于有大量的工业协议，物理接口五花八门，因此无法实现全网互通。

数字化技术应用阶段一，是利用早期互联网，将渴望通信的人（PC）连接起来。而未来拓展到万物互联，需要将人、机、物，甚至流程都连接起来。物理连接就是联网。例如，办公领域采用有线以太网和无线以太网（Wi-Fi）技术，而在工厂车间、厂房则需要采用工业以太网、工业无线等技术。对一些传感器，则需要采用各类传感网技术，例如 Zigbee、LoRA、Wireless Hart、ISA 100 等。现在 5G 浪潮开始席卷全球，利用 5G 实现网络连接的统一，也是大家关注的重要话题。阶段一需要将早期分离和割裂的各类系统打通，包括横向打通和纵向打通。在互联网上，最经典的一个操作性指令就是"Ping"。该指令被用于测试网络的连通性。打开一台智能设备的操作界面，无论是 Windows 还是 Linux 主机，抑或是基于嵌入式操作系统的工业控制器等，键入"Ping"指令，便能直接验证与远程网络上的一台设备的连通性。网络可以是企业专网、企业的专用物联网、企业的业务子网，也可以是基于互联网的加密子网。总而言之，要符合企业对安全的规范要求，人、机、物、流程（系统）均需要实现互联互通。通过"Ping"等各类技术手段，可以验证网络互联互通的可达性。

下面显示的是我们对一个域名进行"Ping"指令连通性验证，其中的 ms 代表毫秒，展示数据包在互联网上传递的时间长短，即时延。

（base）Macbook：~ lingjun $ PING www.CISCO.COM

PING e2867.dsca.akamaiedge.net（23.9.25.159）：56 data bytes

64 bytes from 23.9.25.159：icmp_seq=0 ttl=48 time=433.521 ms

64 bytes from 23.9.25.159：icmp_seq=1 ttl=48 time=657.026 ms

64 bytes from 23.9.25.159：icmp_seq=2 ttl=48 time=595.828 ms^C

——e2867.dsca.akamaiedge.net ping statistics——

3 packets transmitted, 3 packets received, 0.0% packet loss

round-trip min/avg/max/stddev = 433.521/562.125/657.026/94.306 ms

回想起消失的马航 MH370，当时如果可以实现飞机空中实时联网，没有通信盲区，则不至于这么多年仍无定论。中国的高铁发展全球有目共睹，支持高铁的后台列控、调度、无线通信等系统其实也是看不见的数字连接。直到今天，美国的传统铁路仍相对落后，在美国本土铁路上经常有大段的通信盲区，可以用术语黑暗领地（Dark Territory）来描述这些盲区。这些传统盲区其实是有一定安全隐患的，必须靠精确设置的时刻表来保证安全行驶，同时还需要降低列车速度，通常为 40—64 公里/小时。尽管采用了如此多的手段，还是出现了一些列车轨道事故。美国从 2018 年开始要求推广列车控制系统（Positive Train Control，PTC），希望可以借此大量消灭铁路盲区，减少事故隐患。换句话说，如果没有 PTC 等类似列车控制系统的信号联网，是无法将列车的时速从 64 公里/小时提高到 200 公里/小时（动车）甚至 300 公里/小时（高铁）的。

3.1.1.2 数字化技术应用阶段二：远程管理和监控

我们曾到国内某龙头制造业企业参观，该企业的产线业务部门和 IT 部门都遭到领导的批评：为什么企业决策人员在办公室或者在家无法看到工厂的实时生产情况、设备状态、生产进度和效率？甚至有的工厂领导只能基于每月一次的离线汇总报表来了解生产情况。此外，这些离线报表大多还是与企业经营相关的财务数据。对于整体设备效率、状态、运维等数据，企业的决策层是无法实时了解的，也没有系统可以供其在线查询。从某种意义上说，这有点类似于北美铁路系统的盲区了。

在数字化技术应用阶段一的基础上，安全、可靠联网的人、机、物、流程（系统），产生了大量的业务、生产数据。这些数据在物理或者虚拟的网络管道中流淌。数字化转型历程的阶段性初步成果，就是基于这些远程数据开发的远程管理和监控系统。例如，基于企业专网的设备联网，包括制造业PLC设备状态监控、机械手臂监控、数控机床系统；物流行业的车队监控、重要物品追踪；交通行业的道路监控、信号灯监控；零售行业的门店系统监控、冷柜系统监控；能源行业的远程抄表系统、配网配电终端监控、输油管道监控等。远程管理和监控阶段是早期数据采集与监视控制系统（SCADA）的拓展，更加深入和广泛。SCADA大量运用于流程制造业（例如石油、化工行业）和电力行业。但是在离散制造业，例如汽车、电子、家电等行业中则没有部署。在交通、物流等行业，远程资产管理系统则更加缺乏。概括而言，这些行业还是基于工业3.0的系统，重生产（自动化控制），轻监控，缺乏可视化。

例如，国内某领先合资电子企业有大量的测试设备，这些测试设备都造价不菲，同时产生巨大的科技和经济效益，用于制造和测试汽车相关的重要电气化零部件。这些测试设备包括环境箱、负载箱、耐久设备、振动台等，分别采购于不同时期、不同厂商，用于不同的测试目的。甚至同一厂商设备还有不同批次、不同型号，也对应不同接口。这些设备虽然单机很先进，可是无法像音乐一样产生实时共鸣——因为没有联网。大量的测试数据都被沉淀在每台测试设备对应的一台PC——上位机或者工业控制人机界面（Human Machine Interface，HMI）中。测试人员只能定期用U盘+Excel等原始模式将各类格式的数据离线拷贝到某些电脑中。这些测试文件的格式五花八门，有Excel格式的，也有不同数据库格式的，还有加密数据，或者某些工业协议产生的数据无法被技术人员理解。更不用提如何实现精细化管理排程、设备状态监控、保养维护优化等工作了。此外，该企业也有一个实验室信息管理系统（Lab Information Management System，LIMS），其与测试设备的运行也是脱节的。最后，该企业找到了互联网和物联网领域专家思科公司。思科提供了工业总线、工业无线、工业以太网、多种联网技术和物联网、雾计算技术，将原来独立运行的数百台测试设备联网，再使用多种协议识别工具，利用物联网总线技术进行数据采集、数据解析和数据翻译，最后将数据送到了企业的一个物联网平台，利用实时数据库系统结合BI系统进行驾驶舱电子仪表盘数据呈现（如图3.1所示）。这是一个完整的企业工业互联网实践。多年沉淀并浪费的数据最后实时展现在了企业管理人员和业务人员的电脑桌面上，

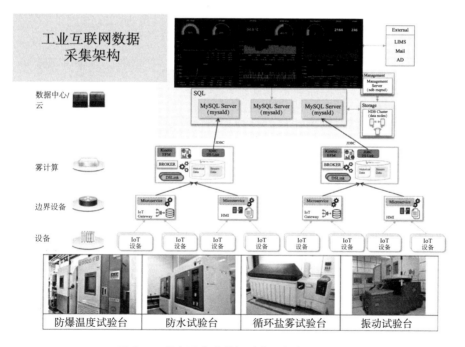

图3.1 某电子企业数据采集案例架构示意

资料来源：思科中国。

实现了远程测试设备的监控和管理,实现了新的业务决策和洞察力,并且与原有孤立的实验室信息管理系统也实现了交互与打通。未来该数据采集系统也将从该企业的单一工厂拓展到全国的所有工厂。企业集团业务决策人员将实时观察到远程一线工厂的测试运行状态和运行效率,合理进行设备维护、生产排程等。企业数字化历程有了很大的进展。

数字化技术应用阶段二就是将不同系统翻译成共同的语言:整合翻译数据,并且利用数据实现数字化成果,远程管理和监控。

3.1.1.3 数字化技术应用阶段三:数据驱动的业务成果

在数字化技术应用阶段一和阶段二的基础上,企业自身的 IT 部门、业务 OT 部门以及联合供应商和合作伙伴,可以逐步迈向数字化技术应用的第三阶段。第三阶段通过数据驱动,以成果为导向,包括预测性运维、多业务领域关联和协同,多技术领域关联和协同,数字孪生,利用人工智能技术实现企业智能决策等。也有很多业界意见领袖希望可以迅速进入万物智能的阶段。根据目前的技术发展和积累,每一个业务场景能实现数字化成果就很了不起了。伴随着人工智能和物联网/工业互联网等技术的进一步发展,以及国家对于数据监管的日益成熟,数字化转型将会真正进入万物智能阶段。

当前国内外在数据驱动的业务成果方面,有大量的成功案例可供借鉴。其中,制造业领域的案例最具代表性。例如全球工业机器人巨头发那科,早在 2015 年便联合思科打造了全球机器人领域第一套零停机(Zero Down Time,ZDT)系统(见图 3.2)。该系统可以通过物联网和雾计算技术,将发那科的产品销售给车企并在车企实时获取机器人状态的相关数据,例如机器人零部件(包括马达、减速机、能耗、位移坐标等)数据通过加密通道送至发那科 ZDT 工业大数据平台。车企可以通过互联网观看工厂机器人状态数据,同时发那科的机器人专家对上云的数据进行大数据分析,利用积累多年的机器人工业算法和知识,预判设备故障或者使用寿命。ZDT系统上线第一年,帮助美国通用汽车预防了多个潜在设备停机故障。经过合理测算,ZDT系统挽回了3 800万美元的停机损失。这是一个非常成功的预测性运维系统。

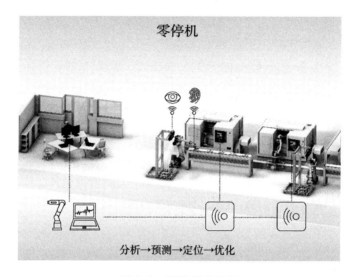

图3.2　ZDT系统示意

资料来源:发那科ZDT系统公开资料。

另外一个案例是富士康公司与国内先驱工业人工智能公司天泽智云打造的"无忧刀具"系统。大量的车床是富士康公司的重要生产设备,而铣削加工过程中,刀具磨损程度是影响模具成品质量的关键因素。据相关统计,由于刀具失效引起数控机床停机的时间总数占故障停机时间的20%—30%。设备,尤其是主轴等核心部件发生故障的时间无法预测。这些关键部件采购周期长(3个月至半年以上),成本高(主轴价格达人民币15万—30万元),一旦发生故障则停机时间长,造成的损失极大。生产加工过程中刀具磨损状态不透明。刀具磨损是一个动态变化的过程,受刀具材料、切削参数及切削液等多种因素影响,很难通过产品质量检查来监测其磨损情况。因此刀具在实际应用中,可能提前更换导致成本上升,或已经损坏却仍在使用,影响产品质量甚至严重时对加工设备造成损害。通过"无忧刀具"项目，可以对多源数据进行融合同步，结合智能的分析算法进行特征提取、主轴健康预诊、刀具健康度评估、剩余寿命预测以及寿命终止警报，为数控机床系统提供刀具寿命预测及主轴在线监测与预警系统。经评估，该系统可使意外停机降低60%，监控机台状态所需的劳动力减少50%，质量缺陷率从6‰降至3‰，成本节约16%。富士康基于该系统搭建的精密工具智能制造工厂，获得工业和信息化部"2018年智能制造试点示范项目"，更入选世界经济论坛制造业"灯塔工厂"，成为代表新一轮工业革命转折点的16家工厂之一。这是智能制造领域非常高的荣誉，表明富士康在工业4.0领域的成绩获得一致认可。

图3.3是对数字化技术应用三阶段的总结。其中，阶段三必须大量引入人工智能、机器学习、增强现实/虚拟现实、3D仿真等技术。贯穿始终的是数据的流通，并且安全的网络连接是坚实的基础与保障。

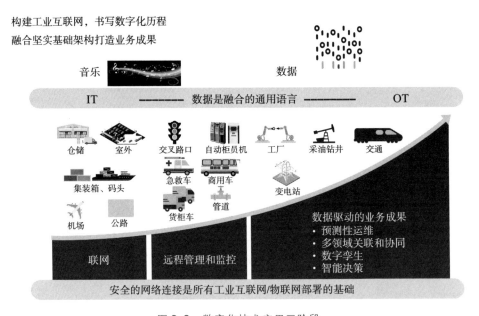

图3.3 数字化技术应用三阶段

资料来源：思科中国。

3.1.2 数据驱动与业务成果转化

数字化技术应用被界定为三个阶段,第三阶段强调了数据驱动的业务成果。我们可以从企业经营的角度对数字化业务成果进一步进行分类。迈克尔·韦德等人撰写的《全数字化赋能——迎击颠覆者的竞争战略》一书,将企业数字化转型成果主要分为以下三种类型:客户体验、最佳运营、新业务模式。这三大数字化业务成果,与企业基于数字化技术打造数字化能力是息息相关的。数字化能力分成两大类:创新性数据应用能力和数字化经营能力。创新能力包括客户体验,数字化经营能力包括卓越运营。客户体验和卓越运营既是数字化能力,也是数字化业务成果的转化。

创造新的客户体验:提高客户忠诚度,增加销售收入。2016 年,全球资讯巨头 Gartner 公司预测,十个公司中有九个将重点关注客户体验。现代消费者和用户都比较注重体验及个人感受,而个人感受直接拉动消费,并可提升客户忠诚度,增加黏性。从传统客户体验提升到新的客户体验产生,是企业增加对客户黏性的手段。例如,企业逐渐采用增强现实、虚拟现实等手段,帮助客户足不出户,就可以全方位直观感受到最新的产品。

实现最佳运营:提升员工效率,加速创新,帮助提升市场效率,吸引和留住人才。盖勒普(Gallup)公司发现,传统企业 87% 的员工将不在工作状态[1];如果员工数字化体验加强,公司收益将飙升。优化供应链,合理规划生产制造环节,降低库存,加快产品交货周期等,都是增强企业运营能力的直接手段。从福特公司发明汽车装配流水线开始,现代批量制造业蓬勃发展。遗憾的是,在近百年之后新的工业革命取代了旧的工业革命,传统汽车制造产业陷入停顿,其中的典型代表就是美国传统汽车制造中心底特律的萧条。

---

[1] https://www.gallup.com/workplace/285674/improve-employee-engagement-workplace.aspx(访问时间:2020 年 8 月 20 日)。

现在大家都在借助数字化转型等手段实现上述全流程、全业务、全要素的效能提升。

新业务模式：帮助业务更快地响应市场变化，同时更加高效运营；未来五年内，数字化颠覆将改变 40% 的传统大型企业。前面提到的发那科联合思科，利用 ZDT 系统，在销售机器人之后，以工业互联网平台的方式为车企客户提供机器人预测性运维，获得了新的服务收益。这是工业自动化技术、物联网技术结合平台经济、主动服务等多种理念与模式的完美工业互联网创新。基于 ZDT 系统的成功，发那科进一步提出了"服务为先"（Service First）的理念来深化该企业战略，这也表明了发那科新业务模式的目标与战略。

图 3.4 则是来自对多家企业的数字化转型调研，其数字化业务成果基本都可以归类到上述三大类。例如，新产品上市时间可以归类于客户体验；也可以归类于最佳运营；如果上市方式有所改变，甚至可以归类于新业务模式。而新业务模式就是企业颠覆性的改变了。

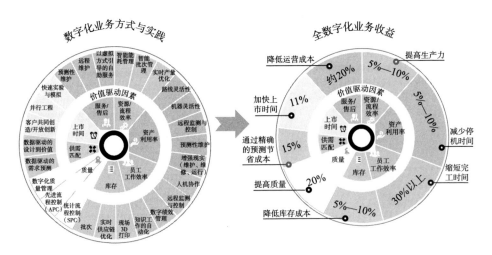

图 3.4　数字化业务成果与预期收益调研

资料来源：思科中国，作者翻译，数据来自麦肯锡咨询公司报告。

3.1.3 数字化转型以及 IT 与 OT 加速融合

前面我们提到了工业 3.0 两类标志性技术的诞生：PLC 技术，PC（包括后十年左右的互联网）技术。这分别代表了工业 3.0 时代两条重要但又不同的技术轨迹。其中，PLC 技术是自动化领域的标志性技术，对于制造行业而言，就是最关键的生产技术。掌握 PLC 等自动化技术和工具的往往是工厂的生产人员，也就是俗称的业务人员，国外往往称之为 OT（Operational Technology）。需要注意，这里的 OT 中的 O（运营）与广义上的运营有一些区别。广义上的运营，是以公司 COO（首席运营官）为代表的企业总体运营。而 OT 的对象主要是机器、设备、业务、生产。OT 在生产制造环节包括生产线 PLC、机器人、服务器、马达；在运算环节则包括车队调度、管理、运维等。至于 PC 和互联网以及相关的信息系统包括邮件、网站、IP 电话等基本都属于 IT 范畴。

IT 和 OT 在过去几十年相对独立，偶尔也有一些交集。比如，某些信息化系统由 IT 团队运维，但使用方则是 OT 人员。再如，制造业的 MES，MES 属于 OT 领域的信息化系统，由于 OT 人员缺乏 IT 数据中心、服务器技能，因此 MES 通常是交给 IT 人员进行管理和维护的。IT 人员可以给 MES 服务器操作系统升级，增加安全策略，分配对应的网络权限等。MES 的使用方则是 OT 人员，其直接决定工厂的生产排程和效率，是生产企业至关重要的业务系统。MES 可以对生产现场实行机械控制，对 PLC、数据采集器、条形码、各种计量及检测仪器、机械手等进行深度集成。MES 设置了必要的接口，与提供生产现场控制设施的厂商进行通信。MES 解决了工厂生产过程中的黑匣子问题，实现生产过程的可视化、可控化。换句话说，MES 是通过信息化结合生产控制手段，对生产过程进行管理和优化。过去车间主任、厂长用小本本管理产量，存在虚报或者瞒报生产情况的现象，伴随着 MES 的推行，这种现象就被杜绝了。

MES 在工业 3.0 向工业 4.0 演进的过程中，某种程度上实现了 IT 和 OT 的融合，也将会继续推进二者的深度融合。在企业数字化转型的过程中，可以观察和预测到越来越多的 IT 与 OT 融合现象。早期工业和信息化部提出的两化融合、互联网+战略，以及最近几年如火如荼的工业互联网，无不印证了融合的大趋势。复合型人才的重要性在融合的过程中尤为突出。生产业务人员则需要从过去封闭的堡垒中走出来，拥抱互联网技术，了解信息化系统，了解企业网及物联网组网，了解数据采集，了解一些基本的互联互通技巧，了解网络信息系统安全。而信息化人员则需要了解各个业务环节的关键系统，例如生产设备、物流设备、监控设备、传统工业协议、传统工业总线等。伴随着企业工业互联网的逐步推进，IT 与 OT 的合作会越发紧密，无缝耦合。到了最后的业务成果体现，也离不开两个系统的融合。例如工业人工智能，仅仅依靠强大的人工智能技术是无法直接提升工业效能的，必须用长期积累的工业机理、工艺知识，结合人工智能，方可达到预期的效果。

3.2 数字化转型技术

3.2.1 数字化转型技术三元素

在数字化转型的技术历程中，很多企业还停留在互联互通阶段。但毋庸置疑的是，最为体现跳跃性价值、能驱动企业决策人员拥抱数字化转型的，还是第三阶段，即预测性运维、智能决策经营等。而绕不开的技术储备，自然就是大数据和人工智能。数据驱动，最终的目的也是围绕数据进行智能分析。企业在制定数字化转型战略时，往往都采用自上而下的方式，这就是大数据战略。所以我们也要学会采用自上而下的视角，明白大数据是如何贯彻数字化发展的三个阶段，并如何体现数据的最大价值的。

假设一位从事大数据研究多年的学者，到一家企业帮助其实现数字化转型的历程，想必从理论知识到各类模型、工具、编程，这位专家都是无所不能的。大数据专家从自己的视角看待数字化转型，将会根据经验和背景知识，关注三大元素：算法、算力、算元（数据）。除此之外，大数据与企业或行业结合，则要涉及具体的行业场景。在三大元素都具备后，找到合适的场景（有人称之为大数据第四要素），达到数据驱动的场景化实践与成果落地。

算法。获得算法是实现人工智能的根本途径，是挖掘数据智能的有效方法，也可以看作是对数据进行操作的方法。参考中国信通院的《2020人工智能治理白皮书》，人工智能算法的设计逻辑可以从"学什么""怎么学"和"做什么"三个维度进行概括。"学什么"是人工智能算法需要学习的内容，是能够表征所需完成任务的函数模型；"怎么学"是指算法通过不断缩小函数模型结果与真实结果间的误差来达到学习的目的；"做什么"是指机器学习主要完成三个任务，即分类、回归和聚类，目前多数人工智能落地应用，都是通过将现实问题抽象成相应的数学模型，之后再分解为这三类基本任务进行有机组合，并对其进行建模求解。

总结一下，人工智能实际应用问题经过抽象和分解，主要可以分为回归、分类和聚类三类基本任务，针对每一类基本任务，人工智能算法都提供了各具特点的解决方案。以深度学习带动本轮人工智能发展，在语音识别、图像识别等领域取得了突破。伴随着人工智能在工业互联网等场景的应用，算法将成为决定工业4.0能否成功的关键。[1]

再来回顾一个关于算法的有趣的故事。2010年，斯坦福大学的教授李飞飞开始组织图像识别（ImageNet）大赛，参赛人员进行人工智能图像识别的比拼。最开始的两年，各代表队的识别成功率都不高，大都低于25%。可是

---

[1] http://www.caict.ac.cn/kxyj/qwfb/bps/201809/P020180906443463663989.pdf（访问时间：2020年8月20日）。

到了 2012 年，来自加拿大多伦多大学的代表队，利用名为 AlexNet 的深度卷积神经网络架构（CNN），迅速将识别成功率提升了将近 10 个百分点，从此将沉寂数十年的人工智能领域点燃并引入黄金时期。神经网络一旦出现，即可被复制和借鉴，并一直沿用下去。借助算法的提升，识别成功率等的纪录不断被刷新。这就是算法的威力。

AlexNet 是 CNN 中的一种，也是打破人工智能僵局的爆破点。CNN 其实就是深度学习的一种，最主要用于图像等视觉分析。CNN 的结构主要如图 3.5 所示，其采用多层感知结构，即每一层的神经元与相邻层的神经元都是完全连接的结构；此外，同一层的神经元之间是没有连接的。除了采用神经元构成 CNN 的主要元素，神经元架构也如图 3.5 所示，包括输入层、隐含层、输出层。其中，输入层就是输入的变量，例如原始图像数据输入；隐含层就是中间层，可以加大隐含层的数量，每个隐含层由大量的神经元组成，在 CNN 中，隐含层就是要完成卷积的过程；输出层就是输入变量经过神经元连接的分析、权衡，形成输出结果，也称为输出变量。

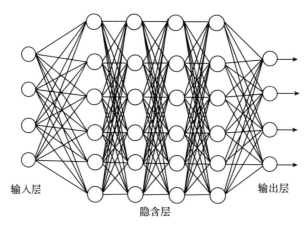

图 3.5 基于神经元网络的深度学习算法示意图

神经元网络是受到生物神经网络结构与运动过程的启发而诞生的。因为神经元之间的连接模式类似于动物视觉皮层（Visual Cortex）的组织：针对刺激做出反应，单个皮质神经元仅在称为接受场（Receptive Field）的视觉场的受限区域做出反应；不同神经元的接受场部分重叠，以覆盖整个视觉场。大自然是神奇的，经过漫长的演进，生物的每个功能与部位都是天选之结果。而作为计算机学科的神经网络，其功能结构设计也是一种另类的数字孪生，尽量设计贴近生物神经网络的人工智能结构，最终借助强大的算力，达到解放人类、超越生物运算能力的成就。

算力。算法科学家往往是数学家，精通数学、统计学等基础科学。算力的主要要素是电脑（服务器，计算能力单元）的主频、内存、硬盘等。随着摩尔定律被发现，CPU在几十年间不断发展，处理性能每隔两年就翻一番。在近年人工智能产业井喷之后，单靠CPU沿摩尔定律提升是无法满足人工智能效率的指数型提升的。幸运的是，美国英伟达公司在华裔科学家黄仁勋的带领下，大约在2012年（也就是李飞飞图像识别大赛飞跃的同一年）就开始了人工智能的大量投入，推出一系列可用于加速人工智能的GPU。迄今为止，已推出了服务器端的运算发布DGX-1，大幅加快了训练速度，或基于Pascal架构的Tesla P100支持数据中心加速，此外还有为支持嵌入式产品推出的Jetson TX1，这些都在人工智能领域获得了高度关注与广泛使用。英伟达公司主导的GPU拓展了传统X86架构CPU在人工智能上的处理能力，为人工智能算力提升做出了巨大贡献。据说2016年发布的Tesla P100芯片，研发费用高达20亿美元。P100售价不菲，好在人工智能算力提升也很显著。8块P100 GPU结合2块CPU处理器，相当于集成了250台服务器，是2015年发布的超级计算机算力的12倍。到了2017年，Telsla V100进一步刷新了人工智能算力的纪录。总之就是高潮不断，屡破纪录。英伟达通用GPU算力提升的同时，其公司股价也乘着深度学习的东风扶摇直上。英伟达的股价在2015年还是20美元，到2018年10月已飙升至292美元，市值超过肯德基和麦当劳，一跃成为人工智能领域第一股，坐享无限风光。英伟达GPU的市场占有率和股价居高不下，也算是对英伟达"舵手"黄仁勋大胆投资的合理回报。

除了 GPU，各类专用人工智能处理器，包括 TPU（谷歌针对深度神经网络加速而自研的 ASIC 芯片）、传统网络设备芯片 FPGA、各类 ASIC 芯片等纷纷登场，希望可以提升人工智能的算力，满足深度学习对算力的要求，迎接下一步人工智能的爆发式增长。

摩尔定律，是指集成电路上可容纳的元器件数目每 18 个月约增加一倍。摩尔定律是过去 50 年推动计算能力，甚至全球劳动生产率不断提升的要素之一（如图 3.6 所示）。随着摩尔定律极限的不断逼近，芯片集成度提升会逐渐失效。科学家们开始研究量子计算。量子计算是当前信息科技领域最重要的前沿科技，将是在摩尔定律在传统芯片架构上失效后，有希望延续算力发展的重要路径。量子计算机不同于经典计算机，是一种基于量子力学原理构建的计算机，其使用的量子比特利用量子态叠加原理能够同时表示 0 和 1，使得量子计算机的算力相较经典计算机出现爆发式增长，形成"量子优越性"。2019 年 10 月，谷歌宣布实现量子优越性。谷歌使用 53 位量子比特计算机 Sycamore 运行随机电路取样，仅用 20 秒时间即生成了结果，而谷歌推

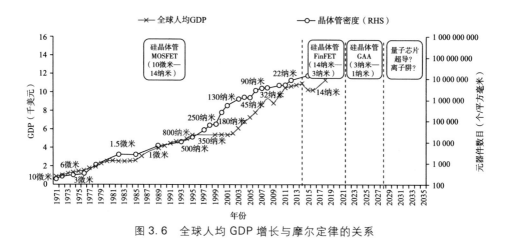

图 3.6　全球人均 GDP 增长与摩尔定律的关系

资料来源：https://finance.sina.com.cn/stock/stockzmt/2020-05-14/doc-iircuyvi2996003.shtml（访问时间：2020 年 8 月 20 日）。

算,如果使用超级计算机,则生成结果需耗时 1 万年。在解决实际问题的过程中,CPU 采用"串行"计算;GPU 采用"并行"计算,即将一个问题拆成若干个小问题后,同时对每个小问题的一部分进行运算;QPU(量子处理单元)则利用量子叠加性快速遍历问题的各种可能性并找到正确答案。形象地说,CPU 的算力随比特数 n 的增长呈线性 n 增长,QPU 的算力随比特数 n 的增长呈平方次 $n \times n$ 增长,QPU 的算力随比特数 n 的增长呈幂指数 2^n 增长。

算元(数据)。大数据、人工智能、机器学习、深度学习,这几个子领域其实都属于一个大领域,就是对数据进行预测和分析。人工智能包括机器学习引入了更好的框架和算法。大数据是一种传统信息领域的计算,它不会根据结果采取行动,而只是寻找结果。大数据定义了非常大的数据集,但也可以是极其多样化的数据类型。在大数据集中,可以存在结构化数据,如关系数据库中的事务数据,以及结构化或非结构化数据,例如图像、电子邮件数据、传感器数据等。它们在使用上也有差异。大数据主要是为了获得洞察力,例如视频网站可以根据人们观看的内容了解电影或电视节目,并向观众推荐那些内容。因为它能考虑到观众的习惯以及他们喜欢的内容,由此推断出他们可能会对某些产品有同样的感觉并最终买单。

人工智能,可以对决策和学习做出更好的决定。无论是自我调整软件、自动驾驶汽车还是检查医学样本,人工智能都会在人类之前完成相同的任务,但速度更快、错误更少。人类可以利用人工智能的分析和数据解释结果,结合人类的智慧解决问题。通过机器学习,计算机会对某个结果采取行动或做出反应,并在未来知道采取相应的行动。

虽然大数据分析与人工智能有很大的区别,但它们都可以被看作一个专业领域,并且大数据专家现在也逐渐转型为人工智能专家,可以很好地协同两个细分领域的工作。这是因为人工智能需要数据来建立其智能,特别是机器学习。例如，机器学习图像识别应用程序可以查看数以万计的飞机图像，以了解飞机的构造，以便将来能够识别出它们。

大数据与早期关系型数据库最大的区别，就是数据对象的不同。大数据的数据对象早期被俗称为 3V。3V 分别是数量（Volume）、速度（Velocity）和多样性（Variety）。这些多样性数据例如图片、视频等，是传统数据库无法容纳的。而针对物联网等工业化应用，数据的海量和增长速度又是传统 IT 领域的数据前所未见的。此后，又有不断的版本演变，如 4V 或 5V。但 3V 一直是大数据和人工智能分析的对象数据（算元）的代表性特征。

图 3.7 的左侧，便是从数据分析、智能计算的视角关注的三大技术元素。这是通过自上而下的方式来规划数字化历程。其重要性不言而喻，因为关注的是数据分析的成果。但这就足够了吗？答案是否定的。还需要另外的关注点与要素。图 3.7 的右侧，是从互联互通的视角来关注数字化历程的三大技术元素。互联互通的视角是通过一种自下而上的方式来规划数字化历程，从基础开始，稳扎稳打，打造数字化转型的基础架构。

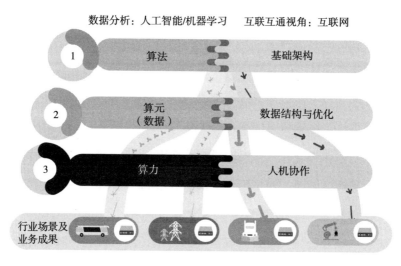

图 3.7　数字化技术三元素

资料来源：思科公司。

为什么要分析互联互通视角三元素？IT 行业往往关注只限于数据分析的成果转换，对类似隐蔽工程的架构不够重视。而数字化的隐蔽工程，也决定着数字化转型的成败。这里要把互联互通的新三元素提出来，与数据三元素一起引发大家的思考。企业的业务、高层决策人员，也需要去理解这些技术元素，这样可以更好地帮助沟通、立项和成果转换。是时候把某些特定的 IT 的重要性提升到企业的战略高度了。

基础架构。网络计算机（NC），是一个很有年代感的名词。1995 年，甲骨文公司就提出 NC 的概念。NC 其实是用来在网络上使用的计算机。它去掉了传统的硬盘、软盘、光驱等部件，属于瘦客户端 PC，并由服务器提供网络上的程序或存储。NC 具有自己的处理能力，但除核心软件外，其他软件都需从网络服务器上下载，且由于所使用的全部数据都存储于服务器上，节省了频繁的软件升级和维护，降低了成本。无论是云计算里的各类 IaaS、SaaS，还是基于云计算的虚拟远程桌面应用（VDI），都是 NC 概念的拓展和衍生。甲骨文公司提出 NC 的概念后，在计算机和通信界均引起极大反响，同年"网络计算机联盟"便成立了。进而 IBM、苹果、网景、甲骨文和太阳微等五大厂商联合公布了 NC 的工业标准——《网络计算机参考简要特征》，简称 NC-1 规范。可惜的是，五大厂商现在除了苹果借助 iPhone 的成功另立潮头，剩下四个不是消失（网景、太阳微），就是未能抓住云计算的契机，还在数字化时代寻找突破。时过境迁，亚马逊在 2006 年推出弹性计算云（EC2），引发了计算机领域及互联网领域的重大变革，云计算的时代来了。

现在看来，NC 失败的一个重要原因是受限于当时的基础架构和软件能力，导致用户体验不好。

云计算是一种基础架构，没有云计算，甚至无法迎来人工智能的大爆发。单个的 CPU、GPU 或者 TPU 的算力提升，没有办法形成规模效应，无法方便迅速地进行人工智能系统搭建。让一个数据科学家从攒机器开始，组装电脑，安装 Linux 系统，再安装对应的人工智能框架，进行数据训练，就要花费数天甚至数周的时间；而一旦出现软件版本变革、性能提升、横向扩展等要求，如果没有云计算，数据科学家将陷入巨大的困境之中。云计算，无论是 IaaS、PaaS，还是 SaaS，都从各方面减轻了数据科学家的负担，使其专注于数据分析和人工智能计算。从这里我们可以看到云计算架构的重要性。搭建一个良好的基础架构，需要大量看不见的隐蔽工程，包括服务器资源、网络资源、存储资源、对应的虚拟化平台和技术，以及广域网、互联网、物联网等各方面。良好的基础架构与数字化转型的成功是息息相关、密不可分的。

数据结构和数据优化。数据结构跟算法相比，显得更加抽象，难以理解。数据结构可以说是算法的基础架构，指的是数据的存储结构。而算法，就是操作数据的方法。与人工智能算法相关的传统数据结构包括数组、链表、栈、队列、散列表、二叉树、堆、跳表、图等。最形象的类比就是图书馆。为了方便查找，图书管理员一般会将书籍分门别类进行"存储"，并按照一定规律编号，这就是书籍这种"数据"的存储结构。那如何查书呢？有很多种书籍编号的方法。最传统的是按图书类别分类，例如设立人文、自然科学、计算机等分类书架，然后再依次查找。概括而言，这些查找方法都是算法。数据操作得好，自然立竿见影出效果：企业领导者满意，企业受益，员工有收获。光有伟大的算法专家发明算法，企业就可以实现数字化转型了吗？答案当然是否定的。必须有好的"藏书"和"整理"的方式，才可以将图书馆的作用充分发挥出来。

人工智能是数据应用的典型方式。此外还有大量的数据类应用，例如工业互联网产业联盟定义的工业 App，就是另外一类工业数据应用。SCADA 等工业应用，也是对工业数据操作的场景落地。不同的工业数据应用，或者人工智能数据训练与推理，如何方便地查找、检索、利用工业数据，与数据结构深度关联？数据结构可以进一步衍生为数据优化。早期的经典大数据系统 Hadoop，不仅发明了 Map-Reduce 算法，更重要的是发明了 HDFS 分布式文件存储系统。HDFS 是非常优秀的数据存储架构，可以看作另类数据结构的底层。HDFS 本身的数据结构称为元数据，是实现分布式存储的基础。现在的互联网存储 Ceph 技术，支持面向对象的存储，也是大数据存储的一种数据存储结构。

伴随着工业互联网的发展，面对物联网、5G 和人工智能应用发展所带来的带宽、延迟和通信方面的挑战，仅有云计算肯定是不够了。云计算无法完全满足各类物联网的应用场景，特别是对于数据的存储以及使用和响应等方面。为了更好地实现各类工业数据优化，思科公司率先提出了"雾计算"的概念，并基于对雾计算广阔前景的敏锐洞察，与 ARM、戴尔、英特尔、微软和普林斯顿大学于 2015 年 11 月在北美建立了国际雾计算产学研联盟（OpenFog 联盟）。雾计算主要区别于云计算，所采用的架构更分散、更接近网络边缘。从系统资源的角度看，雾计算通过将计算、通信、控制和存储资源与服务分配给离用户或数据源最近的设备及系统，极大地减少了云计算中心对资源的消耗。总结归纳，雾计算可以帮助实现云能力的延伸和拓展，从而提供统一的端到端云+雾平台、服务和应用。利用开放的标准方法，OpenFog 联盟提出参考架构，将云端智能与物联网终端无缝联合在一起。OpenFog 架构从传统封闭式系统以及过度依赖集中式云计算的模型[1]，演化为一种全新的计算与互联模型。随着工业互联网和雾计算场景的融合，OpenFog 联盟最终与工业互联网联盟合并。可以看到雾计算也与边缘计算的概念越来越类似。但不管是雾计算还是边缘计算，在对数据的存储以及数据的结构和优化等方面，理念和功能点是一致的。现在 5G 技术有别于 4G 技术很重要的一点，也是纳入了边缘计算节点。正如运营商所说的，"5G 不仅仅是比 4G 多 1G"。

总而言之，大数据分析或工业应用，并非云端存储数据就万事俱备。不

---

[1] https：//www.wired.com/2009/12/fail-oracle；https：//www.zhihu.com/question/20058413；http：//www.ihep.cas.cn/kxcb/kpcg/jsywl/201407/t20140714_4156699.html（访问时间：2020 年 8 月 20 日）。

管是结构化数据还是非结构化数据,神奇的大数据系统并不能在任何场景运算出想要的结果。事实是,云端大数据容纳所有数据是一个非常理想化的假设。要想使工业大数据项目落地,必须针对大数据良好的数据结构,通过基础架构、分布式和边缘运算,对数据进行预处理、数据压缩、数据整形(Data Transformation),这样到达云端的才是干净有效的数据。优化数据存储和提高数据处理的效率,是不可或缺的关键步骤。

人机协作。算法是对数据的操作。人工智能与大数据的区别是人工智能可以代替部分人类,直接对数据进行操作。就好像人工智能机器人 AlphaGo 第二代 AlphaGo Zero 不需要熟读历史棋谱,只要掌握围棋基本规则,利用非监督学习(也就是机器自我学习),就可以击败第一代 AlphaGo,达到人类无法企及的围棋水平。需要指出的是,围棋对弈是一个特殊的人工智能场景。目前还有很多场景人工智能是无法替代人类的,这些场景无法实现数字化决策完全的"自动化"与"智能化"。

类似围棋的场景还有图像识别、语音识别等。这些都是单一场景、特定领域和单任务,具有确定性的结果。计算机在满足算法、算力的情况下,得心应手,战胜了人类。但是对于非确定性结果、各类动态的条件变化,或者复杂多任务的场景,目前很多情况下还是需要人类的智慧做决定。换句话说,当前人工智能主要是处理数据,对于处理知识、认知方面,人工智能与人类还有很大差距。这也是为什么无人驾驶目前还没有到达最高的级别——第五级(L5)。目前也没有一个人工智能达到金庸的水平,写出"飞雪连天射白鹿"那样的武侠小说来描述爱恨情仇。当然,人们关心的是:什么时候可以出现强人工智能?人类是否会被人工智能代替?潘多拉的盒子是否已经打开?……这是另外的话题,需要量子计算、法律法规、新算法等各类因素共同推进。就目前阶段而言,如何在各类企业应用场景下,更好地结合数据和人工智能的运算结果,充分结合人类智慧,为企业数字化转型成果转化带来直接的收益,是当前工作的另外一个重点。互联互通,从设备间互通进一步转入人机协作、人机互通。

埃森哲等公司也陆续发表了关于人工智能时代人的角色的研究,希望人工智能系统可以实现人机协作,从根本上改变工作的性质,颠覆企业运营和员工管理方式。该研究表明,各大行业中,只有行业领军企业成功抓住了由人机协作催生的业务转型浪潮所带来的机遇,其成功的诀窍就是遵循五大关键组织原则:思维模式、实验、领导力、数据和技能。在目前阶段,人工智能是人类的触角,人工智能系统通过感知、理解、行动和学习等技能,极大地拓展了人类的能力,助力重大商业转型,迈向新时代。例如在保险索赔处理过程中,人工智能承担烦琐乏味的体力劳动、数据收集工作并进行初步分析,从而使索赔处理员能够专注于处理复杂案件和存疑信息,针对复杂案件做出自己的判断并与不满意的客户进行沟通。

聊天机器人和数字助理形式的自动化可以提供更好的客户服务,因为客户可以全天候接触这些人工智能助手。这项协作技术与人工智能的结合,对客户体验、员工体验都非常有益。根据咨询公司 Gartner 的说法,有许多因素推动着客户服务技术的发展。例如,到 2025 年,可以访问多渠道人工智能参与平台的客户服务组织可以将运营效率提高 25%。此外,客户也将改变与客户服务互动的方式。Gartner 指出,到 2023 年,有 70% 的自助服务互动可能是由智能扬声器和助手通过语音发起的。总结起来,人工智能本身实现了不同系统之间的数据协作;大量类似思科 Webex、网真等的视频通信协同系统实现了人与人之间的协作。而数字化转型,至少在目前阶段,需要深度考虑人与人工智能系统之间的协作。①

3.2.2 数字化技术架构四原则:安全性、自动化、简单化、智能化

"乱花渐欲迷人眼,浅草才能没马蹄",伟大诗人白居易的名句,用来描

---

① http://cc.ctiforum.com/jishu/hujiao/wenzhai/566242.html(访问时间:2021 年 1 月 20 日)。

述今天的技术复杂程度再恰当不过。如何从纷繁复杂的技术种类中选择最恰当而不是最贵、最时髦的来构建自己的数字化架构，是一门大学问。长期的经验和教训比比皆是，包括早期 NC 的失败，云计算后来的崛起，近期的 GE 公司 Predix 遭遇的数字化转型困境，众多人工智能公司产品化不成功等，说明数字化架构建设需遵循四项基本原则：安全性、自动化、简单化、智能化。

3.2.2.1 安全性

在传统 IT 领域，安全一直受到企业的重视。历史上曾经爆发过若干次围绕 IT 系统的安全攻击事件。受到打击的往往是 IT 相关系统。如互联网冲击波病毒，病毒使 IT 系统关联度极高的很多行业网络或者行业系统瘫痪，当时的紧张、恐惧乃至无助感，许多亲历者至今仍无法忘怀；由非 IT 科班出身人士发明的熊猫烧香病毒，更是让人看到了病毒的危力以及入门门槛之低。PLC 等自动化工控领域，传统部署模式采用物理隔离方式，对于系统的安全、补丁、防病毒等往往容易产生认识与管理误区：认为工控领域的物理隔离没有信息安全隐患。但随着物联网的兴起，IT 与 OT 融合，OT 领域的系统安全将成为数字化架构的重要甚至基础性技术。2018 年的勒索病毒"WannaCry"，就将病毒的触角从 IT 领域伸向 OT 领域（如图 3.8 所示），台积电公司的三大工厂因此而停产。勒索病毒对全世界造成的损失据说高达 80 亿美金。"道路千万条，安全第一条"，真是一点错也没有。

3.2.2.2 自动化

这里指的是数字化架构和执行的自动化，与工业机械领域的自动化有一定的相似之处但对象不同。工业自动化的对象是机械设备、机床、PLC 控制器等。数字化架构和技术的自动化对象是成千上万数字化后的设备，包括工业互联网架构下的数字化设备、无人汽车、雾计算和边缘计算网关、电力配网终端、被虚拟化的操作系统、边缘应用、服务器、网络（互联网、企业专

第 3 章
企业数字化架构和技术

图 3.8　勒索病毒截图，利用加密货币比特币支付赎金

资料来源：http://news.sina.com.cn/o/2017-10-28/doc-ifynfrfm9893694.shtml（访问时间：2020年8月20日）。

网、工业网、物联网等）等所有数字化的对象。传统的 IT 人员一旦跳出 IT 领域，如此复杂的架构以及众多的对象会使其应接不暇。借助云计算的概念，实现计算资源、存储资源、网络资源、应用、一切可管理对象的标准化是第一步；第二步就是利用各种工具，包括人工智能技术对这些数字化设备进行集中管理；第三步就是自动执行和快速响应。TCP/IP 网络技术实现了网络的标准化，传统工业自动化设备和协议的非 IP 化被逐渐打破。思科与 ODVA 组织倡导的工业以太网技术和 EtherNet/IP 技术，就很好地实现了自动化领域的网络标准化。思科的调查数据反映了企业采用人工智能驱动网络保障方面的进展与趋势。2019 年，利用思科标准的五级就绪度模型衡量就绪度估计状态时，仅 22% 的受访网络策略师对网络保障使用了人工智能功能。在当时而言，真正基于人工智能的网络保障解决方案相对而言仍是新鲜事物。然而，72% 的受访者计划在两年内使用人工智能驱动的预测性洞察或增强网络运营。

3.2.2.3 简单化

简单化是数字化转型的一个重要标志。云计算的成功是典型的简单化的成功。企业利用云计算就好像用水用电一样简单。企业的数字化转型要选择合适的数字化架构，处处体现出简单化的特点。简单化体现在万物皆可上云，万物皆可灵活选择数据链路或者数据迁移、企业虚拟机的多云迁移、全网多设备统一等。当然，对于各类设备的数字化计费和管理模式简单化也十分重要。计费模式从内部运营着手，简化多部门结算，提高业务敏捷性；对外也会提升客户的业务体验和响应速度。总体而言，数字化架构的设计理念需处处体现简单化的原则。

3.2.2.4 智能化

数字化转型始终围绕着数据驱动。数据驱动的业务成果最大化还是人工智能产出。这里的数据可以分为两类。一类是直接的业务数据，也就是 OT 领域的相关数据。业务数据的类型包括生产产能、效率、汽车速度、油耗、电力效能等。而另外一类是支撑系统的相关数据，主要是数字化架构的监控数据（Telemetry）。支撑系统的架构数据包括网络质量、网络时延、云计算系统性能、雾/边缘技术系统本身的状态等。这两大类数据都是数字化转型的重要数据。每个领域都有大量的数据采集手段去采集数据、传输数据和分析数据。而充分利用人工智能去实现两类数据的智能化，甚至实现业务数据和架构数据的关联、联动，则蕴含着更大的前景与想象空间。很多科技公司都在研究这方面的技术并逐步取得突破。

3.2.3 数字化架构全览

由工业和信息化部领导的工业互联网产业联盟指出，工业互联网是数字化转型的框架和方法论。工业互联网产业联盟高屋建瓴地提出了数字化转型的框架和架构。从数字化转型全栈图（如图 3.9 所示）来看，数字化架构肯定是基于末端设备（终端）、网络、平台（应用）的完整过程。其中，数据是完整流动的因子和元素，平台和应用是业务成果与效能产出。贯穿始终的是安全保障。

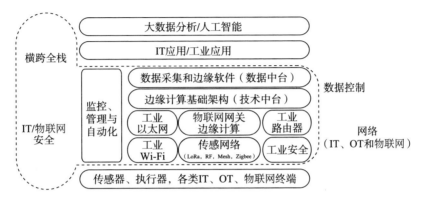

图3.9　数字化架构全栈图（基于工业互联网参考模型）

资料来源：思科公司原创，作者翻译。

对于非理工科背景和非计算机通信专业的技术人员来说，理解数字化架构全栈图非常不容易。他们过去从来不关心自己的手机或者电脑是如何上网的。可是从现在起，每辆汽车为了实现通信，都需要承载一个IP（网际互联协议）或数个IP地址，通过IP与云端车联网平台进行通信。特斯拉汽车早已实现通过远程空中升级技术对汽车底盘进行升级与调校。这些数字化架构知识，都是传统汽车机械专业所欠缺的。专业人员要初步了解数字化技术，这样才能更好地融入数字化转型浪潮中。从国家电网提出的"坚强电网"和"泛在电力物联网"双目标，也可以看出国家电网对电力人员技术的要求从电网跨界到了数字化上。

这里总结了五大类数字化技术（如图3.10所示），基本覆盖了数字化架构全栈。通过了解这五类技术，行业（机械、自动化、运输、零售、电力等）专业技术人员可以慢慢与IT人员进行对话，共同融合，动能转移，碰撞出融合的数字化火花，共同坚定企业的数字化转型之路。以汽车行业新四化为例，"电动化、网联化、智能化、共享化"，与以下五大类数字化技术无不息息相关。学习五大技术，了解数字化架构，将有助于传统行业专业人员拓宽思路，进入新人才培养通道。

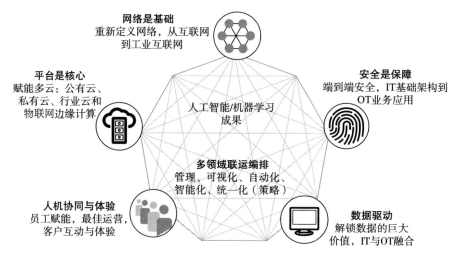

图 3.10 五大类数字化技术

资料来源：思科公司及作者联合原创。

3.2.3.1 网络是基础

互联网发展三十多年，全球的路由表急剧膨胀，公网 IPv4（网际协议版本 4）地址早已消耗殆尽，DNS（网域名称系统）域名依然困难和短缺。互联网的管理手段、企业网络的管理手段远没有像云计算和人工智能那样先进入自动化阶段。可以说，目前企业大量的网络、IP 地址、网段规划等都还是原始的手工结合命令行方式，这些老旧的操作方式严重拖了数字化的后腿。自我颠覆是最难的。路由器的发明者思科，就试图在网络技术上进行革命。如图 3.11 所示，思科提出了基于意图的网络（Internet Based Network，IBN）技术，借助这一技术重新定义整个网络，让网络具备洞察力和意图，更好地驱动企业的数字化架构，实现网络的自动化、简单化、安全化和智能化。网络要理解业务，理解数据，才能更加敏捷灵活地支持业务转型。基于意图的网络技术目前最主要的技术包括 SDA（软件定义接入）、SDWAN（软件定义广域网)、Extended Enterprise（拓展企业网至工业）等。实践表明，企业引入基于意图的网络技术后，便发现在数字化转型道路上得心应手，应用与网络集成相得益彰。

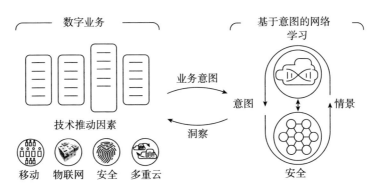

图 3.11　基于意图的网络

资料来源：思科公司原创，作者翻译。

3.2.3.2　平台是核心

平台主要指云平台，包括 PaaS、SaaS、IaaS。从物理形态上，更强调集成公有云和私有云的混合云方式，也可称为多云架构。云是非常抽象的，看不见摸不着。不像一台电脑摆在面前，敲击键盘，屏幕立刻就有响应。在十年前，由于专业所限，很多企业负责人还无法理解云的理念与意义，有种云山雾罩的感觉。现在进入数字化时代，虽然仍然看不到云，可是从亚马逊和阿里巴巴股价的暴涨，就可以深刻体会到投资者对云技术价值的认可。多云架构，与网络基础一样，已经超越了企业 IT 战略，上升为企业整体战略。如果企业没有一个完善、富有弹性、灵活、可靠的多云架构，数字化业务转型是无法实现的。亚马逊跨界成功的秘诀是什么？AWS 云服务是亚马逊的护城河和高门槛。立足 AWS 云服务平台，亚马逊可以将触角不断延伸、拓展到零售、物流、电商、无人驾驶、航天、人工智能等广阔领域。

美国通用汽车公司早在 2013 年就开始大力建设自身的数据中心。通用汽车将企业的平台建设看作核心竞争力，通过数据中心建设，减少 IT 外包与公有云租用，更快地掌握厂房生产、供应链的实时情况，加速新车型的研发与投产。通用汽车后来也可以从大数据中获得收益。亚马逊建设并提供公有云服务，通用汽车自建私有云和多数据中心，广大中小企业租用公有云服务，每个企业都必须有自己的业务目标和多云战略。通过多云战略，企业可以迅速将业务以微服务的方式在多个私有云、公有云之间直接、任意迁移，横向扩展。这里所说的微服务，早期形态是虚拟机（Virtual Machine，VM），现在逐步过渡到容器架构。企业需借助统一的编排工具，实现多云管理调度，使企业的研发达到开发运维一体化。

3.2.3.3 安全是保障

安全化是数字化架构四大原则之一，而数字化安全一直是 IT 领域的研究重点。比如一辆没有安全保障的汽车，哪怕速度再快，也没有人敢驾乘。美国电影《速度与激情》中恰好有一幕，形象地展示了智能网联汽车安全故障，令人瞠目结舌：大街上所有的汽车都被黑客获取最高权限，并被恶意操控，横冲直撞，司机也无能为力。回顾过去的电影，很多预言都已经实现。《速度与激情》不可避免地给观影人带来启发，引人深思：安全是一切数字化转型的保障。像汽车这样的传统机械动力装备，长期以来并不具备数字化能力，因此也不具备网络安全能力。汽车内部车载总线（CAN_bus）技术历史悠久，其设计之初并没有考虑到通信安全，通常不需要身份验证就可以访问，此外也不具备加密能力，一旦黑客攻破外围系统，实现与车载总线连接，就能实现对汽车的控制。汽车一旦具备了互联网汽车对外网的通信能力，如果不能对车载总线、车载智能单元进行安全加固，车载总线的这些安全漏洞往往会成为黑客攻击的目标。思科一直在研究车载以太网技术，并且将其在互联网领域的以太网加密技术移植到车载以太网上，这样就可以从网络架构上保证车载通信系统的安全。

当下，全数字化时代已经悄然来临。海量的网络数据、设备、用户以及服务，都面临着更严峻的安全威胁，而且极具迷惑性的威胁变异、演进和伪装，也促使安全厂商将安全防护的策略升级到一个全新的阶段。IT、OT、物联网安全必须从全方位、多角度进行布局，打造涵盖网络安全、内容安全、高级威胁防御以及安全策略与访问控制等多个技术范畴在内的网络安全解决方案。思科曾经结合对安全领域的深刻洞察，提出了"安全至上，全局为王"的理念。这一理念，重点强调安全防御全局观，旨在通过着眼全局、俯瞰全局，以智变应万变，将每个部分都整合起来，从而全盘构建企业整体的网络安全。这也是用架构思维来布局整体安全防御。

据思科的不完全统计，仅2017年就有六家美国工业企业遭受到网络攻击，损失累计高达15亿美元。在传统工控系统中，很多系统在创建时都没有考虑其安全功能，因而特别容易遭受网络威胁和黑客攻击，让整体工业互联网存在更多隐患、面临更大挑战。在当今IT/OT融合、云计算、移动和物联网平台蓬勃发展的时代，这种严峻的网络威胁只会不断加剧，上升为制造业领域的巨大安全障碍。

再看亚洲，思科发布的2018年亚太安全能力基准研究的调研显示，包括中国在内的亚太地区，在拥抱突飞猛进的新科技的同时，也面临着愈发严重的网络安全威胁以及企业和个人信息被泄露的风险；攻击者所采用的技术正在变得越来越复杂、高端，他们不断尝试采用最先进的技术来组织下一轮的攻击，并已造成惨重的损失。在中国调研的数据显示，有29%的组织认为在过去的一年（2017），因网络攻击所造成的损失达到100万—240万美元，更有35%的组织认为，其该项损失超过500万美元。这是非常惊人的数据。作为亚太经济的"领头羊"，中国的科技产业在快速演进发展的过程中，还需要更先进的安全策略与之相匹配，为其保驾护航，与此同时，中国市场也需要更强硬有力的安全措施，来应对无孔不入的网络安全入侵，构建更有效的安全防御阵营。

除了安全设备帮助企业加固安全手段，安全情报分析也很重要。思科公司成立了 Talos 网络安全威胁研究团体，该团体由业界领先的网络安全专家组成。作为全球搜集威胁情报数量最多的组织，Talos 采用自动化安全大数据方法分析来自全球的邮件、网站和超过 1.5 亿网络终端设备的威胁情报，对安全架构进行了统一的防御。Talos 每天阻止 200 亿次威胁和 8 000 万次恶意 DNS 查询，接收 160 亿网站请求。Talos 是每个企业都可以信赖的安全防护利器，为企业提供了强大的后盾支持并带来了真正有效的安全性。

例如，2018 年，Talos 率先发现三星公司智能家居产品 SmartThings 的中央控制器软件出现 20 项安全漏洞，可能导致黑客接管家中无线摄像头或智慧门锁。SmartThings 本质上是 Linux 嵌入式软件系统，通过以太网、Zig-bee、Z-Wave、蓝牙等网络通道或者协议与物联网终端通信。黑客利用这 20 项漏洞组成链式工具，一旦攻击成功，就可以远程开启智能门锁，暗中开启并监控无线摄像头，关闭防盗传感器，切断远程电源等，后果让人不寒而栗。幸运的是，三星随后便开发出补丁程序，修复了安全漏洞，没有造成实际损失。

2019 年，思科收购了法国的工业安全公司 Sentryo。Sentryo 的旗舰产品 Cyber Vision 一直用于工业领域的状态感知与安全防御，可以实现对传统工业自动化设备如多厂商 PLC、SCADA 等工业协议的安全防护。Sentryo 的主要定位就是工业控制系统（Industrial Control System，ICS），在全球很多工业龙头企业大量部署实践，为工业企业安全生产、迈向工业 4.0 保驾护航。Sentryo Cyber Vision 系统也与思科雾计算网络设备集成，可以安装在具备雾计算能力的工业以太网交换机和工业网关上。这些工业网络设备往往是车间产线的重要网络设备，连接工业控制系统的各类控制器和生产终端。工业网络设备在加载 Sentryo 的工业安全能力后，无疑构筑了制造车间工控安全的"铜墙铁壁"。

工业互联网威胁防御方案可总结如图 3.12 所示。

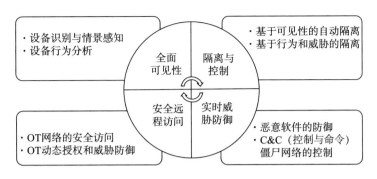

图 3.12　工业互联网威胁防御方案

资料来源：思科公司。

3.2.3.4　技术架构支撑场景实现

大数据和人工智能领域特别重视数据利用的场景，因为不同场景实现人工智能的代价和定制化程度都不一样。这些场景全落实到不同的行业类型、企业体系上。例如，金融行业、医疗行业都是业内公认的大数据可落地收益的代表性行业，而工业制造更是目前人工智能期待突破的垂直行业领域。伴随工业 4.0 的号角，制造业企业、自动化技术供应商、互联网科技企业、新型工业人工智能创业企业，纷纷投身于工业人工智能领域。除人工智能需要场景化落地外，系统的互联互通视角、基础架构、数字化架构也有场景化的细分。

我们通过对一位智慧城市项目成功者的调研获得了场景实践的经验。谈到智慧城市解决方案的启动，他原本以为难度最大的是打造平台，因为早期的智慧城市平台好用的很少。同时，智慧城市、智慧园区、智慧农场等不同场景跨度大，通用智慧城市或者工业互联网平台无法拿来即用，需要进行各种定制化修改。程序员及开发成本也是这位创业者最初的顾虑所在。但随着项目的深入，进行实际操作、平台开发后，他发现智慧城市平台迭代并没有互联网平台那么高频率，由于具有相对稳定的客户需求和高质量的代码，因此平台并不是最大的难点。最大的难点居然就是他原本认为最简单的基础架构。投入最大、难度最大的也是基础架构。不同地点，例如监控养猪、监控农作物或者监控交通信号灯，都是不一样的场景，采用的物联网传感器技术，物联网通信技术，园区网组网、工业网组网技术，边缘网关数据采集和处理技术，各地运营商的带宽资费，等等，都不一样，需要很好地进行基础架构设计与实施。良好的基础架构对后端大平台而言更是缓冲与减负。作为公司化运作，寻找到最佳的架构运维成本、资费平衡点等也是架构与优化设计的一部分。

实践表明，除对人工智能和工业云平台进行顶层设计之外，其基础架构也很重要，基础架构也有场景化的设计需求。这解释了思科多年稳扎稳打，从底层做起，将企业数字化架构场景化并分享给全球行业客户的原因。思科结合多年的行业最佳实践和案例，在其网站上呈现了大量行业最佳设计验证（Cisco Verified Design，CVD）。最具代表性的是思科与美国自动化领先企业罗克韦尔（Rockwell）等一起打造的融合全厂以太网（CPWE）架构。历经多年，CPWE 架构形成了多个不同版本，用于制造业网络参考设计。CPWE 架构包括工厂有线、工厂无线、工厂安全、工厂 OT 网络与多云架构整合、工厂网络冗余设计等。工业以太网协议标准也由最初的 EtherNet/IP（罗克韦尔工业以太网标准）拓展到 Profinet（西门子工业以太网标准）、CC-Link（三菱工业以太网标准）等。这些最佳设计验证在全球的知名制造企业中均有大量部署。

CPWE 是思科与罗克韦尔联合打造的全厂网络架构，该架构是有国际化标准与定义的。普渡大学定义了工业参考架构普渡模型，并且有很多工控组织也基于普渡模型定义了工业领域的参考架构。该架构非常清晰地定义了企业 IT 区域与 OT 区域的区分。从技术架构、组织架构、运维架构等不同层面均有不同的分工。伴随着 IT 与 OT 融合，未来 IT 的技术力量将帮助 OT 领域更好地实现数字化，而 OT 领域数字化则更坚实地实现业务数字化转型，并且借助普渡模型作为参考架构与参照物，IT 人员与 OT 人员也更好地进行对话，否则，在传统 IT 与 OT 分离的情况下，双方都无法明确彼此的职责，融合架构更无从谈起了。图 3.13 便是基于普渡模型的 CPWE 架构。

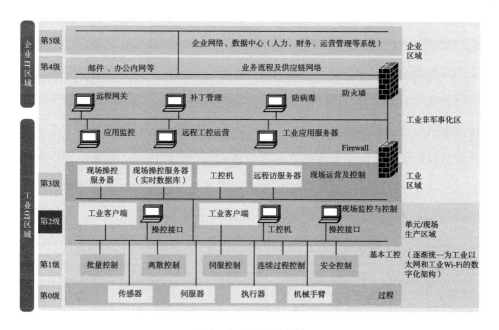

图 3.13 CPWE 架构

资料来源：思科公司。

位于美国西部城市波特兰的戴姆勒奔驰卡车工厂 DTNA，参考 CPWE 架构，充分利用物联网和工业网络，打造了一个融合了工厂 OT 与 IT 业务的数字化架构，串联生产制造与运营，提升工厂经营指数，充分实现数字化业务的价值。DTNA 面临的挑战在于如何更快和更好地定制客户需要的卡车；成本也是另外一个制约因素，同时也是提升工厂效率的关键指标；最后，还要提升敏捷性与扩展性，满足未来创新与产能提升的需求。DTNA 最终选择了思科的 CPWE 架构，率先在波特兰工厂部署了融合的工业以太网和工业无线（基于 Wi-Fi）。工厂生产线原采用总线连接，并且多厂商协议五花八门。除了固定的自动化排程运行，没有设备可视性，距离 IT/OT 融合有很大的差距，工厂生产有点像是黑盒子在运作。通过融合共享的 CPWE 架构，结合坚实可靠的安全策略和安全手段,遵循普渡模型,实现全厂产能和效率的提升。此外,大量设备数据、监控数据源源不断地借助数字化通道传输,这些数据帮助工厂和管理部门了解生产过程、优化过程、连接设备运行情况,在任何地点都可以实时追踪产能和零部件短缺。DTNA 借助 CPWE 架构,逐步实现了 IT/OT 融合的目标。

在思科的网站上,可以轻易找到大量的数字化架构设计,既有通用的共性互联网设计,也有垂直行业甚至细分行业的架构设计。除了制造行业,还有智慧城市、智能楼宇、智能电网、配网自动化、变电站、拓展企业、石油石化、远程车队管理、智能交通等。这些都是思科在全球客户最佳实践的经验总结,是非常有效的场景化网络架构参考设计模型。

3.2.3.5 数据驱动

数据驱动是数字化转型的基础。前面从数据分析和互联互通两个不同技术视角阐述了其各自的三大技术元素,以及数字化架构对场景化的意义。这里再进一步聚焦,我们发现了两个焦点:数据和连接。

前面提到数字化能力可以具体表现为"人、流程、技术、数据"(简称 PPTD)。因为数字化能力是利用数据对业务进行赋能和驱动的,所以数据是数字化能力的关键生产要素。采集数据的前提是数字化连接,所以二者共同构建和提升数字化能力。数据是要素,连接是通道,二者密不可分,唇齿相依。数字化能力是业务能力在 IT 等数字化技术驱动下的具体体现。

数据虽然没有具体实体,只是一堆抽象的 0 或者 1 存储在各类存储介质例如硬盘当中,但是数据已经被公认为是企业数字化转型的基础和新的核心资产。数据资产包括消费数据、生产数据、客户数据、运营数据等。美国 Facebook 被起诉,则是著名的消费数据被平台滥用的经典案例。世界各国也与时俱进,相继立法,强化数字化时代的核心数据价值和隐私,对企业、个人如何获取和利用数据进行规范与保护。欧盟于 2016 年发布了有关通用数据保护规定的 679 号条例,即《通用数据保护条例》(General Data Protection Regulation,GDPR),其宗旨是在欧盟范围内协调统一有关个人信息保护方面的实践,并加强对公民的保护。GDPR 已于 2018 年 5 月 25 日开始施行。GDPR 适用于所有设立于欧盟领土范围内,以及设立于欧盟之外但向欧盟领土范围内的居民提供商品或服务的公共或私人企业、数据控制者或数据处理者,囊括所有类型的企业、所有工业和经济部门,只要是企业进行个人信息处理的行为,都应遵守该规定。

就企业而言,获取数据、传递数据、存储数据、保护数据、利用数据、展示数据等一系列闭环的行为,构成了数据驱动的数字化架构。而这些数据,在传统 IT 与 OT 分离的年代,往往是"井水不犯河水"的竖井状数据。分离的 OT 系统与分离的 IT 系统构成了一个个竖井。竖井间的数据无法得到有效共享、集成并产生关联的价值。2019 年,国家电网提出建设"坚强智能电网"和"泛在电力物联网"两大目标,标志着电网新旧动能的转换。两网融合在工业互联网建设中有很大的代表性意义。现在先分享传统电力系统架构。传统电力系统通常将电力调度、自动化系统运行安全区划分为:实时控制区(Ⅰ区)、非控制生产区(Ⅱ区)、生产管理区(Ⅲ区)以及管理信息区(Ⅳ区)。各区之间的数据交换有严格的安全规范,特别是Ⅰ、Ⅱ区与Ⅲ、Ⅳ区之间部署着安全网闸。网闸保证了生产和信息系统的安全交换与有限流动,但也在一定程度上制约了信息的共享与交互效率。伴随着"泛在电力物联网"的新战略目标,国家电网在此前"坚强智能电网"的基础目标上,必将有效地实现数据集成与数据打通,最终实现电力的数字化转型,可以整合电力业态,通过数据应用创造价值,同时引领清洁能源低碳发展。[①] 电力配网系统智能配网终端和电力互联网平台架构参考如图 3.14 所示。

---

① https://www.cisco.com/c/dam/en_us/solutions/industries/docs/manufacturing/daimler-full-customer-case-study.pdf(访问时间:2020 年 8 月 20 日)。

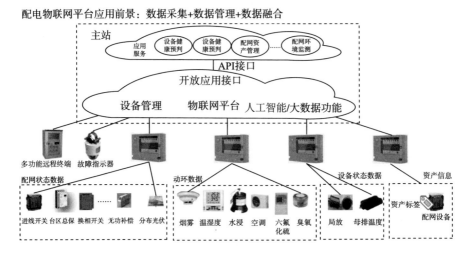

图 3.14 电力配网系统智能配网终端和电力物联网平台架构参考

资料来源：https://zhuanlan.zhihu.com/p/69912658（访问时间：2020 年 8 月 20 日）。

3.2.3.6 数据结构与优化

从互联互通的视角，数据结构和数据优化是数字化转型技术的关键。数据结构本身就是数据科学的重要概念。随着新技术的不断涌现，我们是否可以通过基础架构优化对数据进行优化？答案是肯定的。

思科在美国先后联合各大公司发起了工业互联网联盟和 OpenFog 联盟。除了创立联盟、打造生态系统，思科还于 2017 年左右提出了新的虚拟架构 Kinetic，Kinetic 包括边缘和雾计算模块 Edge Fog Module（EFM）。为什么说是虚拟架构？因为 EFM 模块主要是对数据进行虚拟连接、数据处理和数据搬运。EFM 软件本身大量运行在思科基础架构硬件上，包括物联网网关 IR829 设备、工业以太网交换机 IE 系列，以及思科最主流的企业网交换机 Catalyst 9000 系列、思科数据中心统一计算系统（VCS）等。所以这是一个基于基础架构硬件的虚拟数据连接和数据优化，同时也是基于工业互联网的一种软件技术。EFM 在物联网末端打通工业数据最后一公里，打造虚拟物联网数据交换矩阵。EFM 可以从物联网设备如传感器或者 PLC 控制器中提取数据，在分布式网络中的任意位置对数据进行计算,并将数据任意传输到各种应用中,以推动实现有意义的业务成果。这符合数据与应用横向集成和纵向集成的概念。

EFM 模块具备边缘、雾计算能力和本地运算逻辑,可以在最靠近物联网终端一侧,将复杂规则应用于动态数据,以最佳方式减少、压缩、标准化和传输数据,并通过分布式计算能力加快关键决策的速度,提升效率。EFM 也可以在分布式网络中的任意位置添加计算能力(算力)。企业可将选择好的数据处理推送到边缘和雾节点,进而在靠近操作点的位置快速做出运算,将海量数据压缩后再发送到网络中的更高层。这样可以尽量减少数据传输延迟并使网络效率最大化。EFM 具备开放式和模块化架构,能够整合来自任何第三方供应商的微服务,最终打造完整的企业虚拟数据交互矩阵,结合云端大数据平台,以最高效的方式实现对数据的操作,最终达到全网智能的目的。采用 EFM 进行数据优化最典型的案例就是在企业生产线上采集各类设备数据,通过 EFM 数据矩阵对数据进行本地化压缩处理,优化后送到云端进行人工智能分析,实现对生产设备的预测性运维(如图 3.15 所示)。

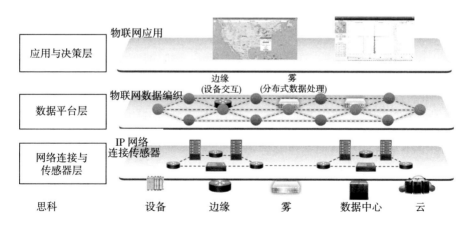

图 3.15 边缘数据矩阵对物联网数据进行优化与传递

资料来源:思科公司,作者翻译。

EFM 主要针对的是工业互联网 OT 类数据。阿里巴巴在消费互联网上取得了巨大成功。互联网的海量数据、海量交易也不断打磨着阿里巴巴的技术功底。阿里巴巴在消费端和业务端也有类似 EFM 的技术架构，那就是目前非常火的中台技术架构。中台也是一种微服务架构，同样构建于基础架构之上。阿里巴巴的中台架构包括技术中台、数据中台、业务中台、组织中台和业务前台。思科的基础架构与之相对照，数据中心设备等基本对应于技术中台；EFM 对应于物联网数据中台；基于 EFM 开发第三方的应用就属于应用前台部分。中台的技术组件对话也是基于软件接口 API，对话的对象就是数据。阿里巴巴的技术中台架构与 EFM 架构非常类似，但是范围更加广泛，包括工业互联网、消费互联网和产业互联网业务的对象及数据。最终目的都是降低沟通成本，打破传统系统的竖井壁垒，提升数据交换的协作效率，实现竖井应用的横向集成与纵向集成。二者共同的实现手段是标准和规范（API 接口与对话协议）、架构集中管控和发布执行。[①]

3.2.3.7 数字孪生

除了五大类数字化技术和基于不同视角的技术元素，伴随着工业 4.0 还有一个新的技术热点——"数字孪生"（Digital Twin）。前面提到了数字画像、数字孪生、数字原生，对于传统企业而言，在数字化转型的路径上，数字孪生可以说是数字化转型的高级业务成果，也是人机协作的一种高级体验。想象一下，业务决策人员头戴虚拟现实眼镜，便可以像美国电影《蚁人》中的主人公那样钻到飞机发动机引擎中，近距离地观察引擎的一举一动。过去，业务决策人员只能看到抽象的数据和离线的 Excel 报表，现在这些都变成了实时的状态。业务决策人员不仅可以拥有蚁人般的体验，甚至可以成为钢铁侠与蚁人的结合体。数字孪生将大量设备状态用数据报表的方式，结合虚拟

[①] http://www.itdia.org.cn/Client/ArticleDetail.aspx? id = 1014&sid = 45&fid = 11（访问时间：2020 年 8 月 20 日）。

现实一并呈现。真实还原物理世界,并对物理世界进行更加准确的数字描述,帮助企业进行数字洞察与决策,这就是数字孪生技术。数字孪生超越了传统制造业领域的实体 3D 建模仿真,后台支撑是完整的数字化架构,包括基础网络、多云架构、工业数据采集、人工智能、人机协同、物联网传感器技术等(如图 3.16 所示)。平行宇宙离我们很遥远,但是数字孪生打造的数字化世界则近在咫尺,每个人、每个企业都将身在其中切身感受。

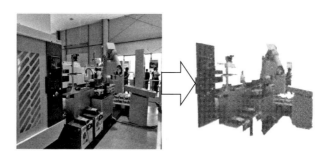

图 3.16 数字孪生示意

3.2.3.8 从边缘到云雾一体的算法

前面介绍算法、数据优化、成果转化等概念时,大家已经意识到了人工智能的巨大威力。哈佛商学院战略管理学教授迈克尔·波特和他的同事 2015 年在《哈佛商业评论》上发表文章,提出"互联+智能"产品的理念,更加强调了产品智能的重要性。智能,显然是由数据和算法所驱动的。前面也介绍过,数字化架构合理布局,可以优化算法与人工智能,达到最佳的执行效果。所以这里再讲讲算法执行的架构优化。

如果智能产品具备本地智能,特别是具备自治的能力,就可以实现自主执行。以无人驾驶为例,L5 级别的无人驾驶汽车,可以根据实时路况和行人、天气等综合因素予以执行,安全驾驶。这样的汽车其实具备了一个车载大脑,或者说一个车载的 AlphaGo。车载大脑的算法和预设定程序可以保证车辆安全行驶,哪怕是在车辆通信不畅的情况下。可以把智能汽车看作具备了边缘计算或雾计算能力。边缘计算或雾计算能力可能有点难以理解，云计算能力则很好理解，我们可以将云计算能力下沉到业务、生产的边缘来理解边缘计算。云计算平台可以有大量的人工智能模型、算法以及大量标记好的数据进行训练。同时，云计算还可以对智能汽车进行远程管理、监控、升级、算法推送和技术迭代。散落在全球的车辆，可以具备相同的"智商"。如果车辆不具备自主执行能力，无人驾驶是无法实现的。

云计算的范围很广，包括 IaaS、PaaS、SaaS、AI as Service（人工智能解决方案）等。云计算对远端物联网设备进行算法赋能，借助的是云计算的统一人工智能能力。远端物联网设备具备独立计算能力，可以进行自我运算，称为雾计算能力。概括起来就是"云落智慧，边缘赋能，云雾一体"。思科雾计算模块 EFM 是利用雾计算技术对整体数字化架构进行优化的手段。

云计算早期与甲骨文公司、中期与亚马逊公司有很大的关系，而雾计算或者边缘计算，则与思科有很大的关系。因为思科大约在 2015 年就看到了雾计算的潜力，推出了一系列雾计算的产品，具备智能雾计算网关。思科雾计算网关具备物联网通信能力，也具备本地计算智能，用于采集智能电表实时电量数据，或对公交车、校车等进行远程管理和监控，或对输油管道、风力发电进行算法优化，增加其收益。此外，思科联合英特尔、微软、普林斯顿大学、ARM、戴尔共同创立的 OpenFog 联盟，在全球推广雾计算理念，帮助工业互联网产业化、场景落地，对工业互联网领域的发展做出了极大贡献。Openfog 联盟也定义了雾计算的八大支柱能力，包括安全性、可扩展性、开放性、自治性、RAS（可靠可用可服务）、灵活性、层次结构和可编程。现在雾计算与边缘计算已经趋于融合，只具备波特教授所说的"互联+智能"能力，或者 Openfog 联盟定义的八大支柱能力，特别是低智能末端设备比如电表、水表、温湿度传感器等，则不能称为具备雾计算或者边缘计算能力。

2019 年年初，全球性的工业互联网产业联盟与雾计算领域最具影响力的 OpenFog 联盟宣布合并。从工业互联网产业联盟与 OpenFog 联盟的成立背景可以看出，两者不仅有共同的主要发起成员（均由思科、英特尔、GE 等大型跨国公司主导），其成立使命、划定的工作界面也具有相融性、共通性。雾计算架构在工业互联网解决方案中的突出地位，使得两项技术的代表联盟强强联合成为必然。两个联盟合并是一个巨大的里程碑，标志着云雾一体化架构在工业互联网领域获得认可。新的工业互联网产业联盟将继续在全球进行工业互联网技术指导与实验床技术实践，我们期待着数字化转型的更大突破。

2017 年，中国工业和信息化部与中国信息通信研究院牵头组织成立工业互联网产业联盟，则是中国工业互联网发展的里程碑。国内工业互联网生态圈在工业互联网产业联盟领导下共同发展。到 2018 年左右，国内如雨后春笋般出现了超过 250 家工业互联网平台（工业云平台）。工业企业或者互联网企业都想成为中国版的 GE Predix 平台或西门子的 Mindsphere 平台。富士康公司旗下的工业富联在 A 股上市，主打的概念便是工业互联网平台 Beacon。富士康将 Beacon 定位为工业富联的"工业大脑"，希望 Beacon 可以将富士康多年积累的工业经验输出给广大中小企业。中小企业可以被 Beacon 赋能，实现自身数字化转型和制造升级。到 2018 年年底，富士康在原有 Beacon 工业大脑的基础上，又宣布重大战略升级。这个战略升级就是工业雾小脑。据介绍，雾小脑是工业富联突破智能制造的核心技术，通过建立模型，将生产现场工程师多年的经验技术转换成具有自我学习功能的人工智能算法，实现智能化实时控制。用机械领域的智能切削加工举例：传感系统收集切削力、切削振动、主轴电流等各种加工状态信息，实时上传至相邻雾小脑设备；雾小脑通过调用训练有素的人工智能模型，实时预测工具寿命，进行加工过程的智能控制，有效地提高产品品质和加工效率。

连接无处不在，这就是万物互联。智能无处不在，这就是万物智能。万物上云，云雾一体，这就是对数据实现架构重构和智能优化。[1]

---

[1] http://www.fii-foxconn.com/F-Company/media/1123.pdf（访问时间：2020 年 8 月 20 日）。

3.2.3.9 数字化编排

谷歌公司 AlphaGo 带给全世界的冲击是巨大的，普通民众因此见识到了人工智能的惊人威力。人工智能无论是在云端部署还是在雾（边缘）端部署，具备自动化执行能力，都是数字化转型的高级能力，这也是波特描述的"自治"能力。从数字化工业互联网架构全栈我们就可以看到许多不同的脉络和技术线索：有 OT 业务线，有 IT 网管线。OT 业务线又进一步细分为制造、排程、供应链、研发、智能产品；IT 网管线又细分为数字感知、物理连接、网络协议分段、安全、运营商通道、雾节点、云平台、大数据，等等。这是一张连接 500 亿个终端的天网。站在企业的角度，能管好天网的单个企业单元也是非常不容易的。如果管不好，一堆具有先进智能算法的智能终端，其雾节点恐怕就会失控，变成电影《终结者》里施瓦辛格扮演的终结者；如果管不好，终端智能不但无法帮助企业进行数字化转型，企业业务反而会被失控的智能能力拖累。因此，快速执行的另外一个技术话题"数字化编排"（Digital Orchestrating）应运而生。

传统 IT 网络和通信从业人员接触到的 IT 管理理念一直就是网络管理。近几年，随着云计算的普及，人们才慢慢了解到一个新名词——"云编排"。云编排是在云环境中部署云服务过程，实现端到端自动化。更具体地讲，它是复杂计算机系统、软件中间件和服务的自动化安排、协调及管理。云服务自动化编排有助于加速 IT 服务的交付，同时降低成本。云服务用于管理云基础架构，向客户提供和分配其所需要的云资源，比如创建虚拟机、分配存储容量、管理网络资源，以及授予云软件访问权。通过使用合适的编排机制，用户可在服务器上或任何云平台上部署和使用服务。云编排也是"IT 即服务"（IT as a Service）的技术基础。

随着数字化架构在企业中的逐步推进，单一技术领域的网管或者编排技术也陆续诞生。例如，思科基于意图的网络，就利用数字化网络架构控制器

DNA Center 对所有的网络设备进行数字化编排,包括数据中心设备、广域网路由器、SDWAN 广域网路由器、工业网络设备等;许多开源云平台控制器可以对云计算平台的计算资源、存储等进行数字化编排;工业领域的 MES 系统对生产过程进行排程、管理,某种意义上也是一种编排系统。车联网管理平台对车辆进行管理调度,是对智能网联汽车作为远程资产进行编排。速度和节奏是数字化转型能否成功的关键。明眼人可以看出,假设网络编排实现自动化,但对应业务的 OT 系统跟不上网络编排的节奏,整体的数字化速度就会被拖累。这是符合"木桶原理"的,即短板决定整体系统效率的下限。不同系统的数字化进度步调不一致,有可能会导致更多的竖井系统,与数字化转型的目标渐行渐远。

针对多系统、多领域的统一数字化编排,也涉及了组织架构的调整与变革,这一直是数字化转型的难点,是企业数字化转型实施过程中必须考虑的问题。

3.3 软件与基础架构融合

3.3.1 开发和运维一体化

在 IT 的发展历史上,开发和运维两部分是分开的。在 IT 组织内部,软件支撑部门(测试部门、开发部门、软件运营部门)和基础架构运营部门(基础架构包括计算、网络、存储)也是分开的。开发和运维一体化(简称 DevOps),则希望打破上述各环节的分界线,实现企业内部开发和运维的融合。DevOps 是软件开发的一个新方法论,可以由软件开发人员编写代码、测试代码、部署代码、优化代码,而且这一切都希望可以高效、快速、敏捷地实现。DevOps 的前提是要打破各个业务和 IT 部门的竖井,各部门需要有效沟通与配合，减少浪费与沟通成本，提高业务敏捷性和产品可靠性。由此可见，DevOps 不仅是软件领域的方法论，也衍生到了业务领域和 IT 基础设施领域。对于数字化转型企业而言，DevOps 甚至是数字化文化，数字化企业的每一个员工都需要掌握这一工作方式和工作理念。

DevOps 的一部分原则如下，每一条都值得技术和业务人员深思。

可重复：工作流程被分解为多个细微模块，实现模块复用。

可叠加：项目进程在模块基础上可以叠加进度，实现复用和快速循环利用。

可持续性：项目过程中的开发、测试、部署是一个可持续改善和循环的过程。

自动化：实现项目各环节自动化，包括测试和部署。提高项目部署的速度与敏捷性。

自服务：开发、测试人员对于系统资源的获取实现自助服务，避免 IT 运维人员人工操作。

协作：开发、测试、运维、IT 服务是有机整体，项目过程中互相协作与配合。

整体一致性：多个分解模块构成了项目整体，不能脱节与缺乏一致性。

3.3.2　基础架构即代码

DevOps 主要起源于软件技术，对传统瀑布式开发方法进行革命性变革，也对企业业务和文化产生了冲击。而支撑 DevOps 的基础，则是云计算、容器技术、网络切片、网络虚拟化、软件定义存储等大量 IT 基础架构技术。

在 IT 基础架构领域，伴随着软件技术的发展，秉承"软件定义一切"的理念，结合软件业 DevOps 技术，利用 IT 基础架构设备的 API 接口，发展出了硬件设施自己的 DevOps，这就是"基础架构即代码"（Infrastructure as Code，IaC）技术。这个基础架构特指 IT 基础架构，包括服务器、网络设备、存储设备、视频通信设备等，完全符合"新基建"的特征。

正如 Devops 及敏捷开发颠覆了传统的软件开发和运营一样，IaC 颠覆了传统的 IT 基础架构的管理手段与理念。IaC 的终极目标就是用机器可读的脚本和代码来代替人工操作，实现自动化目标。IaC 是 IT 基础的 DevOpS，也是 IT 基础架构的数字孪生。

IaC 涉及大量的软、硬件技术和工具。以思科为例，为了向思科的企业客户提供具备 IaC 能力的硬件设备，思科对网络技术进行了革新，基于意图的网络以软件定义的方式向企业客户交付。中央控制器以 API 接口向企业开放，企业软件开发人员在利用现有工具或者开源工具的基础上，可以打通软件应用与底层网络的对话，实现软件应用与底层网络的融合及关联。对于软件开发人员而言，一切皆代码，万物皆可弹（性）。只有 IT 基础设施具备了软件特征和灵活性，企业数字化业务的敏捷性方可真正实现。

思科为了更好地交付硬件产品，帮助企业客户实现 DevOps 和 IaC，改组和深化了原有的客户服务部门，将高级服务部门与基础服务部门合并，以客户为中心，成立客户体验（Customer Experience，CX）部门。CX 部门的宗旨是帮助客户实现业务全生命周期管理和优化，而不是传统产品销售加服务的交易型操作。而 IaC 软件抽象与软件定义网络技术，则是 CX 融入企业客户全生命周期最有力的黏合剂。思科与日本乐天下属的乐天移动网络（Rakuten Mobile Network，RMN）的合作，很好地体现了双赢与紧密耦合。乐天本身就是数字化转型的先锋，拥有大量电商平台，收购了一度在 iPhone 上很流行的 Viber IP 电话等。2019 年，乐天入选"2019 福布斯全球数字经济 100 强"，排名第 80 位。2019 年是 5G 元年，乐天也开始涉足 5G 网络的建设。乐天的目标非常激进，希望 8 个月就可以在日本推出 5G 服务。在思科 CX 部门的帮助下，乐天实现了这一宏伟目标，取得了第一阶段的成功。思科 CX 团队，组织了来自 12 个国家的 60 名专家团队，领导了包括思科在内的所有方案供应商，覆盖了项目的工程实施、架构设计、系统集成、测试、验证、安全与合规、运营等。CX 部门打了一场漂亮仗,帮助乐天构建了全球第一个完全自动化、虚拟化的无线接入网络(Radio Access Network,RAN)。虚拟的 RAN 可以在几分钟内就构建一个 5G 的无线扇区节点,而传统厂商和传统解决方案则需要耗费数周的时间。乐天的移动网络对其客户可以提供多种有价值的 5G 服务与体验,包括移动宽带、物联网、多媒体服务、低时延网络接入服务,甚至包括增强现实、虚拟现实等服务(如图 3.17 所示)。

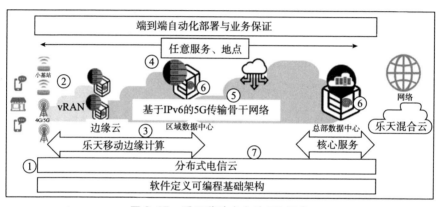

图 3.17　乐天移动全自动 5G 架构

资料来源:https://www.cisco.com/c/dam/en/us/products/collateral/cloud-systems-management/elastic-services-controller-esc/reimagining-mobile-network-white-paper.pdf;https://telecom.economictimes.indiatimes.com/news/deploys-fully-automated-5g-network-for-rakuten-cisco/69749614(访问时间:2020 年 8 月 20 日)。

针对基础架构即代码的技术趋势,思科打造了 DevNet 的交流社区和相关的支持机制,成体系地帮助传统网络工程师进行软件化学习和工作。早在 2014 年,思科就创立了 DevNet,目标是打造开发者社区,让他们能够利用思科和整个行业未来五年发展的可编程基础设施进行创新,并取得成功。当时思科只有少数产品有 API,但是它知道应使网络可编程,于是就帮助合作伙伴和企业客户等专业团体做好了准备。到了今天,思科的所有产品都是可编程的,并且有 API。如今,自动化和可编程性正在改变网络的形成方式,以及网络在商业中扮演的角色。可编程网络现在可以成为 DevOps 工作流和 CI/CD 管道(持续集成、持续交付)的一部分。可编程网络是数字化转型的核心，帮助企业进行转型和实现竞争价值。DevNet 这项新技术创造了新的就业机会，可以使专业人士在未来的 25 年里成为行业的领导者。[①]

3.4 数字化业务架构

3.4.1 业务架构与技术驱动

现代社会有一个有趣的现象，就是不同因素互相影响、互相借鉴。以软件开发为例，有很多著名的软件开发生命周期方法论。而最著名和历史最悠久的则是瀑布式开发方法论。瀑布式开发主要指的是线性和顺序开发过程，所有的开发环节都是线性的，只能在完成一个阶段后，才能进入下一个开发阶段（如图 3.18 所示）。瀑布式开发非常像瀑布流水，飞流直下。水流只能向下，不能逆流。显而易见，瀑布式开发具有非常强的结构性。那瀑布式开发是如何发展而来的呢？非常有趣的是，瀑布式开发方法论是借鉴了传统制造和建筑行业的方法论。到了互联网时代，尤其是 2016 年后，瀑布式开发就逐渐淡出了历史舞台。

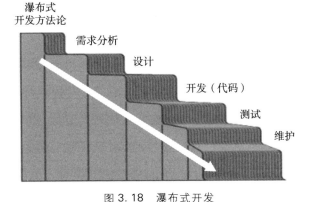

图 3.18 瀑布式开发

资料来源：来自思科培训教材，作者翻译。

---

① 资料来源：https://developer.cisco.com/（访问时间：2020 年 8 月 20 日）。

1990年，威廉·欧普迪克等率先提出了重构的概念。随后，1991年、1992年，威廉·格力斯伍德与威廉·欧普迪克又先后完成了各自的博士论文，分别将代码重构提升到学术与方法论的高度。基于该理论，重构也逐渐演化成面向对象编程。威廉·格力斯伍德的博士论文与软件相关。事实上，"重构"一词已经成功跨界，从论文发表至今，很多从事数字化转型研究的非软件开发人员都非常爱用"重构"一词来表达企业的业务转型或者架构调整等。

瀑布式开发是软件业借鉴了制造业和建筑业的方法论，可以说是面向过程的，而代码重构则是面向对象的。现代软件开发也早已进入面向对象的年代，与软件紧密关联。企业数字化转型对软件的要求非常高，瀑布式开发是无法适应敏捷灵活的业务需求的，因此必须用"敏捷"的软件开发方法。敏捷开发也是互联网和IT公司的最佳实践，通过敏捷开发，企业的业务灵活性得以实现，这也是数字化转型的重要因素之一。

数字化转型的一个重要标志是IT与OT融合，也就是两化融合。OT是企业的业务，OT业务进一步演化成企业业务架构；IT则特指信息相关类科技。其中，IT技术进一步细分，可以分为IT应用（软件）架构和IT基础架构。从这里我们就可以看出企业的三大架构：

➢ 业务架构

➢ IT应用（软件）架构

➢ IT基础架构

前面提到了大数据分析和人工智能视角，它们其实是从IT应用（软件）架构角度去驱动OT业务；而互联互通视角，则是从IT基础架构角度驱动IT应用（软件）和业务的。三大架构环环相扣，密不可分（如图3.19所示）。企业数字化转型必须重视三者之间的关联度，统筹考虑。如果只考虑其中一环，很容易在极端情况下出现缺失和不足，暴露出业务的弱点，甚至对企业造成致命性打击。

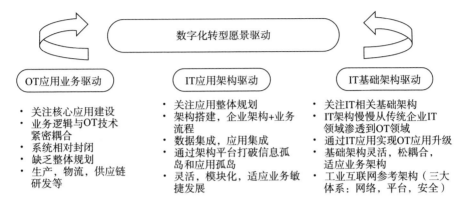

图 3.19 业务架构与技术架构的相关性

资料来源：作者根据相关资料绘制。

业务架构，包括企业业务流程、整体框架与组织结构等。业务架构与企业软件应用密不可分，最为典型的就是企业的 ERP 系统和 MES 系统。这两大系统贯穿了企业的重要业务流程与执行。而 IT 软件系统的开发与部署，则是 IT 应用（软件）架构，也包括最新的大数据和人工智能等系统，从 IT 角度收集业务数据，最后形成闭环指导和辅助业务决策。业务人员最易忽略的是 IT 基础架构，从传统的网络路由器、交换机，到刀片服务器，再到云计算、虚拟化、容器（轻量级虚拟化）等，都是 IT 基础架构的发展。IT 基础架构是企业数字化转型的基石，如果基石不牢靠，则地基不牢；如果基石不灵活，则业务不敏捷，难以面对瞬息万变的竞争。

一次突如其来的疫情席卷了全世界。自 2020 年 1 月起，新冠肺炎疫情在全球范围内产生了重大影响。很多企业、学校不得不暂停传统的业务模式，改为让员工和学生在家工作、学习。学校开设了网课，学生们变成了阿里钉钉的用户；很多瑜伽馆由于不能开业，瑜伽老师们纷纷利用抖音、微信直播等进行在线瑜伽教学和吸粉；各大企业则利用视频技术进行在线远程办公和视频协作。这些举措均在保障人民生命安全的前提下有效地恢复了生产和生活。可以预见的是，这种远程工作和生活的方式，在疫情结束后，仍将延续下去。大量的业务架构和业务模式伴随着新的线上交流方式，在后疫情时代发生了转型与变革。

2020年3月25日，思科CEO罗卓克（Chuck Robbins）在接受全球主要媒体采访时提到，思科的Webex全球在线会议云服务系统在3月达到55亿分钟的使用时长。在3月中旬的某一天，Webex就支持了全球320万次在线会议。疫情暴发初期，思科为了帮助中国企业更好地居家办公对抗疫情，对中国用户免费开放3个月全球Webex服务。来自中国区Webex的业务量当月就增长了22倍，这是一个惊人的数字。Webex作为领先多年的全球用户在线视频云服务，在巨大体量的基础上，依然稳健应对疫情期间的指数型业务增长。

如果不是IT基础架构巨头思科的强大技术保障，以及Webex软件架构的灵活性和可扩展性，在持续井喷式的业务增长冲击下，一般的IT公司是无法支撑的。思科根据Webex的业务需求，迅速动态调整云计算基础架构、网络架构、运营商电路架构等，很好地支持了Webex业务的增长，帮助企业及个人在特殊时期更加有效地生产和工作。

思科Webex在线视频会议服务不仅改变了普通企业和个人的工作、学习方式，还搭建了大国之间政治交流的舞台。例如，20国集团历史上首次虚拟峰会，便是以思科Webex远程会议方式进行的。在危机中，全球携手合作，共同响应，在充满挑战的时刻，科技正将大家紧密联系在一起。

罗卓克在接受采访时提到，后疫情时代，帮助企业构建可扩展性IT基础架构的工作，将在全球范围内逐渐展开，这也会带来新的IT业务需求和数字化转型的加速。基于对抗疫情保障业务的经验，思科后续也提出了建设"弹性分布式企业架构"的理念，旨在更好地帮助企业结合企业架构的优化，在后疫情时代实现数字化转型。

"弹性分布式企业架构"这一理念和方法与中国的"新基建"不谋而合。中央在 2020 年 3 月初也确立了"新基建"的基调,发力于科技端的基础设施建设。"新基建"主要包括 5G 基建、特高压、城际高速铁路和城际轨道交通、新能源汽车充电桩、大数据中心、人工智能、工业互联网等七大领域。相信新一轮的科技基础建设,将打造国民 IT 基础架构,结合新一代软件应用结构,最终反哺数字化业务架构,实现数字化转型。

数字化转型,是 IT 类技术与传统业务的完美融合。传统业务人员逐渐了解和掌握技术工具,传统 IT 技术人员也开始能与业务人员对话。这是一个互相融合的过程,IT 等信息化技术不断融入传统的业务领域之中。理解企业的传统业务架构和业务能力,可以通过价值链的方法论来实现。除了价值链,还可以参考商业模式画布(Business Model Canvas,BMC)来分析业务整体架构。我们可以看到,在传统的商业模式画布(如图 3.20 所示)中,IT 技术几乎是忽略不计的。很多企业都将 IT 放入成本结构中去,IT 部门成为企业运营中心下的一个成本中心。这也是过去传统企业整体架构的真实写照。

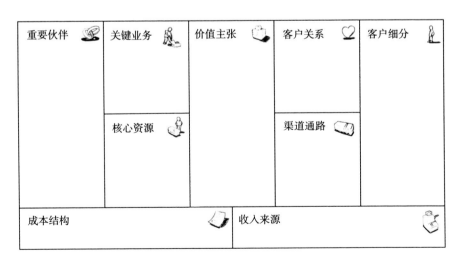

图 3.20　传统的商业模式画布

如果结合数字化转型，融入 IT 技术，则传统的商业模式画布将会升级为数字化商业模式画布（Digital Business Model Canvas，DBMC），如图 3.21 所示。

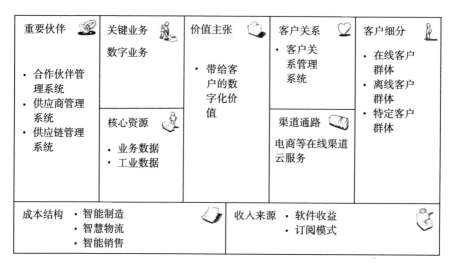

图 3.21　数字化商业模式画布

资料来源：作者基于标准商业模式画布架构改编。

技术架构与业务架构如何关联呢？业务架构、应用（软件）架构、IT 基础架构三大架构，在不同的业务阶段均可以产生关联性（如图 3.22 所示）。例如，技术能力与企业的业务知识需要在同一阶段进行沟通和衔接；而技术发现的过程也需要与业务的研究分析结合进行；技术的开发和设计与业务流程、业务开发研制紧密结合等；最后，技术上线、业务部署和业务考核与评测等又息息相关。总而言之，IT 技术与业务的相关性越强，代表数字化的成熟度越高，企业数字化转型道路则越顺畅，数字化业务核心竞争力越强。正如前面提及的思科的 Webex 业务一样，其在特殊时期经受住了海量的业务冲击，从容应对业务的考验，并借此提升了公司的整体形象和技术实力，促进公司其余的业务一并增长。

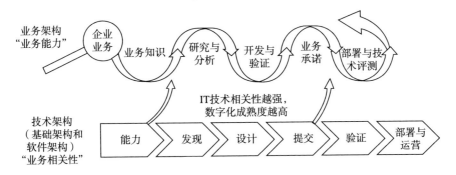

图 3.22 技术架构与业务架构的关联

资料来源：作者根据思科业务架构培训教材的内容翻译和修改。

3.4.2 数字化历程与技术路径

近代工业革命的数百年，是人类文明迅速发展的数百年。而到了互联网发展的数字化时代，更加速了后工业文明时代的跳跃性发展。谷歌、亚马逊、苹果、微软、百度、阿里巴巴、腾讯等的发展速度是惊人的，牵引着社会迈向美好的数字未来。可对于大多数具有传统思维的企业而言，这又是一种恐慌。因为传统企业面对滚滚而来的数字化浪潮，多年积累学习到的很多经验宝典在新浪潮下都不再适用了。无论对何种个体、企业而言，数字化的历程都是充满艰辛与挑战的。企业既要有充分的思想准备、技术积累、观念转变，也要有完整的企业内外协作，通过政府主管部门、合作伙伴等，坚定不移地迈向数字化之路。

数字化转型的历程和路径既可自上而下，也可自下而上。以工业互联网最具代表性的工业数据采集为例，其就需要经历一个概念验证（POC）—价值验证（POV）—业务验证（POB）的过程（如图 3.23 所示）。企业结合验证成功"三步曲"，慢慢勾勒出数字化转型的蓝图，实现多技术、多业务领域的数字化协同、数字化编排与数字化融合，最终实现数字化转型。企业必须结合自身业务特点、技术运维能力、开发能力、生态合作伙伴，打造适合其数字化转型的技术路径和数字化蓝图。二者的结合，构成了企业数字化转型历程。因此，数字化转型不是结果，而是过程。

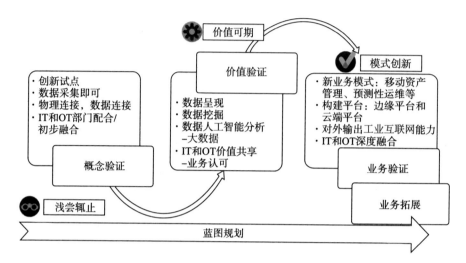

图 3.23　数字化转型技术路线图（以工业互联网数据采集项目为例）

资料来源：作者根据相关资料绘制。

第 4 章

数字化转型中的机制创新

4.1 企业数字化转型的挑战

新一代数字技术（云计算、大数据、物联网、移动互联网、人工智能、5G和区块链等）作为新的要素，越来越广、越来越深地融入社会经济活动的微观、中观和宏观层面。

在宏观层面，数字技术在社会、政治、经济、军事、文化等多层面产生了重大影响。作为战略性基础设施的重要组成部分，新一代数字化技术为全世界的人、物、过程的数字化连接提供了更快、更高效、更精准的技术支持和服务平台。

从空间视角看，互联网与新一代数字技术，通过整合计算技术、通信技术、控制技术和实体系统的智能，通过将实体空间要素（人、物体、设备、活动和过程）数字化并进行系统连接，在网络空间形成数字孪生，共同构成了信息物理系统（Cyber-Physical Systems，CPS），在网络空间实现对实体设备和运行进程的感知、数字化采集、数据化集成、智能分析及预判，从而达成优化配置的目标，实现网络空间与实体空间的自适应、自组织和自协调，实现网络空间和实体空间的深度融合。[①]

从社会经济发展要素层面看,数字化技术所具备的泛在连接、移动技术、云集成、智能分析和分布式管理,将对社会经济发展中的需求发现、供给保障、结构优化、透明分析与高效运营提供技术保障,从而进一步提高全要素生产率。[②] 所谓全要素生产率,是指全部生产要素(包括资本、劳动、土地等)的投入量都不变时,经济增长主要源自技术进步及应用、人力资本能力提升、效率改善和规模效应。

从资源层面看,在土地、劳动力、自然资源等资源开发利用红利已趋近饱和,经济繁荣和社会发展接近天花板时,国家与企业需要开发全新的战略资源和能力,突破增长的瓶颈和中等收入陷阱,为社会经济发展带来新动能。新一代数字技术通过万物互联所汇聚的数字化资源,通过人工智能及相关数字分析技术,一方面,优化已有实体资源的配置利用效率和模式,对所有传统产业进行赋能并使其转型升级,实现中国经济结构从高速度向高质量的转型;另一方面,推动数字经济建设相关的基础设施、产业形态、商业模式和消费体系的发展,打造全新的社会经济形态和增长空间,构建领先、高效、创新、协同、环保的社会经济形态。从中国的发展历史、经济规模、人口密度等角度看,要通过新技术的有效、广泛利用,实现全球最大发展中国家通过技术创新引领发展的最佳实践和战略目标。

在中观层面,数字化技术的应用对产业互联网和工业互联网的发展提供了重要契机。产业数字化是指各个产业(如制造业、服务业、农业等行业),通过资源液化能力、数据增值能力、资源集成能力、智能分析能力和资源配

[①] 戴亦舒、叶丽莎、董小英、胡燕妮,《CPS 与未来制造业的发展:中德美政策与能力构建的比较研究》,《中国软科学》,2018 年第 2 期,第 11—20 页。

[②] 所谓全要素生产率是指所有资源的开发利用效率,等同于一定时间内国民经济总产出与要素总投入的比值。全要素生产率增长率并非是指所有要素的生产率增长部分,而是指经济增长中不能归因于有形生产要素的增长部分,用来衡量除有形生产要素之外的纯技术进步或是资源配置效率提升所引致的生产率增长。

置能力[1]，在价值链和供应链上，通过纵向供应链体系的数字化、标准化和一致的内部流程及数据流形成与外部伙伴有限的集成；同时，通过横向系统互联和数据互通，与外部合作伙伴合作，共同打造以客户为核心的供应链，提供以客户为核心的解决方案。同时，通过数字化技术的使用，逐渐形成智能化供应链体系，实现供应链风险的自动识别、自动调整、自动降低风险、自动应对和自动拓展，供应链管理系统通过"自学习"，有能力识别风险或异常，不断地向其有效边界发展。工业和行业互联网平台的龙头企业领导者，不再将眼光聚焦于本企业边界，而是聚焦在以客户为核心的生态体系建设上，其核心竞争力不仅仅在于其产品和服务，更在于具有赋能自身、上下游企业和合作伙伴的数字化管理系统。移动互联网的发展催生了一批消费类互联网企业，而随着5G技术、物联网、云计算、人工智能和区块链技术的广泛应用，可以预期未来会产生一批巨型的工业互联网、行业（如金融业、建筑业）互联网、专业（如法律、医疗）互联网平台和体系。其中，工业互联网的发展至关重要，它"是新一代信息通信技术与工业经济深度融合的全新工业生态、关键基础设施和新型应用模式，通过人、机、物的全面互联，实现全要素、全产业链、全价值链的全面连接，它将推动形成全新的工业生产制造和服务体系"[2]。在这一过程中，工业、行业和专业互联网平台的建设是一项非常复杂的系统工程，除了技术因素，网络平台的治理、标准、协同、信用、利益分配、中小企业的保护，特别是系统的柔性、韧性和灵活性，是平台建设和发展所需解决的矛盾。平台型企业的建设速度和规模，对我国经济在未来的国际竞争中在全球供应链中的地位和作用都至关重要。

在微观层面，随着数字经济的快速发展，企业数字化转型也要进入快车

---

[1] 董小英、胡燕妮、戴亦舒、叶丽沙，《基于CPS架构的数字化战略能力构建——德国工业4.0的管理体系与转型实践》，《重庆邮电大学学报（社会科学版）》，2019年第5期，第85—98页。

[2] 董小英、戴亦舒、晏梦灵、陈其伟，《变数：我国数字企业模型及实践》，北京大学出版社，2020年，第18页。

道。很多企业特别是传统的大型企业、国有企业和一大批中小企业，在新技术浪潮面前，存在着不少疑惑和困难，特别是对于是否应该推动数字化转型、如何把握转型时机、如何把握转型程度、如何有效管理转型阻力以及推进数字化转型的路径和方法是什么等，都迫切地需要获取知识和指引，因此，本章的内容重点聚焦于企业微观层面，通过对案例企业的深度研究和分析，分享已经实施数字化转型并取得一定成功经验的企业的路径和方法，助力其他企业的数字化转型。

挑战一是企业是否需要推动数字化转型。企业是否要进行数字化转型，与其所在的外部环境的竞争压力及其发展的内在需求密切相关，也与企业是否受到数字化技术的剧烈冲击或未来的生存发展目标密切相关。从外部因素看，如果企业所在的行业涌现出大量互联网企业在争夺市场、行业内的竞争对手在快速推进数字化转型、客户的消费行为从线下转向线上、新技术与业务和运营的深度融合成为行业内重要的核心能力，传统企业就会面临巨大的数字化转型压力，这种压力并不仅仅是转型与不转型的问题，更是关乎未来生存发展的问题。同时，政府的战略引导和激励政策也会引发企业对国家政策的关注与跟进，激发企业推动数字化转型的意愿。行业竞争度低、企业生存状态良好、处于领先地位、对未来和维持现状持乐观态度的企业，在数字化转型动力上不如行业竞争度高、对未来有忧患意识的企业，以及在战略发展上有更高诉求的企业。根据我们对中国企业数字化转型的调研报告[①]，2019年，在对近400家企业的调研中我们发现，我国企业的数字化转型紧紧跟随我国政府政策导向，行业竞争压力大。数字化转型已从初期的观望探索阶段向脚踏实地的实践阶段迈进。数字化转型真正上升为一把手工程，但重要性仍需提升。数字化的重点范围是业务流程的数字化，首要目标是

[①] 北京大学光华管理学院董小英教授研究团队、数字产业创新研究中心、锦囊专家联合发布，《中国数字企业白皮书》，2019年（非正式出版物），第28页。

降本增效。

调查数据显示（参见图 4.1），与 2018 年相比，企业的自我定位主要为快速追随者和缓慢采纳者，但更多企业的自身定位为行业中的领导者。在被调研的企业中，37.3% 的企业选择作为快速追随者，27.7% 的企业选择作为缓慢采纳者，只有 0.7% 的企业选择作为怀疑者。值得注意的是，有 25.5% 的受访企业自我界定为所在行业的领导者。而在 2019 年的调研中，企业的自我定位大多还是以观望者为主，占比达 46.9%，接近半数；此外，还有 29.6% 的缓慢采纳者；领导者仅占 4.9%。由此可以看出，在数字化转型方面，企业在行业中的自我定位已由 2018 年的观望者和缓慢采纳者向 2019 年的快速追随者和领导者转变。数字化转型已从初期的观望探索阶段向脚踏实地的实践阶段迈进。

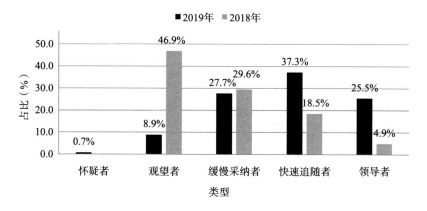

图 4.1 在数字化转型方面，企业在行业中的自我定位

更重要的是，企业家如何判断新技术对企业生存发展的价值是决定企业是否进行数字化转型的关键因素。企业家推进数字化转型的内在动力首先以认知改变为基础。企业家对环境的感知、学习的速度和对创新的接纳度，特别是对新技术的潜在价值的判断，决定了其对数字化转型的态度。企业家的战略认知受到两个方面因素的影响：一是对外部环境变化的研判决定其是否积极推动数字化转型。企业家凭借对行业、市场和技术的丰富经验，意识到

过去确保企业发展的关键要素已经弱化或失效，必须借助新的要素获得增长动能，如数字化技术能够提供连接和开发新资源的途径，通过互联网提升获客能力并将消费者信息变成资源（如京东和阿里巴巴的消费者画像与精准营销），商业模式和运营逻辑的改变（如滴滴打车的资源整合、对供需关系匹配模式和动态定价方法的改变）等，企业家为获得这样的资源和能力愿意进行投入。二是对企业内部管理能力和运营效率的评估及要求。企业家意识到数字化技术的应用有提升企业整体运营效率、降低成本、提高客户体验、通过新技术应用改善其在价值链中的地位和能力，甚至对价值链进行重构的作用，因此也对数字化技术持积极态度。我们的调研发现：企业当前数字化转型的目标首先是降本增效；其次是提高客户满意度和忠诚度；最后是增强企业对外的竞争力，包括提升行业影响力、拓展企业的业务边界、抓住未来的发展机会、提高环境适应能力和增强市场竞争力。从调查结果看，企业数字化转型的主要目标排名第一、第二的是提高运营（生产运营、服务运营等）效率和降低运营成本，占比分别为23.5%和17.2%；其次是增强市场竞争力（16.8%）；提升客户满意度的占比为9.8%，提高企业收入的占比为9.6%，抓住未来的发展机会的占比为9.2%（如图4.2所示）。2019年的调研结果与2018年的结果基本一致，提高运营（生产运营、服务运营等）效率始终是数字化转型的主要目标。[①]

挑战二是如何把握转型时机。每次新技术的到来，在价值感知和应用上都有先知先觉者、跟随者和观望者。先知先觉者预先洞察了新技术对未来的巨大影响和价值，愿意承受失败的风险进行探索和试验，快速积累经验以获得先机，也有一些企业要等待别人探索试验成功之后再将新技术引入本企业，以降低风险，确保安全性，但对时间窗口不敏感。在选择转型时机时，有强

---

① 北京大学光华管理学院董小英教授研究团队、数字产业创新研究中心、锦囊专家联合发布，《中国数字企业白皮书》，2019年（非正式出版物），第30页。

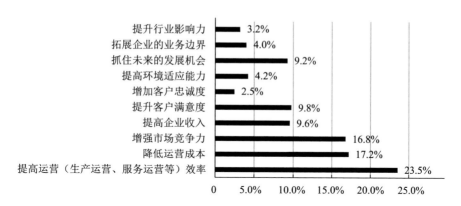

图 4.2 企业数字化转型的主要目标

烈忧患意识的企业选择"在企业健康状况相对良好的时候推动转型与变革"①，而不是等到能力衰退时再转型。也有一些企业将市场萧条时期看作转型的最佳时机，这个阶段市场增长速度放慢，企业有时间通过数字化转型加强自身能力建设，打造强有力的运营和管理体系，一旦市场机会到来，蓄势待发。《中国数字企业白皮书》2019 年的调研结果表明，2019 年，59.2%的企业启动数字化转型的时间为 0—3 年，26.4%的企业启动数字化转型的时间为 4—10 年，只有 5.7%的企业启动数字化转型的时间超过 10 年，与 2018 年的调研结果相当。除此之外，还有 4.5%的企业即将启动数字化转型，1.2%的企业暂未计划启动数字化转型（如图 4.3 所示）。②

挑战三是如何把握转型程度。数字化转型程度体现在数字化技术对业务的融合广度、深度和细度上。广度体现在供应链横向集成能力上，深度体现在供应链纵向集成能力上，细度体现在对过程数据进行采集及整合的精细程度上。它与过去 30 年投入的信息化建设能力密切相关，并不完全是个新事物。信息化与数字化转型的不同之处在于：从范围上看，信息化重点解决企

---

① 董小英、晏梦灵、胡燕妮，《华为启示录：从追赶到领先》，北京大学出版社，2018 年，第 100 页。

② 北京大学光华管理学院董小英教授研究团队、数字产业创新研究中心、锦囊专家联合发布，《中国数字企业白皮书》，2019 年（非正式出版物），第 33 页。

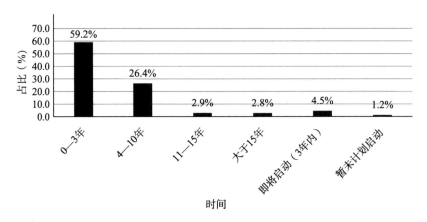

图 4.3 企业数字化转型启动的时间

业内部的资源、流程和管理的软件化应用过程（如 ERP、MES 的应用等）；从工具上看，是软件驱动的局部业务流程的改变；从数据资产看，数据分析用来辅助特定业务流程的业务活动，并未上升到战略资产层面；从商业模式上看，企业的生产要素和生产方式没有发生根本性变革。

对于数字化转型来说，其范围更广，数字化技术应用试图涵盖设备、流程、资源、人和供应链端到端的所有环节，是全要素、全流程、全域的数字化；从工具上看，数字化技术不仅仅是单一的或几个软件系统，而是涵盖了物联网、大数据、云计算、人工智能和机器人等立体的综合性的数字化技术体系，数字孪生发生在企业业务的所有环节；从数据资产看，它已经成为引领业务发展和决策的关键性战略资产；从商业模式上看，数字化转型所带来的互联化、云化和智能化，特别是物理信息系统的交互模式，改变了商业模式和价值创造的途径及方法。

挑战四是如何破除转型阻力。技术变革的最大困难并非技术本身，而是引进技术过程中要经历的人和组织的变革。数字化转型的最大阻力主要来自三个层面：战略层面、组织层面和资源层面。战略层面的转型阻力主要来自人的思维定式和行为惯性，企业的商业模式、管理体系和技术能力经过长期投资、渐进式创新和优化趋向稳定，形成体系化能力和固化路径，在环境稳定的情况下，这一体系是竞争优势；但是，当外部环境发生快速变化时，原有的能力可能失效，对竞争对手的"创造性破坏"难以快速响应，从而错失进入新技术和新市场的时机。[1] 在组织层面，部门利益格局固化，行为模式和文化也趋向稳定，对新技术和创新的接纳速度放慢，主导性部门不愿触动既有格局，会以看门人的姿态反对和阻碍新的创新及想法，对新技术采取否定、忽视甚至抵制的态度。在资源层面，企业数字化转型需要在资金、人力和时间上有大的投入，企业，特别是中小企业在资金储备有限的情况下会感觉捉襟见肘，在生存还是发展的抉择中犹豫不决，数字化人才的稀缺性也给变革转型带来了很大的困难。

对于很多大企业来说，保持组织的稳定性与一致性是其生存和发展的关键，但客户消费行为的改变、技术创新与商业环境的改变，迫使企业（特别是已经成功的大企业）必须打破既有的惯性，拥抱改变，以适应新技术带来的对竞争、效率、规模和收益的要求。因此，数字化转型对很多企业来说，是一个不得不做的痛苦选择。在变革过程中，要经历对过去所熟悉和习惯的工作方式的否定、放弃、改变及探索，还要经受不确定性和风险带来的挑战。在组织转型的过程中，还需要特别审视与过去的六种关系：与旧战略的关系、与旧组织的关系、与旧激励机制的关系、与旧业务的关系、与旧系统的关系和与旧模式的关系，通过机制创新积极地处理这些关系，这样才能在技术引发的变革中获得新生。

4.2 组织数字化转型中的六种复杂关系

与旧战略的关系。对领导者来说，战略问题的核心是思维模式，而思维

---

[1] 董小英、周佳利、余艳，《思科实访录：从创新到运营》，北京大学出版社，2019 年，第 5 页。

模式直接影响愿景追求、战略选择、目标设定和资源配置。从竞争环境看，数字化技术对行业的影响强度是不同的：高端服务业（如金融、信息服务业）是数据密集型行业，接纳数字化的速度快；传统行业（如农业、建筑业、制造业）历史悠久、生产方式稳定，转型速度相对较慢，特别是制造业，已有的制造优势、产品优势、研发优势和渠道优势，在互联网时代受到客户交互、个性定制、制造业服务化等新变革的冲击，如果不能在这些领域建立新优势，企业整体的竞争力就会受到挑战。

在确定数字化战略时，企业面临的一个现实困难是战略诉求之间的相互竞争。销售部门要扩大营销投入，研发部门需要更多的资源进行创新，工厂需要扩大产能，这些战略与数字化转型交织在一起，形成了彼此相互竞争的关系。根据德勤的调研报告，缺乏明晰的数字化战略、企业有太多的战略选择、战略选项之间彼此相互竞争等是数字化转型的三大困难之一。[①] 在资源有限的情况下，企业如何整合这些战略诉求，如何在不同的战略目标之间达成共识和协同，如何明确数字化转型战略与企业战略之间的内在逻辑关系，对战略制定者来说是非常关键的问题，直接影响着对数字化转型负责人的指派、数字化转型机构的定位和组织资源的配置。

与旧组织的关系。 数字化转型战略与企业的未来发展密切相关，这意味着企业的一把手和高层管理团队要亲自参与到思维改变、战略制定、资源配置、团队组建、绩效制度和跨部门协作中来，其成败与是否为"一把手工程"密切相关。数字化转型与引进某项技术或系统是不同的，它需要在全流程、全要素中推进数字化技术应用，其中会涉及跨部门的利益安排、权力分配和跨界协同，因此，只有一把手才有足够的力量和影响力推进整个过程的改变。一把手需要考虑数字化转型工作由谁具体负责、部门的设置和地位、

---

① 董小英、戴亦舒、晏梦灵、陈其伟，《变数：中国数字企业模型及实践》，北京大学出版社，2020年，第40页。

团队的组建、数字化转型部门与业务部门的关系、数字化推进的基本原则等问题。在这个过程中，既有的组织格局和部门利益会受到挑战，权力中心会发生转移，部门之间会产生竞争关系，数字化转型所带来的改变会触及每个人的思维、行为和利益，企业的惰性、对既有舒适区和利益格局的贪念，会使组织变革的过程遭遇很多或明或暗的抵制和抗拒，原有的管理基础、数字化水平和员工技能，也会给变革过程带来很多阵痛。如果没有强有力的领导，企业的转型之路就有可能半途而废。在数字化转型中，人才是关键。数字化人才稀缺、薪酬待遇高，在引入新人才时，如何平衡其与老员工的关系，如何留住技术人才，对数字化转型的成败都至关重要。

与旧绩效的关系。数字化转型面临着不确定性大、投资回报不清晰、变革痛苦等挑战，如果企业高层没有强有力的激励机制，推进团队就会举步维艰。同时，数字化转型是新兴业务，既要招聘外部人才，又要提拔年轻人，企业人才的内外融合、新老融合、技术与业务团队的融合也是管理上的挑战。新业务要面临大量不确定性的挑战，企业需要鼓励和打造有利于创新与试错的文化，激励员工探索，给他们提供更大的发展空间，通过强激励来激发员工的转型热情。与此同时，如何确定技术应用的优先度、如何建立标准化的数字管理策略，如何打破部门、事业部之间的信息孤岛，如何评价数字化技术应用的结果（绩效指标）也是跨部门协同的关键。数字化转型的绩效指标并不仅仅以短期、显性和财务指标为主，更要考核中长期、隐性和战略指标。

与旧业务的关系。在数字化转型战略定位和组织激励确定之后，具体推进过程中最大的困难是如何处理与原有业务的关系，这种关系可以分解为三个方面：第一，业务与技术的匹配度如何。业务部门通常是绩效导向的，背负着沉重的业绩压力，对于数字化转型中要经历的研讨、流程和工作方式的改变与投入，往往感到分身乏术；技术人员对业务部门的需求并不了解，倾向于追求技术的领先性和工具的完美性，两者之间会产生很多矛盾和冲突。第二，技术开发应用的优先度如何。数字化技术的类型有很多，业务部门的需求也很复杂,如何选择技术开发应用的切入点并对其进行排序,也是很多数字化转型团队苦恼的问题。第三,技术与业务如何深度融合。在以往的组织设计中,业务部门是价值创造中心,技术部门是成本中心,两者的定位不同、考核指标不同,追求的目标也不一致。要让两个部门真正携起手来,形成目标和利益共同体,使数字化技术不仅为业务部门赋能,而且能够创造价值,必须在业务、技术融合上进行创新。

与旧系统的关系。旧系统与新平台之间看似是技术问题,实际是管理问题,重点是要解决技术上过去、现在与未来的整合关系。很多企业在进行数字化转型时,已经在信息化建设中进行了大量系统建设工作,但是,新技术建设中要使用云计算、大数据和人工智能,原有的信息系统与新技术之间的关系、旧系统如何与新平台进行整合和重构,也是企业数字化转型部门需要解决的问题。

与旧模式的关系。前五种关系是因,商业模式的改变与创新是果。商业模式的改变是战略、组织、激励机制、业务和系统转型的综合体现,通过技术引入,实现从需求到供给的要素连接、路径设计、过程优化和价值创造过程。商业模式创新就是持续寻求路径简化、新资源价值创造和投入产出最大化的过程。这里面涉及设计研发、运营体系、资源开发、决策支持、客户体验、价值创造、生态打造、竞争优势等新能力建设。因此,企业处理好商业模式的创新体现在内外兼修上,对内降本增效,对外拓展市场、吸纳客户、构建生态,形成差异性的新竞争优势。

创新性地处理好这六种复杂关系,需要企业在相对应的机制上进行调整和改变,以突破企业原有的认知模式、资源配置和运营路径,使数字化转型的战略、团队、资源和技术真正能够落地,实现与企业、业务和模式的深度融合,全面推进企业向数字化企业转型。在这个过程中,企业如何通过机制创新方法改变原有的模式,其中的要素和方法是什么,是我们特别关注的研究课题。

4.3 数字化转型中的机制创新

机制的概念。在现有的研究和政策体系中,机制是一个被经常提及的概念,但是,对于机制内涵的研究并不多见。机制一词最早源于希腊文,是指机器的构造和动作原理。根据《牛津大辞典》的解释,机制是指组织系统、流程、结构、关系和运行模式。生物学和医学领域的机制是指在研究生物功能(如光合作用或肌肉收缩)时,发生生理或病理变化时各器官之间的联系、作用和调节方式。在经济学领域,机制用来表示各要素和经济结构之间的相互关系,以及为了达成目标的内在协同方法。简言之,机制是指各种要素组成的系统彼此之间相互作用、相互影响的内在规律,它既不是初始原因,也不是最终结果,而是由期望转化为结果的多种要素相互作用、相互影响的方法、过程和模式。

从学术视角看,对机制的关注与对过程的研究密不可分。过程研究不是追求实证主义所强调的不变律和精准预测,而是试图解释复杂现象为何发生以及如何发生的内在机理。在对机制进行研究时,我们首先需要明确机制的内涵是什么。在对现有文献进行系统分析的基础上,学者们归纳出对机制的七类定义[1]:①机制是要素。这些文献对机制最基本的理解是:机制为影响某一活动或现象的要素(组织机制如董事会、规范、规则、流程等)。②机制是活动。与静态要素相比,有些研究者将机制视为动态活动,机制是持续建构、动态的社会实践,当组织规则被破坏而要有新方式来完成时,机制就需要变化以适应新的、不确定变化的环境。③机制是关系。这种观点强调机制是持续的活动,特别是要素间的联系和活动间的关系。这种观点被较多研

---

[1] 李会军、葛京、席酉民、王磊、庞大龙,《组织管理研究中"机制"的基本定义与研究路径》,《管理学报》,2017年第14卷第7期,第990—997页。

究者采纳。④机制是过程。机制展现了活动间的关系，可视为基于过程的机制观，这种观点已经成为一种核心的机制观。⑤机制是层级。在对组织的研究中，对机制的层级关注主要来源于社会学中社会机制的思想。机制包括情境机制、活动生成机制以及转化机制。⑥机制是结构。机制既受到外部制约性条件的影响，又受到事物本身特有结构的制约。因此，机制可定义为生成可观测事件的因果结构。⑦机制是集合系统。研究者认为，机制不是某些要素的简单组合，而是集合机制的相互作用。在这个过程中，组织涌现出了新的特性与能力，并实现整个体系的改变和升级。

结合企业数字化转型要处理的六种复杂关系和面临的困难，我们试图通过对案例企业转型过程的研究和探索，发现和提炼数字化转型过程中机制创新包含哪些要素，以及这些要素之间的相互关系，从而寻求基于问题的数字化转型机制创新的框架、要点和过程。为了实现这一目标，我们将研究问题聚焦在如图4.4所示的六个方面。

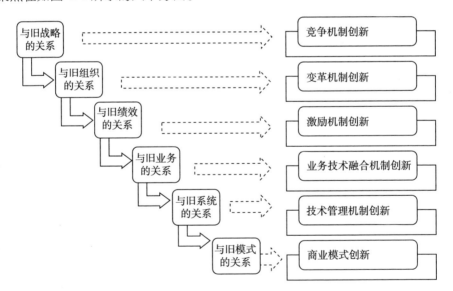

图 4.4 数字化转型中的六种关系与机制创新

如何通过竞争机制创新处理与旧战略的关系。在理解新技术对企业生存环境造成改变的情况下，企业高层领导者需要判断：①企业是否要推进数字化转型；②数字化转型要解决企业的哪些痛点问题，要实现的目标是什么；③数字化转型对企业整体的竞争力有什么显性或潜在的影响；④一把手在数字化战略制定和推进中发挥什么作用，如何有效地领导数字化转型团队和转型过程；⑤数字化转型在企业战略中的排序与地位；⑥如何判断数字化转型中可能出现的风险和失误，如何激励数字化转型文化的建设和对创新过程不确定性的管理。

如何通过变革机制创新处理与旧组织的关系。企业需要启动变革机制的创新。变革是打破组织旧有平衡、建立新平衡的过程，也是转型难度最大的环节。在数字化转型中，领导者在思考变革机制时需要考虑：①谁来具体负责数字化转型工作，其权力有多大；②数字化转型推进机构的地位和责权利，如何处理技术部门和业务部门的关系；③企业准备投入多少资源进行数字化转型；④如何获得和使用数字化专业人才，新老团队的人才如何使用。

如何通过激励机制创新处理与旧绩效的关系。数字化转型是技术与业务创新性融合的过程，既有成功的机会，也有失败的风险。企业高层领导者需要从战略价值和企业中长期发展的角度，给数字化团队足够的时间和空间，实现价值创造。在这个过程中，企业需要解决的问题包括：①如何打造有利于创新探索的文化，包容试错、快速构建的能力；②在绩效考核机制中，如何将短期目标和长期目标、财务指标和非财务指标考核机制综合起来进行设计，兼顾短、中、长期发展目标的实现，在绩效指标的设定中，财务绩效重点考核企业短期收益情况，非财务绩效考核企业短期内难以量化或实现的指标，难度更大；③数字化项目与企业整体利益的关系，在传统业务能够给企业带来营收，而新业务短期内无法盈利的情况下，或两者之间出现竞争关系时（如传统线下渠道与线上渠道），应该如何平衡，企业如何从整体战略的角度将竞争关系转化为共存、共生和相互支持的关系，给传统业务以生存空间，给新业务以发展空间；④如何解决人才吸引、留存和中长期激励问题。

如何通过业务技术融合机制创新解决新技术与旧业务之间的关系。业务与技术的融合是数字化转型中最困难的工作，前面已经谈到，业务部门与技术部门的目标、考核机制和工作方式是不同的，如何通过机制创新将两者的目标和绩效整合起来，对处理好业务与技术的关系至关重要。同时，数字化转型的另一大顽疾是如何打破部门利益和信息孤岛，实现数据的整合与共享。长久以来组织专业化、事业部制度已经形成了信息孤岛，改变这种情况需要以技术应用为切入点，改变组织文化和管理机制，将领导力、治理机制、企业政策和数据标准结合起来发挥作用。

如何通过技术管理机制创新处理新旧系统之间的关系。在过去的 30 年时间里，很多企业在信息化上投入巨资，随着移动技术、云计算的应用，企业应如何在已有信息化的基础上构建数字化能力？这里面临的挑战和困难包括：①如何将旧系统与新系统互联互通；②如何制定标准的数据体系，以确保不同系统的数据可以互通并整合；③企业在信息化阶段购买了各类软件，如何实现系统互联与数据互通；④如果企业要上云，旧系统如何进行迁移；⑤在采纳移动技术、云计算、大数据和人工智能时，企业技术应用的优先度是怎样的，如何发现技术与业务有效结合的场景。

如何通过商业模式创新处理新旧模式之间的关系。随着企业数字化转型的广度、深度、细度不断拓展和深化，企业内部的运营模式、外部的商业模式也会发生改变。在这个过程中，企业需要总结和测量出：①企业管理决策模式有哪些改变，特别是整个运营体系被量化之后，企业的成本、效率、协作方式、管理方式和决策准确性应如何优化。②满足客户需求能力的改变。对传统企业来说，数字化转型的最大价值是企业通过客户交互获取数据，能够提供基于客户需求的产品，改善客户体验和满意度，对客户的反馈及时响应，但这个过程是如何实现的目前并不清楚。③企业能否建立差异化的竞争优势。随着数字化技术与业务的融合，企业逐渐发展出技术赋能的业务模式，当竞争对手不具备这些能力时，它会给企业带来独特的竞争优势。④数字化给企业供应链和生态建设带来哪些影响。⑤数字化能力是否输出并带来新的价值创造。数字化转型首先是解决自身的管理运营、决策支持和商业竞争模式问题，作为技术驱动的管理变革，它的经验教训会形成资产，不仅要自我赋能，同时还要对外赋能，在市场存在大量需求的情况下，领先企业如何用好这笔资产，值得探索。

4.4 数字化转型机制创新实践：以平安为例

4.4.1 竞争机制创新

互联网企业带来的外部竞争压力。中国平安保险（集团）股份有限公司（以下简称"平安"）于1988年成立于深圳蛇口，经过30多年的发展，从无到有、从小到大、从弱到强，虽历经艰辛，但一直保持快速、稳健的增长。近些年，平安以科技引领金融业务的战略方针，通过自身践行，探索出了一条独特、快速的发展道路。平安30多年的发展历程经过三次重大战略发展阶段和转型。一是传统保险业务1.0阶段（1988—1998）。在这一时期，平安通过搭建体制机制平台，探索现代保险道路。这十年，平安仅是保险公司，从财产保险、养老保险、健康保险到人寿保险一共四个险种，主营业务只有保险业务。二是全金融业务2.0阶段（1999—2008）。这一时期，平安在专注于保险经营发展的同时，探索综合金融发展，围绕个人客户衣、食、住、行提供金融服务，通过"一个客户，一个账户，多个产品，一站式服务"，实现了一站式金融超市及不同业务客户间的迁徙，通过量大质优的客户基础，辅之以稳定强大的销售渠道，成为中国最大的个人零售金融服务商。三是向科技公司的转型。2008年以来，平安面临着新的转型挑战。随着移动互联网技术的快速普及应用，互联网企业快速崛起，成为各类客户流量入口的"守门人"①，并通过对客户数据的挖掘和画像，形成了精准把握客户需求和精准营销的能力。凭借这些能力，互联网企业纷纷从电商平台（如阿里巴巴）、社交平台（如腾讯）快速向金融支付和保险领域进军，这给金融保险领域的领先企业平安带来了巨大的压力和挑战。如腾讯坐拥14亿互联网用户的社交数据，阿里巴巴、京东等拥有超过10亿的电商用户，它们都在虎视眈眈地关注企业和个人金融领域，在这种环境下，平安强烈感受到了竞争环境中的危机和成长空间受限，如果无法跟上互联网时代的发展速度与模式，就有可能在技术变迁的环境中被边缘化。2010年，针对云计算的价值所引发的互联网巨头的争议②，一向高度关注技术发展与应用的平安领军人物马明哲，意识到这正是平安转型的战略机遇。

打造金融·科技双轮驱动的企业。在互联网企业尚无法明确认知云计算的战略价值时，马明哲就已明确指出"云是空中的房地产""云科技是云天下""得云者得天下"，虽然这个过程中有很大的风险，但"平安不能错过云计算的发展机遇""试错的成本可控，错过的成本无法控制"。企业必须以更大的投入、更有力的转型，成为金融界的科技公司，并以客户为核心，围绕

---

① 董小英、戴亦舒、晏梦灵、陈其伟，《变数：中国数字企业模型及实践》，北京大学出版社，2020年，第15页。

② 2010中国（深圳）IT领袖峰会上三位重量级IT界大佬的发言，影响了数年后中国的IT科技布局。会上，主持人问马云、马化腾和李彦宏同样一个问题："如何看待云计算？"李彦宏是技术出身，认为云计算的理念已经产生了很多年，是新瓶装旧酒，没有新东西。对于传统软件产业向云计算靠拢，李彦宏表示担忧，他认为这会存在左手打右手的问题。马云不认同李彦宏的观点，他认为云计算最后会是一种分享，是数据存储、处理和分享机制。他警告说不能小瞧这种机制，云计算可能蕴藏着颠覆性的力量。"我最怕的是老酒装新瓶的东西，你看不清他在玩什么，突然爆发出来最可怕。"马云同时暗示，云计算是大势所趋，是阿里巴巴必须实施的战略。马化腾认为，云计算这个话题具有比较强的技术性，是一个比较超前的概念。如果说未来各种综合性业务软件都不需要本地服务器处理，而是由公共网络设施完成，这的确是有想象空间的，可能过几百年、一千年以后，现在确实还是过早了。

金融、保险、医疗、汽车、城市全方位拓展服务。就此,平安在竞争视野和竞争策略上与互联网企业展开了直接的较量。

"得云者得天下。"马明哲对公司长期发展战略有着明确的认知和考量,尽管他是非技术人员出身,但是对科技却有着强烈的信念,是个技术爱好者。在他看来,"科技发展不仅为金融业引入新的竞争主体,也在逐步改良甚至完全重塑传统金融的经营模式"。同时,马明哲意识到,"随着市场竞争加剧,利润率下降,必须在科技上加大投资"。[①] 他认为,科技可以引领业务模式发生变化,而业务模式的改变可以带来业绩的提升,业绩的提升会进一步加大对科技的投入,形成一个良性驱动的闭环。

成为金融·科技公司。在平安以云转型为抓手的数字化转型战略(见图 4.5)中,科技是一个非常重要的关键词,科技不仅成为公司的核心竞争优势,而且成为公司名称的一部分。2018 年 12 月 9 日,马明哲正式宣布,平安更新集团标识,将标识上原有的"保险·银行·投资"字样更新为"金融·科技",更清晰地将科技定义为其核心主业。平安积极探索如何通过科技引领业务的颠覆性创新,用技术手段贯穿企业的各个业务环节,整合所有的数据资源,真正打造一个以客户为核心的企业。平安对未来的科技贡献寄予厚望,期望 2022 年科技对平安的贡献率增加到 30%,2025 年科技对平安的贡献率增加到 50%。平安不仅希望自己在国际知名金融集团中名列前茅,更希望自己在科技公司排行榜中占据重要位置。

平安向科技转型的过程可以用四个指标来衡量:一是集团成员构成,即旗下子公司中科技公司的比例(平安已占 40%);二是人员结构,现在平安集团 40 万的内勤员工中,已经有 9 万人在互联网和科技公司中工作,未来技术人员在平安的占比将提升至 40%;三是公司整体业务利润中有多少是科技

---

① 董小英、李汶妮,《平安云转型战略》,北京大学光华管理学院案例中心,2019 年(非正式出版物),第 3 页。

业务带来的；四是估值方式，目前分析师已经开始注重用户数量、接触频次、每个单体用户带来的利润等数据，这显然是科技公司的估值方式。

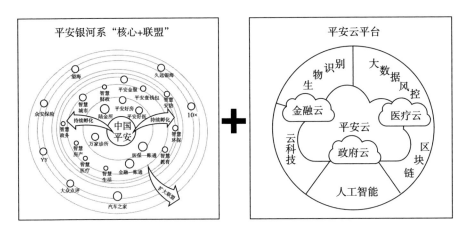

图4.5 平安云战略

资料来源：由平安集团提供。

战略演化。平安数字化转型战略演化的重点体现在科技与金融业务之间的关系上。在过去十年的时间里，两者之间的关系经历了三个阶段的变化：

第一个阶段称为"科技支持金融"，数字化技术辅助业务的成功。科技主要支持金融业务的基础工作：通过信息系统，解决金融业务中的记账、计算、清算和交易工作。

第二个阶段称为"互联网+金融"，数字化技术与业务平等融合。随着2012年中国移动互联网的高速发展，很多金融企业的传统销售和服务被推向互联网平台，效率大大提升，服务体验更好，但金融的本质并没有发生根本性的转变。

第三个阶段，企业进入"科技引领金融"时代，数字化技术发挥主导作用。企业并不是简单地将金融产品放在互联网上，而是通过云平台建设，打造以客户为核心的金融、医疗、车、房等城市的综合服务体系。在第一和第二个阶段，科技服务于金融业务，很多技术的应用是"渐进式创新"（又称改良性创新）。而在第三个阶段，科技引领金融带来的是"激进式创新"（又称颠覆式创新），产生了全新的商业模式。这种影响表现在通过人工智能技术的应用，深刻改变了金融产品与客户精确匹配的风险识别和管理方法；通过物联网技术的应用，实现与传统企业的深度连接，在授信、信贷上的模式发生根本性的转变。云计算的发展，让平安和平安生态合作伙伴的服务更快速、更高效地整合起来，形成相互支持、相互助力的平台体系。①

资源配置与持续投入。十多年来，平安要求将每年销售收入的1%投入科技领域，2017年之前的十年，平安投入了500亿元到金融科技中，2017年投入70亿元，2027年前将会投入1 000亿元到金融科技中。② 平安之所以进行这么大的投入，一是辅助自身的主营业务，二是通过输出科技、五个生态圈把技术能力输出给合作伙伴。2017年，平安确立了未来十年深化"金融+科技"、探索"金融+生态"的战略规划，以人工智能、区块链、云、大数据和安全等五大核心技术为基础，深度聚焦金融科技与医疗科技两大领域，帮助核心金融业务提升效率，降低成本，改善体验，强化风控，不断提升竞争力。同时，通过输出创新科技与服务，搭建生态圈与平台，促进科技成果转化为价值，致力于成为国际领先的科技型个人金融生活服务集团。

平安在科技投入时有五个筛选原则：第一，要跟消费者紧密相连，同时最好是一个入口；第二，要有门槛和技术含量，不是很简单就能做出来的；第三，要有规模，平安选择的每一个业务的市场潜力都是很大的。第四，要有价值，要通过技术去解决一些问题，如为200多个城市服务，平均下来可以帮助每个城市节省10%的开销；第五，要具有可复制性。③

---

① 《平安科技李亮："改良+颠覆"，科技引领金融创新的几大运营模式》，钛媒体，2017年8月10日，https：//www.tmtpost.com/ 2732553.html（访问时间：2020年8月20日）。
② 同上。
③ 《平安首度披露孵化"独角兽"五大原则 未来10年科技投入1 000亿》，搜狐网，2018年3月21日，https：//www.sohu.com/a/226053597_118622（访问时间：2020年8月20日）。

4.4.2 变革机制创新

指定强有力的数字化转型负责人。平安科技的董事长、首席运营官兼首席信息执行官陈心颖受命推动云转型战略的落地,她本人是平安最重要的高层管理者之一。她毕业于美国麻省理工学院并获得电气工程学和经济学双学士学位、电气工程学及计算机科学硕士学位。在加入平安前,陈心颖曾任麦肯锡全球董事(合伙人)。陈心颖直接掌管着 200 多个创新项目,在引领平安数字化转型的过程中,她说:我们都在关注科技变革行业,在金融科技方面,平安做出了很多成果,如在金融服务和中小企业融资方面,我们 2019 年打造了区块链平台,该平台可以实现实时交易数据、CRM 数据等共享。通过这个平台,我们帮助金融服务商解决信息不对称、授信难等问题,在实现信息共享的前提下,金融服务商的融资成本下降了 20%—30%。作为起源于保险业的企业,平安一直处于价值链的末端,力图通过数字化转型的十年时间,向价值链上游移动。①

平安科技的另外两位领军人物,分别为平安科技首席产品官兼总经理助理兼平安云事业部总经理区海鹰和平安科技首席技术官兼总架构师方国伟。区海鹰曾在麦肯锡任职,有 7 年咨询行业从业经历。之后加入微软任职 9 年,其间,先后担任 Windows 及 Office 产品在大中华区、亚太区的区域总监,微软 Azure 的资深总监,微软总部亚洲地区战略伙伴关系负责人。方国伟毕业于清华大学计算机系,获得硕士学位;曾任华为中央软件院架设部部长、亚马逊 AWS 云服务中国首席云技术顾问、微软全球服务部门云计算"卓越中心"(COE)团队的资深架构师。他曾主编《让云触手可及》和《详解微软 Windows Azure 云计算平台》两本书,在微软中国获得"云计算一哥"的称号。

---

① 《平安集团陈心颖出席夏季达沃斯论坛:科技为黏合剂是领导创新的核心》,中国日报网,2019 年 7 月 2 日,https://baijiahao.baidu.com/s?id=1637912283612175302&wfr=spider&for=pc(访问时间:2020 年 8 月 20 日)。

业务部门与科技公司的平等地位。 马明哲对科技的重视不仅体现在战略思路上,更是落实在组织建设中,特别是提升科技公司在整个组织中的地位。通常情况下,企业将科技公司定位于服务部门和成本中心,这使其在竞争资源时常常处于弱势地位。一方面,业务部门背负着沉重的业绩指标,不情愿让科技公司改变自己;另一方面,科技公司通常被认为是花钱的成本中心,而不是利润和价值创造中心,在预算分配时口气不够强硬。为了加速云转型战略落地,马明哲决定赋予科技公司与核心业务部门一样的平等地位,这种创新性的设置主要基于两点考虑:一是重要性。平安是靠自身拼搏才在市场上占得一席之地的,在这个过程中,科技起到重要作用,科技赋能业务可以降低交易成本,提高办事效率,提升客户体验感。二是独立性。科技公司要独立出来成为公司的利润中心,而不仅仅是成本中心。作为利润中心,科技公司必须冲在前线与业务部门共同创造价值,这个价值是通过科技手段帮助业务部门提升业务价值来实现的。应赋予科技公司更主动和更强烈的市场意识及价值创造责任担当,使其更愿意与业务部门一同推进数字化转型。

云转型的"六原则"。 为了保证平安金融云转型顺利成功推进,平安的科技开发遵循六个原则:一是自主可控。产品自主研发并掌握核心技术,实现从硬件到软件的生产、升级和维护等操作全程可控。二是安全稳定。平安处于一行三会的监管之下,平安云除了要满足自有的金融系统运维规范,还要满足租户隔离和访问控制等云计算特有的安全特性。而作为云服务提供商,平安云自身产品的稳定性是保障用户业务连续可用、用户数据安全可靠的必要条件。三是可用可靠。产品充分考虑应用冗余、高可用集群、与底层设备耦合等特性,硬件层面满足设备冗余、链路冗余等可用性条件,从整体上提高系统的可靠性,降低系统的单点风险。四是开放兼容。产品充分融入行业生态,提供标准的API接口,便于第三方厂商产品的集成与用户应用的对接。五是先进易用。产品的技术选型、开发语言及框架等符合业界的主流,充分利用云计算的先进理念,给客户带来真正的上云价值,在操作上也能满足交互的流畅性和良好的用户体验。六是灵活扩展。系统应具备良好的扩展能力和灵活的组合能力，针对变化的需求快速进行动态调整，并针对不同业务场景展现相应的输出能力。

除此之外，平安重视将客户数据信息当作生命来呵护，杜绝信息泄露事件的发生，为此设立了严格的监管机制。之前国内某打车软件曾出现一次数据信息泄露事件，一年数十亿元的订单仅发生一次数据泄露事件，从发生概率来看，好像可以接受，但是如果把每一次事件都当成用户生命损失的话，一次也是过多的。因此，考虑到这一因素，平安在整体系统的设计、流程的设计、激励机制的设计上就完全不同。它是将数据安全、稳定、准确作为金融机构的核心标准去设计和执行的，包括监管机制也有一套严谨的方法论。

"团金会"及"e行销"利益分享机制。2013年3月，为适应政府及企业越来越多样化的金融需求，平安成立了以银行为主导的团体综合金融发展委员会（简称"团金会"）。该模式汇聚了银行、基金、信托、保险、证券等多个产品、多项业务，由原综合开拓个人业务管理委员会及重点客户管理委员会整合而来的"团金会"应运而生，意味着平安业务模式的重要转型，从"以产品为中心"的产品叠加式销售转变为"以客户为中心"的模式，即实现"一个客户、一个账户、多个产品、一站式服务"的综合金融战略目标，围绕企业客户的生命发展周期，提供一揽子金融解决方案。为了保证集团内各子公司、各条线协作效率的最大化，"团金会"架构下设业务功能组及产品功能组，客户经理作为最前端的接触点，在了解客户需求之后，将需求反馈到业务功能组及产品功能组，这两个组在集团内部快速协调，设计提供组合或定制产品等一揽子综合金融解决方案。"团金会"还通过培养综合金融产品架构设计师队伍，将最了解客户和集团各子公司产品的人打造成"组合拳"，以快速拓展服务。

为了确保"团金会"模式的高效运营，平安"e行销"系统对这种商业模式提供全方位的技术支持，通过升级"e行销"系统，将销售队伍的过程管理、营销支持平台升级到面向销售队伍和客户的团体销售及交易平台、大数据平台、专业金融智慧整合平台、对外智能化服务平台,并不断吸纳银行、证券等投融系列新的用户加入该平台。这个跨业务的"团金e"IT系统会打通多部门,形成一个内部业务部门分成提取机制,内部用积分的方式跨业务激励业务员销售其他部门的产品和服务,这相当于平安打造了一个"百万众创业"的平台,多劳多得,上不封顶,真正成为以客户为核心的产品研发服务保障支持体系。

"团金会"对数字化转型的价值在于,它实现了集团利益的最大化,促进了各个兄弟公司之间的合作。它以平安银行为主轴,主要服务于企业用户。打个比方,一个企业用户,如果单纯从银行的角度去看是一个亏损项目,但如果把保险、科技等其他部门也融入进来,这个服务范围明显增大,不仅满足了客户多样化的需求,也提升了银行的组合收益。在"团金会"模式下,如果出现一个新项目亏损,而另几个订单盈利的情况,则通过"团金会"的业务组合,不是以各自的KPI作为目标进行衡量,而是以实现集团利益最大化为目标,平衡各方利益,用盈利订单弥补亏损订单。

技术引领突破信息孤岛。企业数字化转型中的另一个难题在组织和业务层面,企业存在大量信息孤岛,很多子公司将数据作为自己的资产不愿意与他人共享,如何做到将数据从部门级上升到集团级,构建一个以客户为核心、各部门可以分享数据、减少重复劳动、提升客户体验的机制,是平安面临的一个大挑战。在打破信息孤岛、实现数据整合的过程中,平安大平台要集成几百个部门的数据,如何才能做到数据集成和共享?平安采取了全集团一盘棋的做法和技术手段,强力打通部门之间的"墙",推动跨部门协同协作。作为一家综合金融平台集团,下属的28家子公司,差不多每一家都有自己的App,如银行有"口袋银行",保险有"金管家",统计下来有30多个App。平安将所有App的功能整合在一起,通过超级App做集成化的超级金融超市提供金融服务,但后来发现这样做会让App变得非常大,当它超过20兆时,客户就不愿意下载了。平安科技公司于是创造了"任意门"方法,像游戏中的传送门一样,通过场景结合将平安 30 多个 App 快速整合在一起,如果客户想从"金管家"跳转到"口袋银行",只要一点击,界面就会自动跳到"口袋银行",大大提升了客户体验。"任意门"做到今天,已经覆盖了平安 90%以上的线上客户,促进了 3.4 亿以上的客户迁徙。

另以主账户应用为例,由于监管的限制,不能把所有银行和保险的账户都整合在一起,但是银行账户和保险账户的信息(像客户的名字、生日等)是可以共享的,因此平安设立了主账户机制。如果保险公司的客户想要在证券公司再开一个账户,客户的基本信息会自动跳转到证券账户上,这样审批的速度就会快很多,因为它不再需要重复采集客户信息并重新核对,对客户来说也是很好的体验。从另外一个角度讲,主账户可以直接触达不同专业公司的触角,实现"一个客户,一个账户,一站式服务"的理念。

短、中、长期绩效的平衡设计。 在企业数字化转型中,如何衡量科技创造的商业价值是绩效衡量的一个难点,因为其价值呈现的潜在性和滞后性使人们对技术创造的商业价值产生了怀疑。为了解决这个问题,平安的绩效考核并非财务绩效一项,而是设立了三项指标:提升客户体验,降低成本,支持业务发展。在这里,第一和第三项指标均为非财务指标,反映了平安的战略意图和对未来可持续发展关键因素的考虑,而这两项指标对平安云转型的战略发展具有至关重要的作用。具体到实践中,平安对技术项目绩效设计的逻辑依次为:建立场景、建立流量、产生收入,最后一个阶段才是盈利,也就是说,非财务指标在前,财务指标在后。

"平安在投资科技业务时,前期盈利并不是主要目标,企业首先思考孵化这些业务的目的是什么。平安在孵化好医生、医保科技、陆金所等 11 家科技公司的过程中,都经历了四个阶段:建立场景、建立流量、产生收入,最后一个阶段才是盈利。"①

---

① 方国伟,平安内部访谈资料,2019 年 4 月 4 日。

4.4.3　激励机制创新

创新文化五要素。在平安创新文化中，有五个关键词：一是迎难而上。平安的历史证明了"迎难而上：'平安不会守业，永远在创业，永远把我们的每一天当作新的起点，挑战新的困难和目标。遇难而走不可取，与难共存是必然，迎难而上才是我们的追求'"①。二是尊重规律。这一原则在平安体现为尊重行业规律，用专业的人做专业的事。三是摸着石头过河。这一文化特质体现在"如果河上有桥，我们为什么不付一点过桥费后快速通过？这样不仅可以使我们少犯探索的错误，还帮我们赢得了时间和空间"②，说明平安非常注重对已有经验的学习，并愿意付出相应的成本。四是人才赛跑。平安的用人哲学是允许有人临时掉队或犯错，强调对人宽容和解放，同时，更强调在此基础上的强竞争和强淘汰，强调有能力的干部都是跑出来的。五是优势融合。平安关注国际化标准，这从其高层管理团队的国际化背景就可以充分展现出来。

"允许试错，不允许错过。" 马明哲的管理名言是"允许试错，不允许错过"，他鼓励员工，不用太担心失败，只要真正付出努力，就能找到解决问题的办法。"只要你的办法中有一个最终起作用，我们就会成功。"③陈心颖提到，"（我）在麦肯锡主管金融科技咨询服务的 14 个年头中，曾与海量的机构有过接触与合作，但很少看见大型金融机构有如此强烈的冒险、创新的冲劲。""马总对创新、变革报以毫无保留的欢迎态度，他从不限制自己的思维，亦给予我们充分的试错空间。在平安任职的这段时间，过去我一直想尝

---

①　《中国平安的"象群效应"（上）：深圳森林》，金融界保险，2019 年 11 月 18 日，http://insurance.jrj.com.cn/2019/11/18150128412836.shtml（访问时间：2021 年 4 月 24 日）。
②　同上。
③　方国伟，平安内部访谈资料，2019 年 4 月 4 日。

试的许多新业务、新想法得以付诸实现。"[①] 创新方面，在业务上，马明哲给予每位高管充分的授权，以及配合开展工作的资源；给予高管团队充分的试错空间。

广纳贤才，知人善用。在平安传统的用人文化中有一条铁律，"事情没有做成是人的问题"。马明哲把人才的重要性放在首位，他不仅善于发现人才，使用人才，做到用人不疑，同时，还善于抓大放小，给予管理层相对应的管理权限和施展空间，最大限度地发挥他们的主观能动性，并配备符合人才期望的薪水和待遇，同时满足人才的精神需求和物质需求。他认为专业的事必须由专业的人干，因此，平安重要的专业技术管理岗位都是由具备行业背景的人负责，很多技术方面的高层管理人才都具有在外企、其他大公司从事数字化相关技术应用的背景和实战经验，可以将相关知识、能力和经验直接转移过来，避免了外行人领导内行人的问题，充分保证了队伍的稳定性。在推进数字化转型的过程中，平安从外部招聘了大量专业化人才，集团排名前100位的高管中，60%是国际化的人才，来自各领先科技公司超过500位的顶尖科学家在平安工作。不管员工的出身和背景如何，只要有能力，都能得到重用。平安的管理层来自不同的国家（如马来西亚、新加坡、韩国、美国、澳大利亚等）；行业背景也有很大的不同，如来自麦肯锡、微软、亚马逊等。在这样的文化中，员工可以表达新观点或提出反对意见，没有什么是不能碰的禁区。过去几年，正是这一管理哲学助力了平安的发展，员工承担风险会受到鼓励，失败了也不会遭受指责。

平安在给予人才充分信任和高待遇的同时，也采取强绩效考评策略，如果人才无法达到组织预期，只能采取换人的方法。强有力的执行团队对云转型成果非常重要。马明哲及公司的管理层经常为解决某个问题钻研到很晚，

[①]《平安银行雷霆换帅背后：揭秘马明哲如何将金融"大佬们"招致麾下》，搜狐网，2016年11月8日，https://www.sohu.com/a/118407422_481514（访问时间：2020年8月20日）。

力求尽快予以解决。在管理层的带领下,公司的事情总能从上到下贯彻推动,把方案尽快落到实处。

新老人才组合。与此同时,平安秉承双元组织模式,一方面积极引入外部科技人才,用于及时发现市场先机,构建与之匹配的技术架构;另一方面稳定熟悉传统业务的老员工来持续优化传统业务,并适时配合新技术人员实现传统业务上线服务。就像平安科技首席产品官区海鹰提到的:人才是一个很大的主力,如果没有对的人才,新业务很难实现。在传统的金融领域,其技术人才更多的是旧的技术框架、技术结构,不可能完全熟悉新的技术架构。因此,在团队组合里,既要有原来对原本的技术架构非常熟悉的老员工,又要加上一些对新的技术架构、新技术深入了解的人才,让他们能够很好地融合、合作,能够互相帮忙。[①] 平安对人才的开放性体现在各个方面。

人才培养。平安人力资源的挑战主要来自四个方面:吸引人、升级人、替换人和融合人。在吸引人方面,平安将用事业和平台留人作为主要方法。在升级人层面,根据平安人力资源总监的看法,升级人是最难的,为此,在2013年,平安投资8亿元构建了移动学习的培训体系,目前已经升级换代好几版,累积了数万门课程,每门课程都是针对某一技能和能力的,课程也制作得很简短,帮助员工利用碎片化的时间。

同时,平安还通过开发 HR-X 系统发现高潜力人才。该系统能从心态和技能两个维度甄选出那些锐意进取、自我驱动力强、自我成就动力足的人。该系统用数字化的方式设置了 24 个正向素质指标和 24 个反向素质指标来甄别人才,并用数据分析和绩效建模进行不断的更新迭代。同时,平安还将领导者分为综合型、专业型、团队管理型、资源型和销售型等不同的类型,根据不同的团队和目标进行搭配,同时根据领导者本身的特质进行有针对性的

---

① 董小英、李汶妮,《平安云的战略实施与数字化转型》,北京大学光华管理学院案例中心内部资料,2019 年,第 20 页。

发展培训。另外值得一提的是，平安的所有员工都有一张属于自己的三维人才地图，一个维度是业绩排名，一个维度是岗位胜任度，还有一个维度是未来发展的动能。这张人才地图每年会更新两次，也会比较及时地呈现出员工的成长轨迹。正是凭借 HR-X 的赋能员工、全连通和全智能，其岗位画像、简历筛选和人工智能面试大大提升了人力资源工作人员和领导者的效率，千人千面的移动办公学习系统助力员工成长，成为各级主管的一个实时智能助手。这背后依靠的是企业内部人、财、物的数据全部打通，以及与外部数据的联通。①

自主开发与外部孵化并举。近十余年来，平安通过外部投资孵化了十几家科技公司，其中四家已经成为"独角兽"：平安好医生、金融壹账通、平安医保科技和陆金所。平安科技董事长陈心颖对此表示，整个科技板块有十家公司，科技公司的成长过程都要经历四个阶段：第一个阶段，建平台；第二个阶段，聚集流量；第三个阶段，提升收入；第四个阶段，盈利。因为行业不同、切入点不同、商业模式不同，所以每家公司对用户及其收入情况都要区别对待。平安医保科技打造个人健康风险画像模型，基于国内首创的疾病分组器，结合神经网络先进算法，使得医疗总支出的预测准确度高达 99.7%。金融壹账通则致力于金融科技服务平台，帮助中小金融机构解决获客、产品、风险、运营等方面的科技痛点，基于业绩收费。

对平安来说，"独角兽"是长期"孵化"的结果，目的是增加不同业务之间的迁徙转化和交叉销售，提高客户在平安产品上的留存率，这里既包括互联网用户与客户之间的相互"转化"，也包括客户在平安不同产品之间的"迁徙"。从两者的融合来看，从传统金融业务向陆金所业务迁移和从互联网金融公司向核心金融公司迁徙均很有成效，由于迁徙起点和迁徙终点在场景

---

① 齐菁，《平安集团蔡方方：人才是企业转型的胜负手》，《哈佛商业评论》，2018 年 12 月 13 日，http://www.hbrchina.org/2018-12-11/6gg5.html（访问时间：2020 年 8 月 20 日）。

上存在共性，因此平安孵化的互联网企业既能带来客户量的增加，又促进了交叉销售，从两个方面促进了客户价值转化，大大降低了获客成本。

为了确保孵化的互联网企业成功，平安采取管理层跟投机制进行催化。以陆金所为例，平安集团高管在陆金所成立伊始便成为初始股东，后续陆金所核心高管亦入股成为早期股东。平安好医生的投资者中，平安集团的"元老级"高管均为股东，总监级以上管理人员和总监级以下的业务骨干都可自愿认购，但每人认购数额的上限有所不同。

4.4.4 业务技术融合机制创新

场景驱动的新技术开发。平安的人工智能技术应用与其他专业的科技公司不同。专业的科技公司（如谷歌、微软）专注于技术的开发，经常大力投入非常前沿的技术或者创新技术，如更注重人脸识别的准确度，追求的目标是要使准确度达到99.9%。而平安注重技术在实际应用场景的实现，在技术落地的基础上不断优化技术，形成业务与技术交互迭代的创新体系。

根据平安首席科学家兼技术研究院院长肖京的看法，金融行业的四类场景主要有以下痛点：风控场景（风险杂+欺诈多）、获客场景（频次低+转化弱）、服务场景（模式重+体验差）、运营场景（效率低+成本高）。

风控场景。风控场景以风险杂、欺诈多为显著特征。比如单个交易看似没有问题，但是多次交易合在一起看就有欺诈风险。一个个体看似正常，多个人形成的小团体可能就存在风险。扩展到一家企业，或看中观的某个产业，或看宏观市场，各个方面都可能存在潜在的风险。如果全依赖人工监测管控，很容易出现误判或遗漏。

获客场景。传统的金融营销手段包括实体网点、电话短信、地推沙龙等，这些方式都是将标准化的产品推送给所有客户，获客成本高、渠道频次低且用户体验有待提升。金融业务大多交互频次较低，对客户需求的理解有限，在这种条件下如何更好地理解客户需求，提升客户黏性、忠诚度及交叉销售和向上销售的成功率，是一个现实的难题。

服务场景。传统服务模式较重，消费者行为和需求的不断变化使传统的金融服务面临各场景、各链条上的重构。同时，在人口红利逐渐消失的背景下，传统人工客服存在培训成本高、流动性大、服务效果参差不齐等特点，影响服务质量和用户体验。如何让客服模式变得更轻且同时提高服务的质量，在目前市场竞争越来越激烈的情况下，也是亟待解决的痛点问题。

运营场景。金融行业的业务运营中存在大量手工操作，且往往是简单重复性的，急需降低运营成本，提高管理及运营效率。以平安为例，如果将效率提高1%，利润每年可以增加100多亿元。因此，实现业务运营管理的降本增效也是极其重要的痛点需求。①

以呼叫中心为例，平安有85 000个座席，每天接到的电话超过100万通，业务体量非常大，如果不用技术提高其效率，根本没有办法负担那么大的体量。为了解决这一难题，声纹识别技术应运而生。对于一些科技公司来说，声纹识别技术的业务架构有限，没有太多科技公司花时间去研究它。但对于平安客服来说，声纹识别技术发挥了巨大作用。这项技术在金融客服场景经常遇到，它把客户的声音与之前的录音做比对，确保是客户本人。比如，当客户拨打95511时，客服以前要问很多问题才能确保是客户本人，这项认证过程平均需要80多秒，但是如果利用声纹识别做认证，只需要客户说明想要处理什么业务，5—10秒钟的对话就可以辨别是不是客户本人。这也是人工智能给金融机构带来的好处。所有客户与客服人员的通话都有录音，这个录音数据就变成人工智能训练的引擎，可以确保声纹识别的准确度达到99%以上。声纹识别看似仅仅节省了一分多钟，但是每天100万通电话，乘以365天，一年就可以节省过千亿个座席。从这一点可以看出，人工智能技术

---

① 《中国平安首席科学家肖京：AI催生金融、保险和医疗领域的变革》，融汇岛，2020年3月26日，http://rhd361.com/special/news?id=ef9ab5f3fe3c4bdcbdd7daa202a72b49（访问时间：2021年1月25日）。

的应用给平安带来了巨大的商业价值，同时也提升了用户体验。

针对金融机构合同签订的人力成本场景，平安还通过区块链技术，开发了智能合约云平台（ALFA）。该平台集成加载了不同行业的合约模板，并搭建了一个自定义合约库，方便用户进行个性化的标准合约管理，同时支持定制化操作，以 API 接口的方式，按用户需求将定制化服务集成到用户自有的作业系统中，实现与其原有数据库的无缝连接，机构用户无须跳转应用，在内部系统中即可调用所需合约管理功能。智慧合约云平台将合约模版调用和编辑生成、签约、履约全过程在区块链中登记，签约各方作为区块链的节点，可自动生成同步合约数据，实现签约留痕和合约"保真"。

智慧合约云平台的合约库目前涵盖了银行、基金、证券、信托、租赁、期货、保险七大金融子行业，共形成 1 000 多份标准合约模版、8 万多个标签，均在区块链中存储。根据现有案例产生的效果，该平台共实现 58 项智能服务输出，成功帮助机构用户将人工撰写效率提升了 4 倍，运营管理效率提升了 2 倍，操作风险降低了 80%，人力成本减少了 2/3。开发团队背靠平安全牌照的天然优势，有完整的业务场景以及合约的历史积累，智慧合约的 ABS（资产证券化）交易资产高达千亿元量级，人工撰写材料的时间少了 85%。以往做合同，两三页的要素填写是经常的。过去一个 ABS 资管计划要耗费 2 个人 2—3 周左右的时间，现在启用智慧合约云平台后，1 个人半个小时就能完成要素填写。①

智慧合约云平台还有助于推动跨机构合同标准化与事前预警。为了推动跨机构的合同标准化，智慧合约云平台会在一个合同里自动甄别出某些机构大概率会修改的合同条款，将剩余条款依据市场上对该项目的通行认知，生成准标准合约。智慧合约云平台有别于其他竞品的另一个功能是风险预警。

---

① 《中国平安区块链应用新场景：海量合同自动生成和管理》，金融界，2019 年 6 月 25 日，https://baijiahao.baidu.com/s?id=1637273625742359944&wfr=spider&for=pc（访问时间：2020 年 8 月 20 日）。

它能使平台在合约签署后通过智能识别引擎定位合约中的风险标签，结合内外数据进行风险预警，资产与机构状况一旦发生变化，系统将触发风险提醒，帮助机构用户快速甄别风险，提升合规经营水平。

针对中国农业数字化水平低下的情况，平安利用区块链技术，开发了智慧农业项目，其中有土地、溯源、生产、金融等七个产品模块，组合形成两个业务线，一个是面向政府的智慧农业管理平台，另一个是面向农业企业、农民的溯源+金融产品。在生产标准化上，通过人工智能图像识别、大数据分析，对种植业的土地质量和植物营养等进行检测，实现精细化生产，帮助生产基地精准施肥、提前预防病虫害等，对于养殖业，从饲料、环境、免疫、生长状态、屠宰、包装等环节实施监控和记录可追溯。平安科技区块链研发团队拥有全行业内最强的零知识认证解决方案，达到每秒超 5 万次交易，延时不到 0.05 秒。得益于平安科技的支持，平安产险宁夏分公司结合"金融扶贫+智慧农业"，在中宁地区推动构杞产业扶贫项目落地。至 2019 年 9 月，该项目已完成 32.9 万元公益捐款，用于中宁构杞产业物联网设备采购及公益项目的开展。[①]

技术助力改变业务模式。经过多年的努力，互联网和人工智能逐步成为平安驱动生态战略和转型的根本动力。[②] 平安积累了 3 万名 IT 开发人员、1 000 位科学家。作为平安集团的高科技内核，平安科技正加速推进以人工智能为核心的企业进化。[③] 平安人工智能技术研发了包括人脸识别、语音识别、语义识别、微表情分析在内的数十项世界级人工智能核心技术。目前，平安

---

① 《中国平安"金融+科技"战略助力农业产业发展》，新浪财经，2019 年 9 月 30 日，http：//finance.sina.com.cn/stock/relnews/cn/2019-09-30/doc-iicezzrq9402543.shtml（访问时间：2020 年 8 月 20 日）。

② 《平安集团首席科学家肖京：智能+金融探索与实践》，科技行者，2018 年 9 月 7 日，http：//www.techwalker.com/2018/0907/3110817.shtml（访问时间：2020 年 8 月 20 日）。

③ 方国伟，《平安科技 AI 生态故事："场景+技术"赋能金融普惠服务》，平安科技，2019 年 4 月 16 日，https：//tech.pingan.com/en/news/392514347862.sthml（访问时间：2021 年 1 月 25 日）。

拥有世界领先的人脸识别技术（识别准确率可达 99.8%）、声纹识别技术（识别准确率可达 99.7%）、医疗影像识别技术等。

平安的人工智能技术与应用主要寻求以下几个方面的突破：一是智能投资顾问研究，让计算机器人帮公司赚钱。二是风险识别控制和反欺诈，通过建立基于大数据和人工智能的风控大脑与反欺诈的引擎，全面取代传统的人工方式。比如，传统的银行贷款需要走访企业了解其相关资产和经营状况，现在可以构建企业画像，对企业贷款的相关材料进行智能分析，再通过模型和算法决定放贷多少，贷后进行实时监控，大大减少了传统的面对面的方式。三是通过生物特征的识别实现支付，通过人脸加声纹来实现对人的判断，大大提高了安全性。[1] 四是形成看、听、读、说的全面感知能力。平安致力于人工智能领域的研发和应用，打造行业领先的技术能力，已在看（人脸识别、微表情识别）、听（声纹识别、语音识别）、说/读（语音合成、文本机器人）等领域形成基础感知能力，并构建全面的知识体系，打造专业的解决方案。其中，平安的微表情识别技术能够辨识 54 个短暂、不自主的微表情，这些表情往往在大脑有机会控制面部运动之前流露在人脸上，比如眼球来回转动和快速眨眼等，往往仅持续 1/15 到 1/25 秒。平安用微表情识别技术来审查贷款申请，捕捉用户面部表情的微妙变化，有助于识别和警告欺诈的风险。通过这项技术，平安的信贷损失减少了 60%。微表情识别技术比其他检测欺诈的方法更准确。一旦被发现有问题，相关客户就会被标记出来，以便接受额外调查。这项技术作为尽职调查工具之一，有助于企业通过远程信贷服务于更广泛的客户群。[2] 尽管业界对这项技术存在争议，平安还是在实践中对其进行了探索使用。

---

[1] 王倩岚，《金融科技引领未来——中国平安的战略创新案例分析》，北京大学光华管理学院 MBA 学生调研报告（内部资料），2019 年，第 12 页。

[2] 奥利弗·拉尔夫、唐·温兰、马丁·阿诺德，《"微表情"技术协助银行降低风险》，英国《金融时报》，2018 年 11 月 14 日。

业务与技术部门组合考核机制。为了增强业务与技术的深度融合，在激励机制的设计中，平安将业务与技术部门深度捆绑，形成以业务痛点引领技术应用、以技术赋能业务发展的双轨道融合机制，加速业务的"技术化嵌入"和技术的"业务场景投入"。要让科技有效精准地赋能业务，必须将业务与科技放在一条船上。在平安，首席信息官的业绩不是以花了多少钱、构建了多大的技术架构来评定的，而是更注重看其为业务创造了多少价值。换句话说，平安科技在技术投入前，都会对投入产出比进行严谨核算，重点关注技术投入为业务部门产出了多少价值。这个测算和制定 KPI 的过程，是由技术和业务部门共同完成的，比如一个项目花了 1 亿元，这 1 亿元落地对业务的产出是多少，这是平安看重的。再如声纹识别技术的应用，从技术角度来看，只要达到 99.9% 的准确率就通过了，但是在实际场景的应用中并不是这样，会有很多不可控的因素。比如说噪音问题会使准确度下降到百分之四五十，因此科技团队就需要持续优化模型，有一个降噪模型团队就专门解决此类问题。如果技术团队按照理论测量交付成果，但业务部门在实际场景应用中出现很多意外问题，双方可能就会互相扯皮推诿，但是在平安，技术部门必须持续帮助业务部门迭代优化系统，直到其满意为止，这也是业务和技术 KPI 捆绑考核的核心目标。

4.4.5 技术管理机制创新

"平安脑"的建设。金融行业的发展特性决定了它的未来是由数据驱动的，"平安脑"是平安科技重点打造的一个大数据平台。平安期望通过客户交易的数据来感知和分析其需求，从业务预约、电子化表单、信息发布到移动办公等，通过智慧金融系统对上述业务进行管控，金融实体机构和设备之间通过物联网技术把数据连接起来，洞察、获取数据价值，驱动金融业长远发展，因此，"平安脑"具有非常重要的作用。作为为平安金融和医疗提供决策支持的智能引擎，"平安脑"依托平安多年积累的数亿级线下用户数据、互联网数据以及数千万企业数据,对其进行精细化分类管理,绘制全方位、多维度的用户画像、产品画像、渠道分析报表和监控报告,从而帮助平安监控风险、发现商机。

要真正提升产品服务的质量和生产效率,解决上面提到的业务痛点,关键在于智能化,即运用人工智能技术重构生产流程。所谓的"三提两降",是指提效率、提效果、提用户体验,降风险、降成本。然而,生产重构比线上化要困难很多,既需要有强大的技术能力,又要对传统业务流程非常熟悉,只有这样才能将技术和业务流程深度融合,实现生产重构的目标。因此,平安不仅要在IT系统方面完成信息化和数据化基础建设,具备智能化建设的算法技术和计算能力,还要在行业专家的深入指导下,在实际业务场景中不断迭代,最终形成完整的智能化业务解决方案,有效达成智能化经营的目标。

智能化经营是平安的重要战略方向,其第一步就是要打造底层的大数据平台。平安花了近一年的时间,把业务部门的17 000多个数据孤岛完全打通,将数据整合到一个统一的平台上,并建立了自动清洗、整合、更新、质量管理、标准化、脱敏安全等机制,建立严格的权限管理、隐私保护等管理规范。平安在大数据平台上遵照合规要求进行统计分析,得到脱敏的画像标签;然后打造人工智能基础技术能力,包括看、听、说和读等方面的能力,如人脸识别、微表情识别、医疗影像分析、语音识别、声纹识别等技术;接着再构建专业的知识图谱,包括汽车、企业、医疗、教育、农业等多个领域,这是传统行业相对互联网和高科技行业最大的壁垒;最后再围绕业务需求,使技术与业务深度融合,二者共同构建完整的智能化解决方案,并不断丰富和完善可以规模化应用的智能化业务方案中台,全面覆盖金融、医疗、智慧城市等核心业务领域。所有这些工作共同构成了"平安脑"智能引擎(见图4.6),推动平安快速有效地实现各业务环节的智能化,持续夯实关键技术,打破业务壁垒。[①]

[①] 《AI催生金融、保险和医疗领域的变革》,保险金融,2020年3月27日,https://www.hzsf.com.cn/article-23287.html(访问时间:2020年8月20日)。

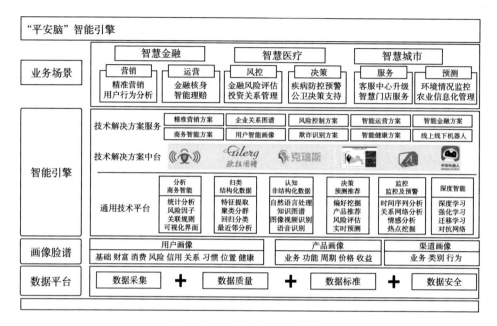

图4.6 "平安脑"智能引擎

资料来源：由平安集团提供。

人工智能研发四要素组合。在中国平安首席科学家兼技术研究院院长肖京看来，"人工智能要成功，大数据、高效的计算平台、先进的算法、全面场景四个要素缺一不可"[①]。而在这四个方面，平安都具备独特的优势。[②] 人工智能的应用，可以让金融在线上与实体的人之间以一种比较高效、安全、快速的方式来结合。在平安的人脸识别技术达到99%以上的准确率之后，平安就在全中国首次推出了刷脸贷款。平安利用人脸识别技术识别通过平安App申请贷款的客户的身份，然后将其与金融大数据库和信用体系进行匹配，在三分钟之内就可以把数万元的贷款快速发放给客户。这是一个非常有趣的场景，原来客户办理贷款需要花几天时间到门店办理，现在三分钟就可以完成，通过这种方式，平安每个月的放款额已经超过10亿元的量级。

---

① 《AI催生金融、保险和医疗领域的变革》，保险金融，2020年3月27日，https://www.hzsf.com.cn/article-23287.html（访问时间：2020年8月20日）。

② 《中国平安的AI野心：最大的对手是腾讯和阿里?》，《中国经济周刊》，2017年9月19日。

快速利用技术改变业务模式的例子还有基于图片的智能定损。在深圳、上海和北京等大城市，碰到汽车剐蹭会非常麻烦，查勘员想要赶到现场很可能也会遭遇堵车，平安想到能否运用图片识别技术，让客户自助进行智能理赔。平安科技发现通过光学字符识别（OCR）技术应用可以自动识别车牌、车型，同时，还可以配合数据库（涵盖业内最完整、最准确的车型、配件、工时、价格数据库）在三分钟之内完成原来需要一天时间完成的定损业务。由此可见，人工智能技术有助于金融业务加强风控，包括快速提升一些全新场景的业务效率。

传统系统云迁移。平安云的建设由门户产品层、资源管理层、设备层、运维及运营平台共同组成。平安云的建设一直秉承前面提到的"六原则"，通过开源与自研结合的路线，研发了 IaaS、PaaS 及 SaaS 的全套产品线，确保能为金融行业的客户提供可靠、富有弹性、高效和集约的云计算服务。云计算充分利用架构部署、同城多活、异地灾备方案等模式打造"五地十中心"金融数据中心，满足金融机构及监管对云计算的各种要求。平安云对互联网金融业务提供云计算能力支持。①

在云计算发展过程中，如何处理新技术与旧技术的关系，是一个非常关键和困难的课题。平安原有 3 000 个系统，要迁移至云端，这个过程是非常复杂的。首先，要考虑技术架构的匹配性。在这个过程中，需要清楚地了解原技术架构的特点，以及旧架构迁移至云端，技术架构需要做出哪些改进和升级。传统的技术架构并不适合云端，特别是银行，其核心系统还是大型机和小型机。根据平安的经验，传统技术架构是集中制计算，而云端和互联网端是一个分布式解决方案，因此与传统技术架构不完全匹配。其次，要考虑迁移过程中的数据同步，因为迁移过程不能影响业务活动的开展，也就

---

① 《IDC 金融行业云计算白皮书》，2018 年 12 月 13 日，https://yun.pingan.com/ssr/aboutus（访问时间：2020 年 8 月 20 日）。

是说，系统迁移过程中数据要不流失、业务要不受影响。最后，要考虑如何解决运维系统的技术复杂性问题。在新的环境下，系统运维模式发生了改变，以前运维是单机或主机，到了云端，分布式结构下，数据同时在几十台服务器上运行，存储也是在不同的机架上，好处是有多个备份，降低了数据丢失的可能性，缺点是系统变得超级复杂，整个运维过程需要重新梳理。这三个步骤，平安每一步都走得有血有泪，累积了很多经验和教训。

"平安在构建云计算能力的过程中，3 000 个旧系统迁移遵循着先易后难的原则。一般来说，我们优先从新业务系统做起，新业务支持的部署在云端比较容易做。另外，对于核心系统快要进入升级阶段时，考虑部署到云端，这样，就不用动原本大体量的东西，只需要找到合适的机会点比如大的系统升级，就可以直接在架构里面搭建平台，迁移成本就会降低。"[1][2]

合作开发人工智能技术。平安利用大量资源与软硬件厂商深度合作，开发人工智能，完成了云计算从 LASS（保险代理人甄选系统）、感知层、人工智能+物联网到应用层的生态闭环构建。在平安科技的带领下，硬件厂商、芯片商、系统集成商、软件开发商、行业解决方案供应商、人工智能创业公司等合作伙伴在金融、教育、零售、楼宇等领域共同开发项目。2018 年，平安与浪潮集团共建伏羲实验室，联合开发平安云 B1——业界最强人工智能云主机，采用浪潮最新的人工智能超级服务器 AGX-5，计算性能高达 2 000 万亿次每秒。该系统可以融合计算与场景，推出全球性能最强的人工智能金融云主机。通过双方的持续深耕，进一步推动人工智能赋能金融、医疗、汽车、房产、智慧城市五大生态圈。在这个过程中，伏羲实验室将浪潮的 IT 基础设施与平安的技术积累进行深度融合、联合创新，双方的合作使"计算"与"场景"融合、"金融"与"科技"融合，以平安云作为统一平台对外输出，

---

[1] 区海鹰，平安内部访谈资料，2019 年 4 月 2 日。
[2] 引自作者对平安集团相关人员的访谈资料。

赋能更多中小型金融机构实现人工智能金融普惠服务，推进中国金融科技的转型与升级。伏羲实验室对于平安的生态拓展发挥了至关重要的作用。在伏羲实验室强大、稳定计算力的支持下，平安科技与独立软件开发商合作开发的微表情识别技术能够识别 30 多种最小表情动作单元，精确度最高可达 98.1%；识别 10 种情绪，识别精度最高可达 98.2%。此外，平安还通过与另一独立软件开发商基于心理学的大数据系统合作开发解决方案，精准推理用户心理和情绪变化，判断用户是否存在欺诈嫌疑，目前该解决方案已经成为远程审批过程中一个强有力的审贷辅助工具，在某银行进行应用推广。

4.4.6　商业模式创新

全球竞争力。根据全球领先的品牌评级机构 Brand Finance 发布的"2020 全球品牌价值 500 强"榜单，平安以 690.41 亿美元的品牌价值，首次进入榜单前十位，居全球品牌榜第九位，较 2019 年提升了五位，居全球金融业第二位，蝉联全球保险品牌第一位。[①]平安深入推进"金融+科技""金融+生态"战略转型，持续提升数据化经营能力，保持整体业绩及核心金融业务持续稳健增长，获客能力、科技赋能成效显著，生态赋能效果初显，综合金融用户数、客户数、客均合同、客均利润均有明显增长。2019 年，平安归属于母公司股东的营运利润同比增长 18.1%，至 1 329.55 亿元；净利润同比增长 36.5%，至 1 643.65 亿元。2019 年 12 月末，平安个人客户数较年初增长 11.2%，全年新增客户数 3 657 万，其中 40.7% 来自集团五大生态圈的互联网用户。

差异化的竞争优势。在云计算领域，国内外的竞争非常激烈，美国有亚

---

① Brand Finance 发布的"2020 全球品牌价值 500 强"榜单中，居前十位的全球企业分别是亚马逊、谷歌、苹果、微软、三星、中国工商银行、Facebook、沃尔玛、中国平安、华为。资料来源：《全球品牌价值 500 强：这家公司首次跻身全球前十》，齐鲁壹点，2020 年 4 月 1 日，https://www.360kuai.com/pc/9a59143d3f12f0f0d（访问时间：2020 年 8 月 20 日）。

马逊云、谷歌云,国内有阿里云、百度云、腾讯云和华为云。作为一个非互联网和技术企业,平安如何确立自身的竞争优势和特色,决定了它如何对科技投入给予回报。首先,平安对标国内云市场领先者阿里巴巴和腾讯,阿里云依靠自身电商生态圈搭建,腾讯云通过游戏、视频、社交场景建设生态,它们的成功都依赖于各自擅长的生态系统。平安云同样依赖于自身擅长的五大生态,其中尤以金融生态为重。金融行业提供的解决方案和产品具有"四高"(高可靠、高弹性、高安全、高合规)的特点,平安的金融背景使其云计算能力具有独特的优势,特别是在金融领域对安全、稳定、可靠具有非常高的要求和标准的情况下。其次,平安在云转型过程中将这些特质融入自身的技术体系中,使自身的云计算体系具有比较优势和差异化能力,如它在提供数据服务时,特别强调遵守合规要求,比如客户信息共享必须征得客户同意,接受全监管,满足安全审计的要求(参见图4.7)。

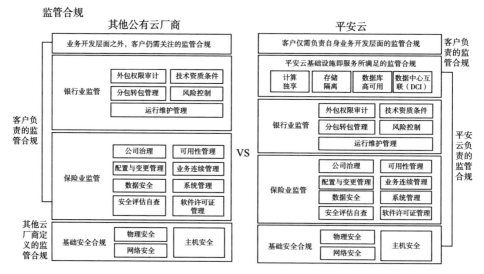

图 4.7 平安云的差异化优势

资料来源:由平安集团提供。

与百度云、阿里云、腾讯云的基因不同,平安的根基还是一家金融机构,具有金融基因的企业最关注的莫过于数据的安全和稳定性,平安云在设计初始就把数据的安全和稳定放在首位。近些年，全球发生了好几宗非常大的数据泄露事件，譬如 Facebook、喜达屋客户资料泄露等，每一次都是千万级、亿级客户信息的泄露。每一次事件发生后，平安都会深入剖析它们出现的问题点在哪里，然后审视自身是否存在类似问题。但是每次自我审查后，平安都发现 90% 的类似问题不会在自己身上发生，这源于平安在整个系统设计的各方面都做了双保险、三保险，把安全和稳定落到了实处。

拓展商业生态。经过严酷的市场竞争，平安的领导班子已经深刻意识到，当下的竞争早已从单个企业间的竞争上升到生态体系间的竞争，要么创造商业生态，要么加入商业生态，否则，等待企业的必然是日渐没落。平安以人工智能、区块链、云等新技术的发展为核心，扎扎实实地落实"金融+科技""金融+生态"战略，以满足客户需求、提升资源效率为目标，围绕五大生态圈建设，通过行业科技水平的提升为高效地满足客户需求做出贡献。

2017 年，中国银行业金融机构总资产差不多有 250 万亿元，全国的银行业金融机构中有 40% 是中小金融机构，有 600 多家城商行、农商行，它们其实是没有技术能力的，可能每年的投入也不少，但是很难支撑金融科技的发展。这十年来平安投入了百亿元量级的新技术研发费用，希望把它孵化出来。[①]

平安针对现有 250 多家中小银行的业务痛点（如线上获客很难、金融产品少、同质化严重、风险管控缺少体系化、平台建设周期长、上线慢等问题），通过构建"金融壹账通"（即金融机构科技服务平台），来连接和助力中小银行。这些中小银行合在一起的市场达 200 万亿元，是一个非常有潜力的市场。平安通过科技平台帮助和连接中小银行，提供 App 自助仓、大数据应用仓、智慧金融服务仓等服务，进而提升整个金融体系的运营效率。

---

① 陈心颖，《中国平安陈心颖谈人工智能技术开放：抱着情怀做事情》，金融界保险，2017 年 11 月 1 日，http://mapp.jrj.com.cn/news/insurance/2017/11/01171623321524.shtml（访问时间：2021 年 1 月 25 日）。

平安具体的推进路径是：开启技术的产品化、工程化研发，提高人工智能技术与场景的融合度；布局人工智能生态系统，聚集行业资源，争取整体突破。平安科技将云、算法、数据、场景等元素融合在一起，以"场景+技术"为突破点，为合作伙伴锻造了稳固的"人工智能生态圈"，从而扩大企业的经营边界，帮助企业突破资源限制，增强企业的环境适应性，延长企业的红利期。

正如平安金融壹账通联席总经理邱寒的看法，"平安怀着一颗高大上的心，在生态中做了很多脏活和累活，各个业务都在和集团一起奔跑"[①]。在生态战略推进过程中，平安内部克服了很大困难，特别是业务部门被 KPI 压得喘不过气来，用科技提高效率的动力不足。尽管如此，平台以追求"外部用户"的目标作为动能，驱动内部变革。平安云通过整合从 IaaS 到 SaaS 的 18 项顶尖技术，为第三方的支付、众筹、金融网销等互联网金融业务场景提供端到端全流程一体化解决方案，帮助互联网金融公司快速搭建渠道获客、营销客服、投融资管理和智能风控等运营体系。如图 4.8 所示，平安云在服务金融机构时，在基础设施、平台服务、通用组件和场景覆盖四个层面，为投资、证券、保险和银行提供从计算、存储到网络的全方位解决方案，技术与业务深度融合为一体，为规模化发展打下了坚实的基础。

以客户为核心的"一站式服务"。 平安在一站式服务领域已经领先于其他企业。美国运通、花旗银行都曾尝试一站式服务，但它们的做法与平安不同。它们更多的是通过并购大银行和大保险公司来尝试一站式服务，不过，并购几年后发现整合的难度太大，因此只能又分开。平安的成功在很大程度上得益于其特殊性，公司的执行力、集团的凝聚力是单纯靠并购的企业难以做到的。

---

① 《金融壹账通联席总经理邱寒：银行要完成数字化转型，首先得有工具》，每日经济新闻，2019 年 5 月 30 日，https：//baijiahao.baidu.com/s? id = 1634937802844309591&wfr = spider&for = pc（访问时间：2020 年 8 月 20 日）。

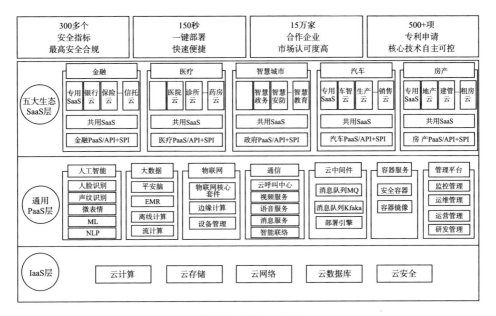

图 4.8 平安云生态

资料来源：由平安集团提供。

在获客方面，平安可以运用电话、微信、微博等多个渠道，并将其整合到一起进行拓展；在营销和产品定制方面，平安精确匹配客户需求；在便捷服务方面，以前客户贷款要填写大量表格，审查 2—3 天，现在，平安普惠 800 多家门店发放 6 000 多亿元贷款，通过人工智能评估系统和声纹识别系统、微表情识别系统，整个过程 3 分钟就可以完成，坏账率降低了 60% 以上。整个服务体系的建设，体现为端到端的、敏捷、快速的小步迭代。

实现对外能力输出。目前，平安万亿元量级的业务已经全部在平安金融云上运营。平安面向 200 个城市、70 家金融机构、2 000 多家医院，全面推广平安金融云，通过这种方式让场景和技术连在一起。同时，它还利用人工智能技术赋能生态。平安科技通过"平安 π"智能认知平台提供人脸识别技术、声纹识别技术、图像识别技术等核心人工智能技术，帮助合作伙伴以最低的成本、最便捷的方式快速获得人工智能能力；同时，融合第三方算法，为上层提供综合化能力。在场景上，平安科技围绕智慧楼宇、智慧教育、智慧零售等领域研发输出硬件、芯片、集成方案等标准化应用,覆盖超过400个适配不同业务的场景,并带领生态合作伙伴触达更多、更广的业务场景,为人工智能技术升级不断提供技术和数据支持。

助力内在业务拓展。在云转型后,平安利用大数据、人工智能、生物识别等先进技术手段让五大领域成功走到线上,不仅开启了新的业务操作模式,还可以同步提供面向C端(针对消费者)与面向B端(针对企业)的业务。这五大领域里,每一家专业公司都既有负责面向C端的业务,也有负责面向B端的业务,目前都以线上为主。如在金融领域,面向C端的金融服务业务包括陆金所、平安普惠。

面向B端的金融服务业务就是金融壹账通,它整合了平安线上的很多技术能力,通过成熟通用型方案对外输出,服务于更多需要技术赋能的中小银行、保险公司和沪金企业。金融壹账通是平安旗下第二家科技公司,是区块链应用的龙头,而区块链不仅解决了平安内部的科技应用问题,也解决了外部用户的信任问题,这正是平安实施数字化转型后其用户数量增加的原因之一。平安云为金融机构提供了一系列用途广泛的产品和服务,金融机构可利用这些产品和服务构建复杂的系统,运行可扩展的应用程序。无论是商业银行、保险公司还是其他金融机构,都是金融壹账通的客户。目前,金融壹账通服务的客户包括500多家银行、近50家保险公司,以及3 000家沪金企业。

在医疗领域,面向C端的金融服务业务是平安好医生。平安好医生2018年在香港上市,有2亿在线用户,每天问诊或者咨询的超过100万人次。面向B端的业务有医保科技、医疗科技,它们把医院、卫健委作为服务对象向其提供云服务。另外,在医疗保险领域,"平安脑"的精准匹配使骗保率大大降低,有效避免了保险公司的损失。

在汽车领域,平安并购了汽车之家,向客户提供购车信息服务。平安发现,大多数汽车买家平均都会在汽车之家看几十个小时,了解欲购买车辆的信息。把客户浏览数据提供给4S店,有助于车企了解用户对哪几款车感兴趣、对每款车的配置偏好和要求是什么。通过分享和利用这些数据，客户购车的转化率提升了近一倍。除此之外，平安的车险理赔服务通过图文识别等先进技术，大大加快了理赔速度。车主只需在理赔服务平台上传几张现场照片，后台就能通过计算机进行勘查，经人工审核后完成理赔服务。

数据驱动的全面决策经营能力。马明哲在2019年年初提出全面推进数据化经营工程，利用人工智能辅助公司经营，提高数据共享的时效性和准确性，实现经营管理的"先知、先觉、先行"。所谓的数据化，是指通过对公司经营管理所涉及的人、事、物进行数据颗粒化、标签化、结构化、模块化和系统化，确保信息的时效性和准确性。

为了实现这项战略目标，平安采取了如下措施：第一步，依托商务智能技术，实现全过程的数字化和数字集成化与自动分析。第二步，在全面数据化的基础上，实现前、中、后台管理决策的自动化、智能化和智慧化，从而实现先知（提前知悉，及时获取准确信息）、先觉（提前感知，做出正确决策）、先行（提前行动，落实举措，追踪执行）。这一步需要极强的人工智能能力，对于作为综合金融集团的平安而言，难度更大，因为外有复杂多变的经济环境和市场环境，内有复杂多样的业务场景和庞大的组织架构，这对人工智能决策能力是极大的考验和挑战。

总而言之，"全面数据化"的工作量浩大烦琐，"数据化经营"的技术难度极大，把两步都走完需要耗费大量的时间、精力、资金和智慧。这也是为何明知数据化经营成果诱人，但少有企业能有实力、魄力和决心将其贯彻到底。从保险、综合金融到"金融+生态"一路挑战不可能的平安，再一次将自己置身于"无人区"。

据平安项目组介绍，全面数据化经营在国内外企业中没有先例可循。平安由马明哲亲自带队，集团企划、财务和平安科技等多部门、跨公司共同参与，自上而下制定了详细、缜密的项目规划和实施路线图。

平安全面数据化经营的总体策略是基于数据仓库，打造数据大脑，赋能多种经营管理场景。数据仓库是整个项目的基础,平安倾全集团之力,推动各核心子公司全面梳理业务、业财、财务端到端共 26 000 余个流程环节,打通 1 419 个断点,实现全面去手工,并构建了集销售、运营、风控、财务、人事等于一体的前、中、后台数据平台。这些数据经过统一的颗粒化、标准化处理后,通过强大的智能搜索功能,可以实现任意数据的组合、分析、建模和运用,大大提高了数据获取和分析决策的时效性。

在数据仓库的基础上,平安进一步衍生出集参谋部、指挥部、作战部和后勤部于一体的数据大脑,"先知、先觉、先行"的目标在这个环节得以实现。以参谋部为例,平安全面数据化经营工程基于强大的数据分析能力,可以实现任意搜索、主动推送,从而满足经营分析中的预测、预警、预案需求。平安项目组展示了平安证券的数据化经营平台,平台上有由卡片、报表、预警、仪表盘、图谱等不同形态内容组成的主题分析库,覆盖公司的主要工作场景,支撑分条线、产品、事业部、外部市场对标等多维度、多场景的经营分析。平安证券数据化经营平台的一级页面中包含了绩效管理、经营概览、财务分析、市场对标分析、业绩分析、利润预测、经济增加值(EVA)分析等多个维度的数据,所有数据由系统自动生成可视化的图表,结果和趋势一目了然。"以前我们只能靠人力手工做报表,最快每周或每月更新。现在数据在这个系统中实时自动更新,并且预制好了各业务模块的日常分析维度,免去了大量人力、时间和误差成本,决策和行动也得以更及时。"[1]

平安通过全面数据化经营,实现了数据的及时更新,使得其在信息获取上比以前快、比行业快、比对手快(先知)。但平安的"野心"远不止于此。通过引入智能扫描、智能统计、智能预判等人工智能能力,平安还实现了自动化的数据分析,具备预测、预警和预案能力,能够自动发现业务现象、智

---

[1] 苏格,《详解平安首发年报背后的全面数据化经营术》,新浪财经,2020 年 2 月 24 日,https://baijiahao.baidu.com/s?id=1659373174444609940&wfr=spider&for=pc(访问时间:2021 年 1 月 25 日)。

能挖掘业务规律、分秒直达业务洞察（先觉、先行）。

平安项目组以平安车险的保费收入预测为例，揭示了平安全面数据化经营的强大之处。平安素来重视保费收入预测，但过往由于因子缺失、业财割裂、依赖手工处理等，3个月和6个月保费收入预测的准确率较低。2019年启动全面数据化经营后，平安车险实现了3个月保费收入预测准确率达95%。

在销售端，平安产险通过线上化、智能化，实现产能提升和业绩突破，截至2019年年底，已针对创展渠道实现机器人辅助答疑和智能报价。在运营端，平安产险探索实现理赔、风控、保单、咨询等服务的线上化和无纸化，截至2019年12月中旬，实现公司整体线上化率达98.1%、无纸化率达99.3%。在风控端，截至2019年11月底，平安银行零售风控人工智能体系子项目已实现六大智能机器人受理业务，其中房贷审批机器人的房贷宅速通自动审批率达到50%以上，新一代贷前机器人公积金方案（直连）自动审批通过率达到40%。[①]

4.5 数字化转型机制创新实践：以美的为例

4.5.1 企业背景

发展历程。1968年春节，在美的集团创始人何享健的号召下，广东顺德北街办的23位居民出资5 000元成立了"北街办塑料生产组"，即美的集团的前身。在珠三角改革浪潮的驱动之下，美的集团凭借对技术的追求，于1980年自行研制生产出第一台金属台扇，标志着美的从此进入家电制造业。

---

① 万象大会年度获奖创作者、北京富华创新科技发展有限责任公司，《详解马明哲全面数据化经营术，为何他家年报能提速22天？》，金融界，2020年2月22日，https://baijiahao.baidu.com/s?id=1659206728704924073&wfr=spider&for=pc（访问时间：2021年1月25日）。

1981年,"美的"商标正式注册使用。

1983年,距中国拉开改革开放的序幕仅仅六年时间,但随着经济增长和购买能力的提升,美的预测空调行业将是未来的发展趋势,于是果断进入。美的早在1984年就成立空调筹备组,派遣了十余位技术人员去广州一家国营厂学习空调设计、生产的相关技术。凭借极强的学习能力,美的迅速设计、生产出一批做工精良的空调产品,为随后成立国内最早的空调设备厂奠定了坚实的基础。

1993年,美的电器股票在深圳证交所挂牌上市,由于改制早,美的成为中国第一家上市的股份制乡镇企业。和彼时其他诸多集体所有制企业甚至一些上市国企最大的不同在于,股份制改革使美的的治理结构、财务制度、管理制度和发展观念都发生了重大改变,美的由此走上了健康、高质量增长的轨道。

1999年,何享健将企业经营权交给了方洪波,这个毕业于南京大学历史学系的年轻人从美的总裁办负责出版企业报《美的》开始,先后担任公关科副科长、科长、广告部经理、市场部经理。1997年,方洪波被破格提拔为空调事业部国内营销公司总经理,如今已成为美的集团董事长并兼任总裁。

国际化。1985年5月,美的公司高管考察日本市场,在"必须要走出国门"这一思路的指导下,1986年,美的电风扇开始出口,并实现从国内市场进入国际市场的首次突破。通过建立海外分支机构和生产基地,美的推动自身组织形态从"中国出口"向"本地运营"转变,不断扩大海外生产基地产品品类,实施制造本地化与供应链本地化策略,持续提升海外工厂产品品质。1990年,美的开始生产第一代分体式空调。2011年,美的基于其收购的位于巴西的开利拉美空调业务公司,掌握了对该公司的控制权;2012年,美的与开利公司在印度合资成立开利美公司。从2016年开始,美的进一步加快国际化的步伐,先后收购了东芝白电主体公司、库卡集团以及以色列高创公司等。

重视人才。美的对人才的重视由来已久。自1985年起,美的开始聘请国有企业技术骨干做它的"周末工程师"。1991年,美的作为乡镇企业吸引了一位博士：马军。不负众望的马军博士，到美的3个月之后，就设计出国内一流的高效节能空调器样机，给美的带来了可观的经济效益，订单突破1亿元。

研发创新。美的集团通过其对人才的重视，吸引了更多大学生、科研人才的关注。目前，美的已经构建了以中央研究院和事业部为基础的四级研发创新体系，不仅关注短期的产品研发，还对未来5—8年的技术发展趋势进行先行研究。美的在包括中国在内的11个国家设立了28个研发中心，是唯一在美国硅谷设立人工智能研发中心的中国家电企业。美的在全球的研发人员超过10 000人，外籍资深专家超过500人。在一家机构统计汇总的"2020年国内企业发明专利授权量排行榜"中，美的位列全国第七，连续五年稳居家电行业第一。[1]

管理变革。1997—2001年，美的开始建立现代企业制度，通过事业部制改革，实现"集权有道、分权有序、授权有章、用权有度"的分权经营模式。通过积极实施事业部制改革，美的获得了极大的成功。各事业部有相对独立的话语权，比如事业部层面有产品开发和先行研发权，集团中央研究院层面负责共性技术和未来技术研究，这对于各个事业部鼓励员工创新具有非常积极的作用。

发展瓶颈。2010年，美的的销售收入首次超过千亿元，但利润仅有15亿元。当年年底，美的的订单，尤其是海外订单达到巅峰，但在订单爆棚的情况下，美的却出现了亏损。这也引起美的高层的警惕。历史上，不少知名企业在销售收入达到千亿元的规模之后，会陷入一个长时间的停滞期，继而慢慢地走向衰落，这也就是业内所说的"千亿魔咒"。当美的高层注意到原有粗放的经营模式已经难以为继时，就开始寻找新的思路。

---

[1] 《美的发明专利授权量全国第七 连续五年家电行业第一》，腾讯网，2021年1月6日，https://new.qq.com/rain/a/20210106a03fax00（访问时间：2021年1月25日）。

4.5.2 竞争机制创新

以前,美的习惯于采用"野蛮生长"模式来发展,各项业务的成长路径基本都是先做大规模,然后依靠对产业链的垂直整合来降低成本。然而,我国的家电行业普遍过分依赖规模增长,在新的市场环境下,这样的模式将受到挑战,因此,美的必须寻找新的商业模式来适应新的市场环境。2012年8月25日,职业经理人方洪波接棒美的集团创始人何享健,出任美的集团董事长。前有美的全面战略转型的推进,后有美的推进集团整体上市的计划,方洪波必须解决集团内部存在的问题,才能有效地推动集团顺利转型与上市。要想上市,美的必须解决内部管理能力问题。当时,美的面临的主要挑战有:

一是盈利压力。以往美的是由高密度投资和规模制造的成本优势推动收益增长,盈利主要通过产品品类扩张完成。2011年,全国家电行业进入寒冬,国内家电销售增速趋缓。尽管美的在当时已经形成了白电领域最丰富的产品线,也进入了一些不相关的领域,但是30%的品类不盈利,多数产品的毛利率较低且没有竞争优势①,严重影响了集团的经营质量和效益提升②。

二是内部管理分散,信息整合能力弱。美的采用了事业部制,在数字化"632项目"之前,美的有3个二级产业集团,在产业集团下有25个事业部③,在事业部下有30多家工厂④。各个事业部独立经营管理,业务流程完

---

① 从A股家电业上市公司2010年年报披露的毛利率数据来看,美的为16.69%,而格力达到22.31%。以产品为例:空调上,格力的毛利率为22.54%,海尔的毛利率为17.79%,美的的毛利率为17.68%;洗衣机上,美的的毛利率仅为17.29%,海尔的毛利率达到29.66%;冰箱上,美的的毛利率为17.68%,海尔为26.18%。相比小家电板块的苏泊尔、老板、九阳,美的日用家电的毛利率没有优势。

② 《美的转型:湖南两公司"瘦身"》,《潇湘晨报》,2011年12月28日,http://epaper.xxcb.cn/XXCBC/html/2011-12/28/content_2564412.htm(访问时间:2020年8月20日)。

③ 苗兆光、施炜,《美的:顺势而为,在平淡无奇中创造奇迹(下)》,华夏基石e洞察,2019年5月15日,https://www.iyiou.com/p/100192.html(访问时间:2020年8月20日)。

④ 《美的智造之路》,搜狐网,2016年10月15日,https://www.sohu.com/a/116234308_488176(访问时间:2020年8月20日)。

全不同。产业集团之间、事业部之间应用的信息系统多种多样、彼此分散，据统计，当时整个集团内部有一百多个信息系统，系统之间无法连通，数据统计口径不同，因此，整个集团内部信息数据冗杂且无法集成，事业部之间数据断点多且信息不对称。对于集团董事长而言，要想快速掌握集团下面的运营情况实属不易，各事业部的报表要层层手工汇总，经过一周才汇总起来的报表由于数据统计口径不同而不易看懂，对管理决策的支持严重滞后。

三是国际竞争压力。在接棒之后，方洪波用了一个月的时间，买来几乎所有关于互联网、工业4.0和智能制造方面的书籍阅读，并将自己看过的书籍列了一个书单，要求管理层阅读。在对全球领先企业的发展趋势和国家智能制造战略有了深入认识之后，他意识到，要解决企业长期可持续发展和短期盈利压力问题，必须在企业的科技水平、管理能力和数字化运营体系上下功夫。同时，美的还向国际领先企业，特别是德国企业学习。美的高层领导团队很早就去美国GE和德国西门子公司学习访问，在学习过程中发现德国企业的整个流程是由客户和市场拉动整个制造过程，企业数字化做到了端到端连接，非常彻底。相比之下，美的认识到自己仍然处于追赶阶段，只有加大对移动化和平台化等的前瞻性投入，才有可能在未来的制造业竞争中获得竞争优势。在美的领导层看来，中国企业的创新空间体现在场景的多元化和动态化上，场景中既有需求又有矛盾，这些都是企业创新的来源。在国内对标方面，美的还向互联网企业学习，特别是学习这些企业的大数据分析能力、移动技术的应用和人工智能技术的应用。如果美的能够将这些技术与其场景结合起来，就能形成独特的创新和差异化的竞争优势。

四是战略愿景牵引。2011年，在对内、外部现状有了全面认知的基础上，美的高层将"产品领先，效率驱动，全球经营"作为企业发展的战略愿景。其中，产品领先以科技创新、聚焦产业、做好产品、以用户为中心为关键举措；效率驱动以制造效率提升和资源效率提升、自动化和信息化、去产能和去库存为关键举措；全球经营以全球布局、本地经营、收购兼并、自主品牌提升为核心举措。为了实现这一战略愿景,美的决心从一家家电企业转型为科技公司,企业高层期待通过数字化转型,不仅强化自身作为家电企业领导者的角色,更转型成为一家高科技公司。在方洪波看来,美的之所以向科技公司转型,是因为"时代日新月异,趋势瞬息万变,唯有科技能让美的更加年轻、更加生机勃勃。在人工智能、芯片、传感器、大数据、云计算、工业互联网、机器人、自动化及众多未知领域探索,美的才有未来"①。

战略演化。在企业愿景的引领下,美的通过自主完成的三年战略规划,将数字化、国际化和智能化作为企业的核心战略。回顾近十年的发展历程,美的的数字化转型战略主要经历了四个发展阶段:

第一阶段,信息化基础管理战略。2012年,美的出于上市需求,必须彻底改变企业管理基础问题,实现公司的使命和愿景。美的第一步的战略是启动"632项目"(见图4.9),通过信息系统支撑和打通公司价值链。"632项目"由系列化的信息系统和平台构成,具体包括:六大运营系统(PLM、ERP、APS、MES、SRM、CRM)、三大管理平台〔大数据(Big Data、FMS、HRMS)〕、两大技术平台〔集成平台(MIP)和统一服务平台(MDP)〕,共13个大项目群的实施与推广,同时包括流程框架咨询(EPF)、主数据咨询(MDM)。"632项目"的推进采用了"一个美的、一个体系、一个标准"的原则和方法论,以实现整个集团数据的标准化、规范化、一致化,为数据整合、分析和对标打下坚实基础。

在制定战略的过程中,美的决定从信息化平台最基础的工作做起,在信息平台上实现十大业务板块的统一流程、统一数据和统一系统工作。"632项目"由IT部门进行项目规划,在规划中明确"做哪些事、解决哪些问题、产生哪些效果"。项目分为四个阶段:项目准备、主流程与主数据咨询、试点建设、复制推广。这是一项艰苦的工作,但是,在公司高层看来,经营管理

---

① 方洪波,《在美的集团50周年全新战略发布会上的讲话》,2018年2月11日,http://www.elecfans.com/d/807811.html(访问时间:2020年8月20日)。

第 4 章
数字化转型中的机制创新

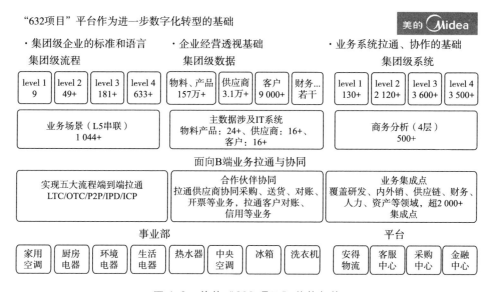

图 4.9 美的"632 项目"整体架构

资料来源：由美的集团提供。

的整合只凭业务重塑是不可能实现的，必须在统一流程、统一数据和统一系统的基础上，靠信息技术来驱动。

"632 项目"的战略落地极其重要，方洪波和首席信息官张小懿直接负责，美的 IT 部门全力实施，集团全员积极参与，每个事业部约有两百人专职负责，经历了无数个日日夜夜[1]，整个集团以统一的意志推行项目，投入了巨大的人力和财力，历经三年多的时间，于 2016 年年初完成。由于整个项目涉及集团内部庞大、复杂的业务体系，第三方外包公司无法深入了解集团内部的流程和问题，因此主要依靠集团自身的技术力量去做。但是，由于美的自身的经验储备和人才资源不足，在项目推行的过程中，美的聘请了 IBM、麦肯锡、安永、华为等公司的专家进行项目咨询。

第二阶段，"双智"战略。在"632 项目"完成的基础上，美的初步实

---

[1] 《离开美的之后发现》，豆瓣，2015 年 9 月 2 日，https：//www.douban.com/note/515357936/（访问时间：2020 年 8 月 20 日）。

现了"系统互联和数据互通",但方洪波认为这远远不够。2014年,他提出,虽然美的不是一家互联网企业,但是,必须要进一步推动精细化、信息化、互联网化、移动化、自动化和智能化。这一阶段的战略目标聚焦在"双智战略"上。所谓双智,包括智能产品和智能制造两个方面。智能制造是在美的"632项目"基础上的延伸,美的在实施"632项目"的过程中发现,仅仅进行信息系统的集成并不够,还需要在集团层面对各个环节(包括工人、物料、机器、过程和服务)进行更深度的数字化连接和转型,特别是在供应链各环节上将合作伙伴、供应商数据通过智能制造、移动化、美的云连接起来,这个过程会产生大量数据,通过大数据采集、处理和分析,实现生产线、供应链和商业生态的透明化,实现数据资产的增值、决策支撑和价值创造,从而支持美的"产品领先,效率驱动,全球经营"的战略愿景,实现从规模导向向效益导向的转变。在推进智能制造的过程中,生产自动化、信息透明化和物流智能化是全面推进数字化转型的关键举措。

在美的的战略版图中,智能化是最具挑战性和难度最大的。智能化战略与解决应用场景的矛盾和问题密切相关,很多场景是鲜活和具体的,如在旗舰店如何通过机器人与用户交互,不仅了解用户的购买和维修需求,还快速下单订货;售后工程师与需要维修产品的用户之间交互可视化,减少用户等候时间等不确定性因素;利用机器人进行客户服务、在制造过程中通过采集模具的数据帮助工人智能操作,使得以前依靠老工人的经验需要四五个小时才能完成的工作,用更短的时间就能完成,等等。智能化将是美的数字化转型的高级阶段。

第三阶段,全价值链数字化战略。2017年,美的高层敏锐地意识到,中国制造业曾经的增长红利和人口红利已经逐渐消失,必须进行产业链的重构,抓住世界制造业、价值链重新分工的机会。[1]因此,美的进一步提出全价值链

---

[1] 《美的董事长方洪波:全球价值链重新分工的中国机会》,第一财经,2016年12月27日,https://www.yicai.com/news/5192298.html(访问时间:2021年1月25日)。

数字化的概念，其核心思想是用数字化技术完整覆盖整个公司的研发能力、订单应对、计划能力、柔性制造、采购能力、品质跟踪、物流能力、客服安装等全价值链的各个环节，实现端到端的协同、研产销的闭环管理，打造全价值链的数字孪生，提升整个公司的运营水平、综合效率和管理水平。

第四阶段，工业互联网平台战略。2019年，美的在精细化、信息化、互联网化、移动化、自动化和智能化基础上，进一步提出了工业互联网的战略。所谓工业互联网，是指改变以往制造业大部分流程（如研发、供应链、生产、物流、销售、售后、消费者之间）的割裂状态，打通研发端、生产设备端、供应链端、业务端、物流端和用户端，真正做到"零"库存生产、100%物流追踪管理和"单"个起订的从客户到制造（C2M）的定制化能力。而美的集团版工业互联网的终极目标，就是通过实现智能化生产、网络化协同，让整个产业链闭环以客户需求为中心高效运转。①

工业互联网是在美的全价值数字化能力基础上搭建起来的，除了全价值数字化支撑体系，作为生产制造环节的黑灯工厂和智能工厂也极为重要。黑灯工厂的第一个样板是美的顺德的磁控管自动化工厂。它从原材料进场到产品制造均实现了无人化操作，同时还支持高度精益化、自动化和供应链协作，通过美的的供应商协同平台，所有美的合作伙伴和供应商都无须见面，全部通过手机在供应链平台上进行交互和交易。在张小懿看来，黑灯工厂并不仅仅是在黑暗中的全自动化生产，而是在黑灯情况下，工厂管理者可以清晰掌握车间内、生产线上各个环节（包括外部供应商）的所有实时数据信息，并将其通过协作云全部连接起来，从进料、材料输送到每台设备的运作和互联互通，供应商知道什么时间点必须把料送到哪一个卸货台上，就连来料的品质，工厂都可以实现自动检测。

智能工厂的样板是美的南沙工厂。智能工厂是真正意义上的工业4.0，

---

① 《美的集团副总裁兼CIO张小懿：工业互联网平台最关键是与制造实践融合》，搜狐网，2018年10月20日，https://www.sohu.com/a/270232206_680938（访问时间：2021年1月25日）。

它是由大数据融合与驱动的管理系统,是将实体工厂的生产设备、工序、原材料、成品、机械手、机器人与数字孪生有机结合起来的实时智能经营体系,工厂将绝大部分的品质检验岗位,都替换成了人工智能检验,实现了在质检流程上的全部自动化。未来美的的任何一台家电产品都可以与人进行实时交互,它是一个活生生的交互终端,未来再通过软件的不断升级和驱动,提升用户体验。①

资源配置。美的在启动数字化转型的同时,开始了"瘦身"战略。2012年之前,美的集团有 18 个产业和子公司,靠低成本扩张规模实现发展,盈利能力差。在明确了数字化转型战略后,美的开始剥离重资产,关闭了在天津、江门、邯郸、合肥等城市的十多个生产基地,砍掉多个利润率低的产品,突出更具竞争力的主业,减少规模小或经营欠佳的品类,员工数量从近 20 万缩减到 10 万以内。所有投资集中在研发和数字化技术领域,不再投向设备、厂房和土地等重资产领域,但在这期间,公司 IT 和软件人才的数量增长了 4—5 倍。在推进"632 项目"的过程中,美的计划用 6 年的时间,投入 20 亿元,先做好系统级的信息化的基础工作和数据管理的基础工作,再进行智能制造的数字化构建。在智能产品和智能制造领域,美的每年有 60 亿至 80 亿元的固定资产全部投在智能技术和产品上,足见其"技术领先"的决心。美的创新研究院将每年销售收入的 3%—3.5%(2018 年为 60 亿元)专门用于研发投入,并明确指出,其在数字化转型方面至今已经累计投入超过 100 亿元。美的将自己作为试验田,在自我赋能的基础上,实现对外赋能。

4.5.3 变革机制创新

强有力的负责人和 IT 团队。美的的数字化转型是由集团总部统一领导和

---

① 《美的集团副总裁兼 CIO 张小懿:工业互联网平台最关键是与制造实践融合》,搜狐网,2018年 10 月 20 日,https://www.sohu.com/a/270232206_680938(访问时间:2021 年 1 月 25 日)。

管理的，由集团执委会成员、集团高级副总裁兼首席信息官张小懿直接负责。IT 团队在公司定位于职能部门，2019 年，美的的 IT 部门已有 2 700 人，其中负责美的内部数字化的 IT 人员有 1 100 人，重点负责公司业务的数字化转型工作；物联网平台团队有 400 人，重点负责智能产品和用户的连接与互动，包括用户连接与互动、职能模块开发、运营数据挖掘发现、美居 App 的开发与运维、用户场景发现与技术支持等，完全面对用户和生态打造。负责对外数字化服务的美云智数有员工 1 200 人，重点将美的实践中已经成熟的技术输出给其他企业和客户，帮助后者进行数字化赋能，同时，也将美的数字化投资转化为新的战略增长点。美云智数的员工很多都是原美的 IT 部门的数字化人才，员工可以自主选择是留在美的还是到美云智数工作，但同时两个部门的人员可以相互流动、轮岗或兼职，是密切合作的伙伴关系。美云智数不仅要对外开拓市场，同时还要承接美的外包的数字化项目，使其在保证生存的情况下获得可持续发展的能力。美的在数字化转型过程中，特别鼓励员工用互联网和数字化思维来积极思考与探索传统业务的转型路径及方法。在这一过程中，不仅技术人员要思考这个问题，业务人员同样要思考这个问题，使大家就数字化问题达成共识。

组织体系的扁平化。在"632 项目"的实施过程中，为了促进集团内部的整合，美的对组织架构也进行了调整。2015 年 6 月，美的开始进行内部组织改造，核心思想是"去中心化、去权威化、去科层化"，构建了"789"新架构，即七大平台、八大职能和九大事业部，一般员工到董事长之间只有四个层级。在此之后，美的的组织架构仍在不断更新，"789"架构仅是过渡性的。2017 年至 2018 年，美的进一步明确了组织扁平化的三层架构体系，即事业部、协同平台和职能部门三层架构。第一层架构是事业部，包括集团原有的八大事业部再加上库卡、东芝，事业部遵循 KPI 指标，向集团上缴利润。第二层架构是协同平台，包括安得智联、电商中心、客服中心、中央研究院等，平台单位可以向下收费，由事业部分摊费用。第三层架构是审计、IT 等十大职能部门，除 IT 部门外，全部职能部门加起来只有 200 多人，目标是成为小而专的服务型部门。

多元创新模式。美的数字化转型中采取了多种模式，以自主开发为主导模式，同时加上利用开源技术、外部导入和收购等方式。美的之所以要采取自主创新模式，是因为中国制造业企业的结构与美国和欧洲不同。国际大型制造业企业（如波音）的制造核心是总装等大框架，聚焦于全球供应链协作，而不是部装工程环节。像美的这样的中国制造业企业，其供应链很长，涵盖从原材料进口到总装的所有环节，所以直接用国际软件进行数字化转型并不现实，软件开发必须贴合中国制造的实际。因此，美的在发展工业互联网的过程中，深度关注和研究中国制造业的具体需求，自主开发切合自身实践的系统解决方案。对于新技术的成功应用，一把手也颇为重视，如在第一批移动应用上线之后，方洪波特别予以表扬，给了员工很大的鼓励。

通过并购加速转型。2014 年，美的提出"双智战略"后，开始将目光转向机器人行业，投入 50 亿元进行自动化改造工程。2015 年，美的与安川合资，成为美的正式进军机器人产业的具有战略意义的标志。为了实现智能时代家居的愿景，美的希望通过"智能制造+工业机器人"模式，提升智能制造水平，通过"智慧家居+服务机器人"的模式，使公司的智慧家居和生态构建得到快速发展，并用服务机器人带动人工智能、传感器、智慧家居业务的延伸。

为了实现跨越式发展，美的以产业链升级作为驱动进行战略性并购，2015 年 8 月，美的首次购买库卡 5.4% 的股份。2016 年 2 月，美的继续增持库卡股份，持股比例达 10.2%。美的经董事会决议拟通过其境外全资子公司要约收购库卡 30% 以上的股权。2017 年，美的要约收购的交割工作已完成，并全部支付了收购所涉及的款项，共计 37.07 亿欧元。[①] 美的在对库卡的收

[①] 朱芳影，《美的集团成功并购库卡案分析》，《合作经济与科技》，2018 年第 20 期，第 23—25 页。

购过程中，综合考虑了资源、风险和收益三大方面。在资源方面，库卡属于高科技公司，在全球最大的四家机器人企业中，库卡的特征就是高度聚焦，其主要业务包括机器人本体制造、系统集成以及物流运输三大板块，全部与机器人高度相关。同时，库卡在技术与专利方面的价值也不可小觑。截至2019年，库卡在全球共公开了4 000件专利和专利申请，申请的技术内容几乎均与机器人及自动化技术相关。库卡在中国申请了很多新技术专利，美的通过并购库卡，可以使用其先进技术而不用担心会引起产权纠纷。另外，作为产品技术性能的有效补充，库卡拥有丰富多样的售后服务，其优势与美的的"双智"战略吻合。在风险方面，库卡位于财税制度比较稳定的德国，其资产组合方面的政治风险相对较低，美的因此拥有了一个国际上领先的发展平台，有助于自身更进一步地拓展海外业务。在收益方面，库卡大大优化了美的生产线的自动化程度，降低了人力成本，增加了利润，同时库卡也成为美的提升其机器人行业地位的助推器。在这项饱受争议的并购案中，美的的战略十分清晰：通过借力库卡在工业机器人和自动化生产领域的技术优势，提升美的的生产效率，推动美的自动化战略落地和数字化升级。在并购库卡之后，美的在机器人领域，专门成立了机器人自动化平台，承接所有事业部的自动化改造，各事业部业务场景的自动化探索实践全部在库卡体系内完成，并期待生产过程中使用机器人的数量达到700个/万人，超过韩国和日本企业的水平。

探索模板后快速复制。美的鼓励数字化转型过程中的积极试错、大胆探索和持续总结，重视迭代过程中的持续优化，每当新技术涌现时，美的总是积极尝试新技术，看它是否好用，如果不好用再进行修改。比如，5G商用虽然并不成熟，但是美的仍然积极探索其可能适用的场景。与此同时，美的借助外力厘清思路，引入方法论。在数字化转型的过程中，美的向麦肯锡进行咨询，麦肯锡为美的提供了流程化的框架、思维方法和能力建设路径，由美的自身将流程变革落地。在推进"632项目"、数字工厂和其他项目时，美的为了搭建统一体系的数据标准，采用业务主导与数据先行的做法，先在一个事业部探索实践，进行模板化建设，然后再在其他九个事业部快速推广。

变革后的美的组织架构如图4.10所示。

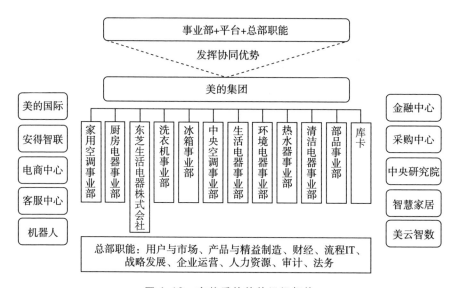

图 4.10　变革后的美的组织架构

资料来源：由美的集团提供。

4.5.4　激励机制创新

向数据文化转型。美的的数字化战略以推进数据文化建设为核心。数据文化是数字化转型的重要基础。在美的，数据文化有八个关键要素：一是统一标准。全集团有统一数据口径和标准，数据管理的基础工作要扎实。二是平台整合。搭建统一的数据平台，集团内部产生的数据都要统一存储到大数据平台上，不允许中间存储，这就保证了数据的全面性和一致性，确保了数据的互通与整合。三是统一采集。在全集团数据统一采集、整理和分析的基础上，建立数据绩效评价机制。四是内部对标比超。通过数据客观展示各事业部的绩效并据此对标，推动内部竞争机制的建立。五是数据驱动业务闭环改善。通过数据反馈发现问题并及时修正，形成持续优化的螺旋和自我修正体系。六是多屏展示。无论是手机、电脑还是工厂大屏幕，通过多渠道显示，让企业所有相关利益群体都可以获取数据，形成基于数据的判断和决策，分享数据带来的价值。七是传播数据价值，力图一张图读懂经营管理现状。八是一把手和高管团队要成为数字的第一用户，亲自长期坚持利用和使用数据支持决策，如果一把手和高管团队不用系统及数据，数字化转型就失去了其重要价值。

对标科技公司，尊重技术人才的价值。 美的打造的文化就是非常重视人才，其创始人何享健曾说过宁愿放弃100万元销售收入，也绝不放过一个有用之才。在美的转型为科技公司的大背景下，公司将IT人员的薪酬体系对标高科技公司的薪酬体系，车补和房补的标准等同于产品研发部门，对于外部引入人才，则参照和对标行业及互联网企业。除薪酬体系外，美的还努力打造有利于科技人员成长和发展的组织氛围及环境，包括提供各种讲座和培训，助力他们开阔视野，通过充分授权、提供锻炼及成长机会来留住人才和使用人才。

通过创立美云智数留住人才。"632项目"在美的内部的成功实施帮助美的积累了数字化转型的宝贵经验。做完该项目之后，很多猎头公司挖角"632项目"的相关人才，提供两三倍的工资待遇。为了留住人才，使其继续对美的提供支持，同时也将美的的数字化转型经验价值化，集团进行内部创业，成立美云智数，将美的"632项目"的经验打包为产品对外输出，同时，通过股权激励机制留住技术人才。这种方式既解决了人才流失的问题，也拓展了对外服务的商业模式，实现了双赢。

通过知识组合吸引领军人才。在引入外来人才特别是领军人才的过程中，美的发现，对于从互联网企业转型到制造业企业的人才来说，如果他们能够意识到制造业的专业知识和技术对其职业发展中的特别价值，将原有技术能力与制造业有机融合,及时地调整心态,较好地融入美的的价值观和文化体系之中,就能在制造业企业数字化转型过程中发挥重要作用。美的的总部设在广东顺德,为了吸引和留住顶级人才,美的不仅在深圳设立了区域办公室,还将在上海设立第二总部。美的的数字化战略转型为数字化人才提供了广阔的平台,也吸引了众多国际、国内优秀的人才加盟。未来美的也将进一步加大人才投资力度,从国内外吸引高端人才,特别是博士。

4.5.5 技术业务融合机制创新

业务与技术迭代的数字化规划方法论。为了确保业务需要与数字化规划方案的配合度,美的采用了系统的方法论。每年 9 月,美的通常会开启项目需求调研过程,在这一过程中,会经过六个步骤:第一步,数字化部门进行下一年的数字化规划,初步确定下一年的计划、框架和预算。第二步,与十大业务事业部(如供应链、制造工厂等)数字化负责人进行访谈,搜集需求,提出预算。第三步,在搜集业务部门需求的基础上,调整数字化部门原有的规划和预算,迭代出第二版,经过几轮评审之后,确定最终预算。在美的,预算评审主要由财务部门负责,采用的主要是倒推法,财务部门通过参照上一年的预算,审核数字化部门的费用、费用率和各子项预算。第四步,将更新的报告与事业部总裁进行交流,确定项目重点,并在此基础上,对数字化规划进行第四次迭代。第五步,将数字化规划向集团董事长汇报,董事长会根据集团总体战略、资源结构和预算目标,对下一年度的 IT 规划做出决定。

企业在制定数字化规划时,通常会遇到需求变更问题。为了解决这个问题,美的采取的应对策略是,如果业务部门没有将年度需求提交上来,在第二年的数字化规划中就将没有预算,所以业务部门需要非常认真和仔细地考察自身的需求,项目的目标要非常清晰,数字化转型的业务场景要非常明确,并思考和预判项目的商业价值。在项目完成时，数字化团队和业务组除了需要汇报项目的完成情况和创造的价值，由高层团队组成的评审团还需要一起对其进行评价打分，以确保项目的有效性。

在 IT 团队的绩效考核体系设计中，考察的指标包括几个因素：①项目完成率；②项目完成是否符合需求和时间表，里程碑推进情况；③比对需求清单的项目系统功能完成情况；④考核满意度，业务部门是否满意，信息系统在业务部门是否发挥了充分的作用。在整个指标体系设计中，财务指标并未被列为关键指标。

提升业务管理基础与数字化准入并行机制。数字化水平是管理水平和技术应用能力的综合体现。企业仅仅依靠数字化技术是不够的，只有业务基础和管理水平与数字化能力同步以后，企业的运营效率才能真正得到提升。美的在推进智能制造的过程中，也面临着同样的问题，特别是基础管理水平与数字化能力相匹配的问题。在推进数字化转型的过程中，有些工厂的生产效率和管理水平非但没有提升，反而下降了，新系统没上线，老模式还在用。张小懿发现，在现场观察的过程中，如果发现工厂不整洁、摆放大量原材料和半成品、工人大量进行二次搬运、生产计划变动率很高等现象，就说明工厂或车间的管理水平比较差。为了解决这个问题，美的采取的做法是先提升管理水平，再让系统上线。在提升管理水平的过程中，美的采用的方法是 IT 部门将手工操作和系统操作的差异列在一张表上，通过对标发现手工操作与系统操作的差距，之后再将其分解到不同岗位上加以改善，如果工厂工人缺乏改善的能力，就从其他工厂调来有经验的导师手把手地教，通过培训和管理改善，用两三个月的时间大大提升员工的管理意识和能力，也使系统上线的成功率得到保证。与此同时，企业还配合人员培训、精益流程制造等方法，使数字化转型与管理能力提升同步进行。同时，为了让一线员工很快地适应数字化时代的操作技能，美的还在系统设计上下了很大的功夫。系统设计原则主要有三个：一是与工人工作的匹配度，二是系统的稳定性，三是系统的易用性。如果操作系统的是一般员工而非核心员工，系统设计则以易用为首要原则，复杂的工作交给后台完成。

数字化转型的核心是建立主数据管理机制。数字化转型的关键难点在于基础数据的规范、获取、管理和使用。在推进"632项目"的过程中，美的首先在集团层面成立了负责数据统一的部门，该部门负责所有事业部、供应商、客户、产品、物料等主数据建设。在主数据标准化过程中，美的聘请安永作为咨询顾问公司，安永向美的分享了主数据管理的方法和模板，数据标准化落地由美的完成，历经半年时间。主数据统一管理的重要意义在于，它将各组织单位的数据统计口径一致起来，集团内所有业务单元都可以在信息系统层面互联互通，主数据统计口径的统一为数据整合化管理打下了基础，同时也可以进行不同部门的对标比超（如研发周期、生产周期、采购周期、交货周期等指标的比对），尽管指标对比结果不计入年终考核，但业绩的衡量更加客观真实，督促不同事业部的整改和学习。如果没有主数据统一管理的方法与实践，数字化转型就是一座空中楼阁。

从结果数据化向过程数据化转型。"632项目"的实施是以结果数据为核心的阶段。企业在导入ERP及其他相关信息系统，实现业务的信息化时，重点以管理流程为主。在推进"632项目"的过程中，各个部门开始对IT部门提出需求，如销售、售后服务，这一时期，IT部门需要紧紧围绕业务部门采集数据，并根据数据进行业务分析，特别是对业务结果进行统计，有了数据分析，业务改善就有了决策支持，管理形成了闭环，因此，业务流程在信息系统里面完整呈现，确保整个流程数据运行畅通。这项工作是美的在2013年以前完成的，大量系统应用在个人电脑上完成，主要是给管理层用的，重点是总结管理工作的结果。举例来说，传统的业务管理方式是结果导向的，因此信息系统的主要作用是支持企业对结果的管理。比如以往生产车间从仓库领料，管理的对象是"领了哪种料、领了多少料"，那么美的就需要一个财务工作人员在系统中记录这一结果，对领料环节进行管理。这种管理方式有几个弊端：一是管理颗粒度粗，领料过程中关于物料、设备、过程的数据都无法详细记录；二是管理效率低，人工录入速度慢，光是领料记录就要做大半天，数据无法实时记录，也无法及时提供给管理层使用；三是决策能力差，人工录入效率低严重制约了工厂状态的及时反馈，管理层看到的数据都是半天或一天以前的，不仅计划变动率高，而且很多决策都不及时甚至出现错误。

随着移动技术、物联网、云计算的应用，企业开始从以结果数据为核心的阶段转向以过程数据为核心的阶段，这也是真正进入数字化的阶段，动态的、全要素和全过程的数据化开始启动。以前，由于资源与过程透明度低，企业计划的变动率为30%—40%，不确定性很高，误差很大，管理粗放。当移动技术（智能手机）成为所有用户的工作平台时，可以加速企业管理业务运营的整个过程。举例来说，在以结果数据为核心的阶段，如果去仓库领料，领料员会将料领出来输入系统中，但在以过程数据为核心的阶段，所有物料是有ID（身份标识号）或二维码的，物料从采购、存储到使用的全过程都可以数字化的方式进行跟踪追溯，数据流与物料合一，这非常有助于企业的精细化管理和过程管理，企业管理层可以实时、动态、清晰地看到资源的拥有、使用和配置情况，做出判断和决策的误差会大幅减少。

数据驱动的智能制造体系建设。智能制造体系以数字化连接研发、计划、制造、采购、品质、物流、客服等全价值链的各个环节，打通制造与生活的结合点，实现全价值链端到端的全面协同，将制造与生活推向新的高度。美的的智能制造数据决策包括以下环节：研发仿真过程、生产过程（包括业务计划系统拉通、设备自动化、自动化机台、自动化产线、信息物理系统生产透明化、品质透明）；订单管理（订单跟踪、订单透明可追溯、订单跟踪移动化、品质在线管控、中控室展示等）；供应链管理（包括供应商互动移动化、App电子单据等）；物流管理（送货透明、产线资源透明、制造过程透明、物流智能化、自动化物流、入场、总部物流拉动）；管理移动化（包括看板移动、无纸化、决策数据化、数据联机、自动采集、数据分析与展现）。

以前是以人的经验管理为主,现在上升到数据驱动科学管理。之前,工厂最有经验的老师傅能发现的生产过程中的异常现象也不会超过100个,现在数据识别的能力更强,通过数据分析识别能够发现1万多个异常值,反映出生产过程中的问题和瑕疵,为生产改善提供了更广阔的空间;数据分析帮助管理者拓展认知和经验,发现一些靠经验无法识别的问题,形成了管理闭环,持续改善管理体系,实现精准管理。

平台支持的研发仿真。美的在数字化转型过程中,将研发过程从单型号产品研发转型为平台型研发,研发不仅可以同步进行,研发上的信息整合和共享可以支持很多型号的快速开发,而且用户可以基于这个平台进行各种选配的工作。在研发的基础上,美的还有数字验证过程,建设了数字化工艺,进行数字化仿真,大大改变了研发与制造的关系。以前研发和制造过程是脱节的,现在在研发阶段就可以通过仿真技术考虑所有制造问题,没有仿真的产品不允许投入制造过程。这一过程使新品的市场开发和生产周期缩短了45%左右,成本下降了80%。同时,数字化工艺的引入让整个柔性制造、防错体系等建立了起来。

大数据驱动的按需生产。为了能够生产出更好的商品,需要对订单有更准确的预测,对决策和制造过程有更加精细化的管理。美的通过数字化工厂、生产制造执行管理系统、机器人、物理信息系统等的结合,对于包括物料环节在内的生产全过程进行数据采集,对柔性制造性能进行持续提升。

以区块链技术为基础的采购一体化平台。通过采用区块链技术,在公司送货单、入库单等所有环节上进行信用管理和运营实施,不再需要纸质单据,大大提升了交易效率和安全性。

业务计划拉通精准化。计划是龙头,通过以搭建三层计划体系和融汇价值流的拉式为主、推拉结合的计划模式,提高预测准确性,支持产销协作,缩短供货周期,提高物料数据的一致性(标准化、平台化),实现计划刚性执行。借力大数据提高预测准确性,提升数据处理能力,缩短计划刷新时间,及时调整物料计划和生产计划，使得原材料库存降低90%，生产损耗降低68%。

制造执行价值流拉动。以往因为计划变动大，物料准备与配送有不准确的现象，导致物料品质异常、来料质量控制（IQC）检验周期长。同时，供方送料不及时、配送信息不透明、自制件未按总装要求生产的情况也时有发生。价值流拉动使得计划稳定，供方库存也更加透明，同时IQC前移，品质检验标准化与刚性执行使得计划、来料、生产消耗环节信息透明。

制造执行自动化对接。自动化产线、机台的对接从初期的关注设备综合效率（OEE）等简单对接到关注换型转产、工艺参数等实际支撑产线运转的对接，把产线、机台的实际运转工艺参数记录下来，通过大数据分析找出匹配不同产品的最优参数，提升制造能力，支撑快速换型转产，做到柔性制造。海量数据的持续记录为透明工厂、深化管理（如能耗管理）打下了基础，可以使工厂运营更精确。

制造执行品质管控。通过大数据的计算能力，做到品质在线预警、管控。通过对海量的物料、工艺参数、机台、人员、环境等数据持续进行记录，利用大数据分析，找出品质保证的最佳参数。追溯也从以往的关键件追溯提升到物料、工艺参数、机台、人员、环境等综合追溯。

现场问题及时响应。生产与管理的数字化和透明化分为三个层面：一是现场看板的数字化和透明化；二是工厂中控室大屏幕的全面展示；三是管理层的移动化看板。根据责、权、利的不同，不同管理层级能分别看到其权限范围内不同的指标数据。现场出现问题会马上显示，一旦生产设备出现问题，如果5分钟内维修人员未能解决问题，中控室大屏幕就会显示预警，如果30分钟内工厂还未能解决问题，相关信息就会在总经理手机上展示，全过程信息流动形成闭环，从而形成了对问题的快速响应机制。

4.5.6 技术管理机制创新

业务运营数字化体系建设。"632项目"是美的战略转型的第一步,为数字化转型构建了基础架构,积累了基础数据。在实施"632项目"的过程中,项目团队发现仅仅进行系统整合对于美的今后的发展是远远不够的,如果需要更加深入地转型,就要通过物联网、云计算、移动互联网、大数据等数字化技术将工人、物料、设备等生产要素连接起来,并实现与客户、供应商、合作伙伴等主体的交互,获取颗粒度更细、规模更大的数据,并让数据产生应用价值。

在这一时期,美的通过建设两个重要项目打通了整个业务运营体系。

一是G-ERP系统建设。[①] G-ERP在整个"632项目"中起到拉通、规范、协同的作用,包括销售、采购、库存、成本、车间、排产、计划及其他八大模块。主要目标是建立同其他信息系统(G-PLM、G-APS、G-SRM、C-ERP、G-IMS、G-OMS、集团主数据系统等)核心流程的互通机制,构建执行数据全集,实现上下游方案的对接以及效益和效率的双赢。G-ERP高阶业务流程主要涉及APS、SRM、PLM、IMS/OMS(营销/关联)、EMS(费用/报销管理)、EAM(资产管理系统)、MES、WMS(仓储管理系统)、BI等,实现从计划到制造、计划到采购、采购到付款、制造到完工、完工到交付、订单到付款、费用到付款、成本到管控、投资到资产、记账到报表的全流程拉动,搭建了供应链执行、营销集成、财务管控的管理协同体系。G-ERP系统包括MRP、销售、库存、采购、物料清单、应收/付、车间管理等,在其外围还包括APS、SRM、CRM、PLM等,集成方案涉及29个外围系统,超过500个信息集成点,分别在家用空调和厨房电器两个事业部成功上线。

[①] 《美的G-ERP项目制造方案实践——美的厨电信息化项目ERP制造项目负责人周大生在首届智能制造高峰论坛的发言》,数字化企业网,2015年7月16日,http://articles.e-works.net.cn/erp/article123882.htm(访问时间:2020年8月20日)。

二是 G-PLM（产品生命周期管理）系统建设。① 2015 年 1 月 1 日，在完成向 IBM、麦肯锡、安永的咨询的基础上，美的启动的 G-PLM 系统经历了业务蓝图设计、技术方案设计、系统实现、最后准备等阶段后，在家用空调试点上线。G-PLM 系统涵盖了四大研发业务流程：技术规划、技术研究、产品企划、产品开发。青铜器（RDM）软件与 PTC Windchill 一体化 PLM 解决方案具有如下三个核心优势：第一，实施周期短、实施成本低，依托 RDM 方便、灵活、可视化的业务流程自定义能力，极大地降低了业务流程 IT 化的难度和成本；第二，彻底解决过程与交付"两张皮"的问题，任务交付内容标准化，交付审核通过，触发任务关闭，确保交付的质量；第三，业务主线清晰明了，操作简单易用，规划—实现—交付—验收—结项，把产品和项目的各个元素按照业务过程无缝衔接起来，业务人员更容易掌握和使用，降低了 PLM 系统的推行难度。

新系统与旧系统的关系。对于很多中国制造业企业来说，数字化转型的技术管理有两个难题。一是集团内部各个事业部重复的信息系统如何处理。美的 1995 年就开始导入 ERP 系统，但问题是系统没有统一和整合（如不同事业部的 ERP 系统就有七八套），公司虽然有 400 多个系统同时运行，但看不到任何成形的数据。因此，要解决的首要问题是整个集团信息系统的统一化和整合。二是企业在信息化过程中大量使用国外软件（如甲骨文的 ERP 系统），这些软件如何与数字化技术对接？如果仅靠这些系统进行数字化转型，应用场景肯定有局限性，因为这些系统的开发与设计是以国际制造业企业的运营模式为主导的，这些企业大多采用横向协同组装模式，将零部件外包给众多的供应商，然后组装完成，其数字化系统相对简单。但是，美的采用的是垂直整合模式，从采购铜管、铜线、钢板开始到完成整个空调生产，其间的加工层级多达 10 层，如果使用西方的软件，则速度太慢，美的需要在订单

---

① 《2015 产品创新数字化征文：青铜器软件，助力"一个美的、一个体系、一个标准"》，数字化企业网，2015 年 11 月 24 日，https://articles.e-works.net.cn/pdm/article125730.htm（访问时间：2021 年 1 月 25 日）。

驱动的组装要求下达后，所有的材料供应排程系统和产能体系同步协同，整个过程需要依靠算法测算，而不是人工测算。在没有现成软件可用的情况下，美的凭借自身团队定义来开发软件，基于制造业企业的多场景和复杂性，开发自有生产和供应链系统。在数字化转型过程中，美的保留了甲骨文的ERP中财务核算和数据总线的部分，其余的系统通过自主开发、与第三方合作开发模式，在ERP周边建立了系列化的系统，凡是与业务匹配度不高、用户体验不好的系统，均被取代或修改，因此，美的的数字化转型经历了从外购软件为主到自主开发为主的转变。

智能制造。智能制造是将数字化及相关技术应用到设计、生产、制造、服务的全过程，其本质特征是个体制造单元的"自主性"与系统整体的"自组织能力"进行整合，通过计算机集成制造、高水平的适应性和快速设计变化、数字信息技术和更灵活的技术劳动力培训，根据需求快速改变生产水平，优化供应链，高效生产和可循环利用。

智能制造的广义定义涵盖了许多不同的技术。智能制造运动中的一些关键技术包括大数据处理能力、工业连接设备和服务，以及先进的机器人技术。智能制造的重点包括生产自动化、信息透明化和物流智能化三个方面。

生产自动化。生产自动化是智能制造的关键。美的在并购了德国库卡的基础上，进一步加大内部工业机器人的使用。美的空调事业部是集团生产自动化的主要试点，集团计划投入50亿元实施空调事业部的自动化生产改造工程。在自动化改造过程中，将劳动强度很大的工作（如搬压缩机等）、高危工种（如冲压、空调面板喷粉等），用机器人来替代，以保障员工的安全。美的的自动化改造工作很多是从人性化的角度出发，把个人从繁重、危险和艰苦的工作中解放出来，如美的中央空调合肥工厂，钢板脱脂清洗、钢板自动化卷圆、自动化焊接等工序均由机器人完成。目前，美的中央空调已实现工厂的自动化生产，生产线人数下降了50%，自动化生产使得工厂的生产效率提升了70%，产品合格率达99.9%。

信息透明化。美的的数字化通过现场看板、中控室大屏幕和移动手机三块屏显示，大大加速了企业员工对问题的快速响应能力，整个信息形成一个闭环。由于信息的透明度提升，工厂效率提升了33%，原材料库存减低了90%，物流提前期缩短了61%，物流损失减少了58%。

物流智能化。智能物流使供应链在每一步都更加高效。通过供应链中的连接设备和智能资产追踪工具，智能物流带来了端到端的可视性，改善了企业运输货物、控制库存和移动资产、补充库存和管理零售体验的方式。例如，传感器驱动的资产追踪工具可以在发货的每个阶段提供洞察力，追踪设备的水分、热量和振动，从而在产品通过供应链时为公司提供实时可见性。对于美的的物流部门来说，其可以通过移动系统快速调用资源，如美的利用移动技术开发的"美的通"主要针对物流企业和其他合作伙伴，对于物流企业来说，外包的司机可以通过该系统像滴滴打车那样抢单，美的也可以对司机的资质进行管理。司机们在云端App查看物流的进度，包括货车上货、在路上以及入厂时间段，入厂后App会进行引导，比如到哪个车间装货，运到哪个门店后机器人会卸货，等等。全流程是可视化的，通过有效管理物流体系的精准度，使得物流提前期提升了61%，物流损伤降低了58%。

在物联网建设过程中，其中一个关键环节是在机器互联时如何使用PLC。美的的技术团队在遍访了90多种产品之后，决定自己开发控制器。为了增强机器互联的能力，对于没有互联网功能的老设备，美的通过自主开发的PLC，利用传感器（如温度和压力传感器）建立连接能力；对于新购买的设备，要求厂商必须提供通信协议，以确保设备的互联能力。

供应链数字化建设。供应链的数字化是指通过移动技术、物联网、机器人、大数据分析等方法管理供应链，通过网络、传感器和自动化，快速响应客户和市场需求，显著提高性能和客户满意度。以前美的由于供应链信息缺失，生产过程和订单管理存在很大的不确定性，为了获得产品，美的派最强势的人去做计划和调度工作，调度人员和客户及供应商之间经常大喊大叫、相互扯皮，但是，通过美的供应商协作云，可以做到$T+3$模式，即订单下达后工厂可以在第一个周期进行物料准备，第二个周期进行成品制造，第三个周期进行物流发运。在这个过程中,客户可以清晰地看到工厂的产能,预见到自己什么时候能够拿到产品,不再像以前那样看到畅销产品赶紧去抢货,以便囤货。这种方式使得美的的整个工作效率大幅度提升,与客户和供应商合作的模式完全改变了。供应链系统产能和资源数据透明清晰,整个调度监督工作由监控系统自动完成,调度人员从几十人减少到几个人,重点负责系统维护。在这个过程中,美的要将物料、机器、产品、过程和工作状况用数字化方式加以呈现,通过数字流动、数据整合、数据分析精准地掌握设备、过程、产品和市场,依据数据做出判断和决策,让数据资产为公司的运营创造价值,从而进一步实现整个供应链和生态链的数字化,推进全要素和全过程管理。

美的"十朵云"的建设。在完成"632项目"之后,美的出于国际化业务的需求,同步启动了"智能制造、大数据、移动化、全球化"等项目。美的开始在内部应用云,通过阿里巴巴和华为的云服务,在 PaaS 上建设云计算的基础设施,美的在 IaaS 私有云的基础上,构建了美的 SaaS "十朵云",包括制造云、大数据云、智能云、协作云、电商云等十个云平台。电商云用于帮美的管理淘宝上的店铺,美的依靠电商云,可以快速连接几千家店铺,实现多平台商品一键发布,以及库存的快速盘货。而协作云则用于服务美的的供应商,在与供应商协作过程中引入交互式核价,使得定价过程阳光透明,最后形成采购订单,所有的流程都可以在手机端完成。云平台建设的关键是确保汇总的数据是准确的,能够起到预警作用,使得企业可以跟随市场同步变化,从而提升其智能化水平。美的的云平台已经可以支持全球40多个基地生产和运作1万多种产品,能够为多层加工、复杂加工提供灵活的解决方案。同时,美的的工业互联网平台不再仅仅应用于自身,其旗下的美云智数已向其他行业和企业输出成熟产品与解决方案。[1]

---

[1] 引自作者对美的集团副总裁、首席信息官兼IT总监张小懿的访谈。

美的的移动化建设。美的的移动化分别服务于公司全价值链的所有成员（面向 B 端，依托"632 项目"，提升从设计、研发、生产、配送到客服的全价值链环节的移动化和协同）、消费者的一站式服务（面向 C 端，为了增强企业黏性，涵盖咨询、体验、购买、配送、使用和售后服务等全过程服务，助力公司的销售增长和品牌增值）和公司内部的信息共享与部门协同（面向 E 端，包括办公系统、商务智能、财务、人力资源等信息的互联互通，通过移动技术确保组织的扁平化）。面向 B 端主要是面向合作伙伴如供应商或客户的 App；面向 C 端是面向消费者的 App 平台、微信；面向 E 端则是面向内部员工的信息共享与协同的美信。

在从全价值链向工业互联网拓展的过程中，公司要经历从自动化生产（机器人、设备数字化等）向边缘计算、向 PasS 层大数据、向 SaaS 价值链应用的转型，是一个逐渐拓展和成熟的过程。根据美的的经验，难度最大的是设备连接过程，主要原因是很多旧设备没有标准协议和智能模块，需要开发软硬件技术实现连接。

美的研产销一体化闭环如图 4.11 所示。

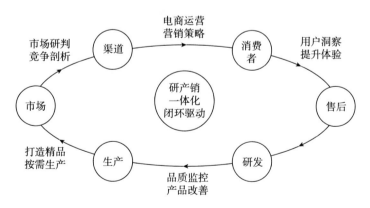

图 4.11 美的研产销一体化闭环

资料来源：由美的集团提供。

工业互联网平台建设（Midea M. IoT）。2019 年，美的位于广州南沙的美的智慧工厂建设完成，在 4 万平方米的厂房中，大大小小的机器人在自动化生产线、注塑、立体库等环节各司其职。美的智慧工厂的自动化率已达65%，是全行业自动化率最高的一家智慧工厂。"在这里，简单繁重而又不断重复的枯燥工作由高效智能化的机器人所代替，所有配料、生产、包装指令由 IT 系统统一发出。"① 领先的智能网关技术打通了工业互联网中的各个关节，让年代、型号千差万别的 41 类 189 台设备实现无缝连接；5G 信号进入厂区，未来将以低时延、高可靠特征实现海量工业数据实时互通；数字仿真技术已经模拟了与实体工厂相似度达 95% 的生产运营工厂。通过人工智能技术进行质量检测，可使空调外观检测精度提升 80%，检测成本下降 55%。通过这套"工业互联网体系，南沙智慧工厂原材料和半成品库存减少八成，自主开发的注塑平面库自动配送系统让物流周转率提升 2—4 倍，工厂内首条自主研发的全自动化生产线提升自动化率至行业领先的 65%"②。改造以后的产品品质提升 17%，整体制造效率提高 44%，空调内销交付周期由过去的 20 多天缩短到最快 3 天，外销交付周期缩短至 24 天。美的的工业互联网平台如图 4.12 所示。

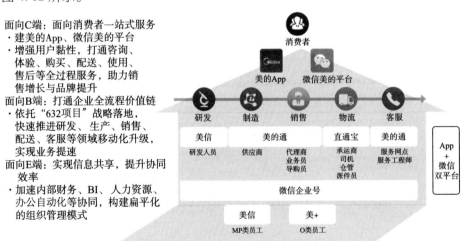

图 4.12 美的的工业互联网平台

资料来源：由美的集团提供。

---

① 引自作者对美的集团副总裁、首席信息官兼 IT 总监张小懿的访谈。
② 同上。

4.5.7　商业模式创新

打造独特的竞争优势。与互联网企业相比，美的数字化转型的核心特色是将其 50 年积累的制造业知识和专业知识，融入数字技术和硬件设备中，形成"制造业知识+软件+硬件"三位一体的综合体，形成传统与现代、软件与硬件、专业与技术相互交融的复杂知识体系，为在互联网和数字时代的竞争构筑强有力的支撑与保障。特别是制造业专有知识，在知识综合体中是极其宝贵的。"三位一体"的竞争优势不仅体现在供应链和制造的全过程中，更进一步延伸至智慧家居，围绕"安全、连接、智慧"三大内核，通过构建一个用户数据环境，为用户提供智能化的家电、升级智慧家居互联，创造更美好的人机交互体验。

建设工业互联网平台及生态圈。美的智能制造在广度和深度上展现了很高的水平，通过移动技术、大数据、云计算与信息系统打通并覆盖了产业链的各个环节，特别是利用大数据实现多层次的管理决策的数据化和智能化，在行业数字化转型上走在了最前面。

美的凭借自身的数字化能力，在智慧家居领域全面开放生态圈，围绕入口合作、技术合作、产品合作、第三方服务合作四大方向发展生态合作伙伴。美的已与众多头部企业，包括亚马逊、阿里巴巴、腾讯、华为、百度、OPPO、vivo、创维等强强联合，开展互联互通的物联网合作，打通智慧家居连接壁垒，形成优势互补，全面优化用户智慧体验。美的的数字化给它带来了显著的竞争优势和效益，2013 年，公司有 18 万人，营业额 1 000 亿元左右，利润达数十亿元。根据 2019 年美的集团的中报，公司人员下降到 13 万人，营业总收入 1 543 多亿元，净利润 146 亿元，净资产收益率 16.97%。[①]

---

① 《一图读懂美的集团 2019 年中报》，搜狐网，2019 年 9 月 2 日，https://www.sohu.com/a/338272054_259724（访问时间：2020 年 8 月 20 日）。

很多数字化项目持续产生收益,其机器人与自动化系统营收已达 120 亿元。

制造逻辑的改变。美的工业互联网的真正价值远不止提质、降本、增效,赋能制造过程,其更是引领了更深层次的业务变革,实现了从制造到客户(M2C)向从客户到制造(C2M)的转型。通过对全价值链端到端的数据全面拉通,叠加柔性制造能力,不仅产品外观,功能内核和智能体验也能一一定制,甚至单台就能起订,真正构建起"以用户为中心"的新商业模式。美的的数字化转型也使得该集团逐步从一家传统家电企业向一家集消费电器、暖通空调、机器人与自动化系统、智能供应链(物流)于一体的全球科技集团转变。对于传统制造业企业来说,在与互联网企业竞争的过程中,最大的痛点是缺乏与客户直接交互的能力。以前的市场渠道都是通过层层分销的模式,虽然卖了很多产品,但不知道用户是谁,用户在哪里,与用户没有互动。数字化能力构建后,美的的市场营销体系的核心工作是与用户建立直接的联系,通过用户需求的搜集发现,驱动整个供应商体系的协作,引导更深层次的业务变革,逐渐形成"智能产品—用户购买—用户反馈—用户使用—产品开发—产品迭代"的生态圈。美的利用产品品类繁多、全球销量大、互联互换丰富的特点,通过与用户的深度连接和载体拉近与用户的距离,打造用户黏性。

快速响应。以前客户对美的的产品提出差评(如冰箱有异味、胶条出现问题),美的的修正和反应时间通常在半年以上。在大数据平台上,美的的大数据部门从公司官网、导购系统和售后工程师 App 那里可以快速了解客户的反馈信息,同时,会通过爬虫系统在互联网网站上抓取信息,这些信息经过语义分析,会在很短的时间内反馈给研发部门,新产品的推出在一个月内就可以完成。美的通过对已经售出的产品的质量和使用情况的反馈,聆听客户声音,准确定位产品痛点、快速响应。以前,美的只能通过传统报修途径了解客户对公司产品的不满,只能通过维修数据了解产品缺陷,彼时,报修的产品缺陷问题已经非常严重,对于沉默用户或者还未影响到用户使用的潜在的有缺陷的产品，传统方式无能为力。针对这一痛点，美的"观星台"可以充分挖掘电商平台的用户评论数据，结合业务人员对产品的理解，精准定位产品痛点，快速解决问题。

以客户为核心。以客户为核心是以智能产品为重要载体，智能产品是在产品中加入移动和传感器技术，使得产品在任何时间、任何地点创建几乎任何物理实体及其参数的数字表示。智能产品使物理世界和数字表现形式变得紧密相连，任何一种操作都会对另一种产生影响。随时随地将信息和通信技术集成到产品中，使得移动营销成为可能。智能产品具有以下特征：情境和社区环境的识别及处理个性化；根据买方和消费者的需求定制产品；根据买方和消费者的反应主动调整；试图预测购买者意图；等等。在智能产品的研发设计过程中，美的始终秉持以用户为中心的理念，正如董事长方洪波提出的：这就要求我们必须根据用户需求去做大规模的定制，设计以用户价值、用户体验为中心的体系。未来美的所有人的薪酬体系激励，都是以用户价值和用户体验（而非销量）指标来考量。一切围绕用户，用户就是营销，用户就是最好的广告。自2014年以来，美的已实现单品牌内多类家电产品的互通互联。2018年，智慧家居产品销售量占美的总销售量的50%以上。目前，美的正着力打造未来家庭生态圈，并完成了网关、智能门锁、传感套装、智能面板、语音机器人的自主研发，同时加强智慧家居全系统的对外开放，实现智慧家居再升级，形成完善的智慧家居解决方案。美的以客户为核心的工业互联网平台如图4.13所示。

以前美的各事业部要做精准营销，不知道从哪里获取用户数据，现在只需要使用"水晶球"平台和系统，自助勾选自己的用户标签，就能精准识别出用户。美的有4亿售后服务用户、1.86亿带手机号具有唯一身份的用户、3 500万的线上交易数据、800万门店数据、800万电商会员且每天以20万的速度在递增，还有800个标签，因此，如何利用这些数据，如何识别用户，是大数据团队需要解决的问题。美的以大数据为支撑，营销云为落地，众多

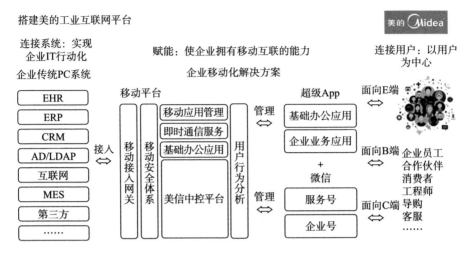

图 4.13 以客户为核心的工业互联网平台

资料来源：由美的集团提供。

应用为入口，构建立体精准营销体系，实现数据采集、分析和应用闭环，通过打造全流程数字化营销，使营销执行过程实现云化、网化。在美的看来，精准营销拼的不是方案，而是数据资源和能力。在这方面，美的能够做到以下几点：

差评监控。通过互联网，美的利用爬虫软件可以快速获取产品的品质差评点，找出当前用户最关注、影响层面大且差评率较高的产品的差评，对所有差评进行单独分析，找出原因，提供改进措施，为品质部门改进产品质量找准方向，实现整改的全周期管理。客户吐槽特别多的信息会直接发送到总经理的手机上。如美的有一款产品，半年时间内用户投诉漏配件的比率非常高，产品部门一直不知道原因何在。回访用户，用户也讲不清楚，就说少配件。美的通过差评数据分析发现，该产品包装箱的底部有一个泡沫盒，里面放的是产品的支架或者零配件，用户把设备拿出来后，就把盒子扔掉了，有些零部件也随着盒子一起被扔掉。查明原因后，美的马上在包装上进行改进，从此之后该产品漏配件的投诉率下降了 **40%**。再比如改善噪音的问题，用户反映风扇噪音大，为了改善噪音问题，研发部门、生产部门动用了三四个人提升风动水平、替换原材料，高效解决了问题。

线上线下互动。在大数据采集过程中，美的非常重视数据触点的处理，尤其在用户的数据触点上，美的目前有线下导购和售后服务，还有线上收购服务，这些触点都是重要的数据来源。

客户关系管理。如果客户现在拨打美的的客服电话，通过其手机号码，其曾经在美的买过、修过、换过、有所需求的产品的信息，会马上显示在工作人员的电脑屏幕上，工作人员会为客户提供更好、更贴切的服务，同时对其进行二次营销。

点击付费广告管理。美的大数据运用点击付费广告（CPC）匹配模型构建产品、渠道和用户三维精准匹配营销应用体系，把合适的产品通过合适的渠道推送给合适的用户。营销云平台实现互联网化互动营销、线上线下导流、营销效果数据回流大数据平台、智能报表量化跟踪分析。

一站式便捷服务。通过"美的"和"美的通"等App，打通咨询、体验、购买、配送、使用、售后全流程数据，实现大数据应用落地，为用户提供快速便捷的服务。其中，"美的"App面向消费者，基于用户行为实时数据为消费者提供一站式服务；"美的通"App面向导购、业务员和工程师，提供销售、客户和维修实时数据；这两个App，内外互联，一"通"百通，为客户提供精准、高效的服务。

用户行为分析。"美的M-SMART智慧家居"实现了在线设备数据的主动收集、设备状态和用户操作行为的实时追踪及全程监控；通过大数据技术对智能设备反馈的用户注册信息、设备信息和用户操作行为等信息进行深度挖掘，全面分析用户特征、潜在诉求、产品功能、设备状态和设备故障等情况，为智慧家居发展进程提供全局监控，创造产品使用新模式，提升用户体验满意度，挖掘产品潜在功能缺陷和用户操作行为偏好，助力产品研发；基于用户操作数据、设备故障信息和设备运行状态，提供智能报表，主动追踪和发现用户潜在诉求及产品功能缺陷。

售后服务。数字化服务体系大大改善了客户与美的工程师的交互方式，做到了全程透明化。以前用户打电话约好时间，却还是无法确保工程师能按时上门。有时候客户在家一直等，最后工程师回复说太忙来不了了，客户体验就会很差。现在整个过程很透明，两个小时之内工程师的整条路径都是清晰可见的，双方也可以实时交流，收费全部透明化，解决了工程师乱收费的问题。以前工程师上门检测，好不容易检测完却发现没带备件，又需要回去取。现在这个过程也全部智能化，很多设备都是智能质检，如果检测有问题，就会提示客户维护，或打电话提醒客户维护，工程师也能接到电话，知道带什么备件上门，这就大大提高了便利性，目前 50% 的用户都在使用这一功能。

竞品分析。对竞品的分析有助于指明产品改进方向。对于产品个体，美的的大数据平台开普勒的"观星台"通过语义分析等技术深入解析用户需求，用数字量化用户的需求点、关注点，抓住其核心需求。公司可以结合用户需求对产品进行有针对性的改进，全方位提升单品的竞争力。基于竞品的数据分析，美的对不同家电产品品类的市场格局、价格和销量情况非常了解，市场定位非常精准。美的的导购 App 也是非常重要的情报来源，当发现竞品出了新的产品或型号，或价格发生变化时，导购只需要将一张照片传送到公司，就可以帮助公司快速了解竞争对手的变化。

基于数据的全方位决策支持系统。通过全方位的数据获取和分析，美的对客户、竞争对手的关键信息（如产品价格变化）了如指掌，可以根据市场行情及时跟进、促销和调整。

舆情管理，维护声誉。做家电产品，需要对客户的负面评价做出快速响应，否则，如果有客户说产品不好，发微博、微信，信息的传播和扩散很快，会对企业产生非常大的负面影响。目前，美的大数据平台可以做到，只要网络上出现与美的产品相关的非常负面的信息，公司 15 分钟之内就能知道，并会尽快处理和解决。

从自我赋能到数字化能力输出。对于企业来说，数字化转型不仅投入巨大，且试错的成本很高。因此，如果中国的每个企业都去自己探索的话，代价和成本会非常高，如果能将美的的经验和技术系统加以总结，推广到别的企业，就可以大大加快其他企业数字化转型的速度，降低其成本。因此，2016年，美的正式在深圳注册美云智数公司，目的是把美的过去五六年间数字化转型的经验对外输出，同时，保有公司积累的宝贵的IT和数字化人才。2019年，美云智数已经发展到上千人的规模，成为美的最重要的软件公司。其输出的核心价值是实现"制造智能化，智慧工厂信息化与自动化"。提供的具体服务包括：①采购透明化，打造阳光协同的采购生态；②数据生态化，驱动业务价值链闭环管理；③企业移动化，推进企业协作更敏捷高效；④营销数字化，精准触达全渠道营销。其使命是赋予企业互联网化、移动化、智能化，建立数字化企业，帮助中小企业建设全价值链企业云，提供全方位云服务，帮助企业实现在员工端、制造端、产品端、营销端和消费者端的全面拉通，并借助流程拉通和数据流转，提炼出符合企业不同场景的最佳解决方案。其产品包括大数据套件、智能制造套件、移动化套件、数字营销套件、人力与财务管理套件、身份管理套件、IT咨询等。基于美的集团在数字化转型方面的艰难探索和实践、在工业及互联网领域所积累的丰富经验和专业知识，特别是硬件与软件的结合，美的的能力输出不仅是云端链接、海量工业数据的汇聚，更是基于工业机理、业务实践生成研、产、销全价值链集成解决方案，因此，具有非常高的价值。

数据驱动的管理决策支持体系。系统的互联互通是数字化转型中至关重要的环节，它要求企业在全价值链层面打通系统，实现数据互联互通。为了达到这一目的，美的尽可能使用世界领先的开源技术在系统之间建立接口，在系统和数据互联互通的基础上，建立拥有独立知识产权的大数据平台。美的的大数据平台开普勒从2012年就开始打造，全部采用开源技术，由美的大数据团队搭建，如今已深度支持其生产、运营、营销、决策等方方面面。

同时，在基于结果和基于过程的数据整合基础上，美的将工作重点放在有效开发利用大数据平台中的数据资源上，公司专门组建了大数据分析团队，该团队由100多人组成，对数据进行统一分析，数据分析结果通过各个渠道提供给所有事业部和行政管理部门使用。美的从事数据分析的专业人员大多具有业务背景而非数据统计背景，因为他们对业务需求的数据非常了解，而大数据分析人员则是在专业上提供辅助支持。数据分析一次完成，不会重复投入进行多次分析。特别是在数据分析过程中，重点领域是智能分析、产品销售分析和预警分析。对于消费者数据，美的基于三年半的努力，积累了一亿多产品用户数据。与互联网企业不同，美的对用户数据的使用采取了非常审慎的态度，关键信息被屏蔽或加密处理。在进行数据分析的过程中，美的的数据分析部门不断使用和丰富数据分析软件及工具，如商务智能、互联网舆情分析、用户画像和用户大数据分析、智慧家居产品市场情报分析等；在进行数据分析时，具有业务背景的人员居于主导地位，他们提出需求和对数据分析结果进行价值判断及评价，技术人员利用工具和软件满足业务人员的分析需求。

大数据决策支持体系。美的重点打造了数据生态圈，让数据驱动成为公司运营和管理的核心。以往公司主要靠人的经验进行决策，尽管信息化时期解决了一些局部问题，但仍然摆脱不了管理者的经验局限。随着云计算、大数据技术的应用，公司有可能打造全方位的数字化组织，其中，大数据平台建设至关重要。美的通过研发构建研产销一体化的大数据平台，推动数据驱动整个集团业务的数字孪生。美的的大数据推进策略可以归纳为如下五点：第一，全价值链系统建设，将数据拉通。第二，提供丰富的数据决策支持产品形态，比如BI、互联网舆情、用户大数据、智慧家居产品。第三，采用世界领先的开源技术。第四，先引进消化技术，后建立具有独立知识产权的大数据平台。第五，通过建立100多人的大数据团队，开发爬虫、BI平台、业务分析等工具和数据方法。

美的的大数据决策支持体系叫"开普勒",这是美的流程 IT 部门基于开源技术框架自主研发的由五个产品组成的大数据产品群体(包括"观星台""水晶球""地动仪""陀螺仪"和"服务号")五大部分,作为公司的数据基础平台,其内核是发现另一个数字化美的,利用数据聚焦研产销全价值链运营,以业务为先导,将所有终端事业部及职能部门、市场运营中心串联并行,探索更多的创新点和价值点。

"观星台":"观星台"是面向市场的决策支持系统,包括消费者洞察、友商竞品研究、产品店铺管理和舆情分析。它帮助美的业务部门掌握家电零售市场的综合信息。通过实时采集主流电商平台和大型综合网站、20 000 000+商品、10 亿条用户评论数据,为公司提供一站式市场经营、产品企划、店铺运营、用户洞察和舆情监控等 SaaS 服务。通过采集主流平台的舆情数据,每年处理负面舆情 1 000 000+条,形成工单 40 000+条。这为美的的市场研判工作提供了强大的数据支持。该系统还在不断迭代。"观星台 4.0"有七大功能模块:首页看板、行业罗盘、品牌军师、产品顾问、品质卫士、电商运营、一键取数,对其数据、功能、场景和体验进行全面优化及提升,聚焦互联网大数据,对行业、竞品、电商、品质和用户进行全面的挖掘分析,让事业部更快速、更全面、更深入地了解行业及美的的整体市场情况。

"水晶球":"水晶球"是内部经营数据分析系统,涉及财务、内销、外销、运营、审计、金融、人力资源、智慧家居等各类内部数据,并对其进行全面融合,通过丰富的维度指标、可视化的数据展示和良好的数据使用体验,全面助力公司运营决策分析和内部运营效率的提升。通过数字看板,"水晶球"可以做到统一数据、统一平台、统一运营,内容涉及美的 12 大业务领域、2 000+业务报表、3 000+业务指标、4 层数据模型。所有的经营情况,实时在"美信"移动客户端上体现,包括经营日报、智能预警、内销分析、外销分析、营销风云榜等。"水晶球"还支持分权管理,各个层级的人员都可以在手机上看到其所需要的数据。

"地动仪"："地动仪"是美的用户画像产品，它汇集了家电行业全流程节点用户明细数据，构建用户全景视图和家庭画像。用户画像包括用户特征标签、产品购买渠道、营销效果、价格分布、媒体偏好、消费偏好、用户价值、产品推荐、用户行为等多方面信息，不断丰富用户标签和应用场景，保证产品服务精确推送，为美的产品的用户研究和功能研发提供全方位的支持。

"陀螺仪"："陀螺仪"是美的开普勒大数据平台的基础，是企业级的数据中心，目的是盘活美的的数据资产，集成化管理其数据内容。开普勒大数据平台可进一步细分为调度平台、预警平台、集成平台和报表平台，这些细分平台结合在一起，形成一体化的预警监控平台。它是互联网开源技术在美的的成功实践。作为美的大数据的基础平台，它对内提供企业级的调度监控、元数据管理、平台开放报告和系统运维等方面的服务。

服务号：服务号就是开普勒"移动解决方案"的门户，通过移动端快速满足用户的数据服务需求，既简单又高效，全面覆盖内销、外销、财务、产品企划、运营等不同业务领域，真正实现"手机在手，经营随我走"。

员工服务。制造业企业的一个显著特点是员工众多，美的内部和外部员工加起来将近108万，移动应用一共有220多个。美的采用App美+为逾3万名员工提供从通知公告、工资明细到生活需求的一站式移动服务。对于内部员工来说，移动美信项目可以提供全面的沟通交流服务，也可以提供员工贷供员工申请消费金融贷款。在内部管理系统上，美的提供了大量服务，比如："按灯保障"是及时通报发生故障的系统；"美捷报"是内部报销系统，员工因公使用滴滴，就在应用里点滴滴，公司直接支付；出差报销是和银行卡直接打通的，只要在需要公司报销的项目上打钩，相应的报销款就会打到员工的银行卡上；"美福"是员工福利系统；"协作圈"是员工相互协作系统；"美客"是员工学习系统；"美家"是员工们共享的系统，大家可以在上面吐槽、分享信息。

美的决策体系的可视化如图 4.14 所示。

图 4.14　美的决策体系的可视化

资料来源：由美的集团提供。

4.6　数字化转型机制创新研究发现

4.6.1　数字化转型机制创新关键要素总结

通过案例研究，我们试图发现在企业数字化转型中机制创新的关键要素。

竞争机制创新要素。推动数字化转型的关键要素有六个方面：①转型动力。企业数字化转型不是追逐风口，而是生存与发展的需要。企业竞争的外部压力和内部痛点与诉求决定了数字化转型的紧迫感。转型的外部动力包括市场竞争力、行业影响力、生态建设力、获客能力、客户体验、技术创新挑战、互联网企业带来的竞争等，内在动力包括战略愿景、发展目标、信息管理集成水平、数据驱动的决策能力、运营成本的降低和经营业绩的提高等，外部竞争的挑战和内部发展的需求是数字化转型的重要动力。②价值判断。价值判断是企业家将数字技术与企业发展战略相结合所形成的对数字化转型的价值认知与判断,这是数字化转型战略制定中的关键环节。③战略愿景。在价值判断基础上,企业家对未来组织的核心能力、数字化转型的战略意义形成长远看法,这对企业长期专注并投入数字化转型、达成组织共识、克服转型痛苦与困难具有重要的引领作用。④战略定位。战略定位是在行业竞争环境和企业众多竞争战略中,明确数字化转型的战略地位和优先度,以达到统合企业战略目标的作用。⑤战略演变。传统企业的数字化转型涉及业务的各个环节,包括流程、设备、人、活动、资产、服务等,因此是一个历史进程,需要阶段性的战略升级。⑥资源配置。在数字化战略定位非常清晰之后,资源配置决定了企业在数字化转型中领导者投入的注意力、人才、资金和时间。

变革机制创新要素。数字化转型过程中,人是最关键的因素。案例研究表明,在转型过程中,关键要素包括:①转型负责人。一把手在推进数字化转型上的作用直接体现了其战略的重要性。②转型机构的地位。转型机构是直接负责数字化转型工作落地的机构,转型机构的构成(是以技术人员为主,还是保护各个部门的混合编队)、在组织中的位置(是统领各个业务部门的机构、与业务部门平行的机构还是辅助支持业务部门)、机构的称谓(数字化转型机构有不同的称谓,如智能制造中心、数字化转型中心等)等,对转型工作的推进也至关重要。③组织变革。数字化转型需要打造一个更加敏捷、更具企业家特质的组织,同时,组织长期存在的部门间的信息孤岛、组织惰性和舒适区,都是组织变革的障碍,如何推进组织变革对数字化转型能否成功至关重要。④变革原则。变革原则是企业在推动数字化转型时的基本原则和思路,尤其对指导平台/系统建设、数据体系建设,减少重复和浪费,增强整合和协同具有重要意义。⑤变革方式。变革方式是指企业在推进数字化转型时探索经验、快速实施的具体做法。

激励机制创新要素。数字化转型是组织变革过程,其间会经历变革的痛苦和很多不确定性。因此，组织需要制定激励机制鼓励团队探索、实践和试错。案例研究发现，其中有三个要素：①文化塑造。偏向于创新创业的文化氛围，容错性、开放性和试错对于接纳外部专业人才、鼓励团队和人才的积极参与非常重要。②考核指标。在数字化转型中考核指标设计非常重要，对于组织来说，有什么样的考核指标，就有什么样的行为，因此，考核指标的设立是企业未来发展的风向标。考核指标的设定要同时考虑财务与非财务指标的设定，激励组织不仅要考虑短期回报，更要考虑中长期能力的构建。数字化技术的投入回报并不是立竿见影的，因此，需要在考核指标上关注如何在短期、中期和长期目标之间把握平衡。③人才激励。人才建设是数字化转型中难度比较大的环节。大数据、人工智能等新兴技术领域的人才非常匮乏，企业如何招募专业人才、组建团队，用什么样的机制激励并留住这些人才，对很多企业而言都是挑战。

业务技术融合机制创新要素。①业务技术优先度。数字化转型中业务部门（人员）与技术部门（人员）经常存在主次关系和竞争关系，导致了很多矛盾，如何处理两者之间的关系对提高数字化转型的成功率、降低风险至关重要。②业务技术融合度。在信息化与数字化发展过程中，两者如何建立匹配和协同关系决定了数字化转型能否真正给业务创造价值。技术人才与业务人才的融合、考核机制如何建立，直接影响到技术应用效果以及技术为业务创造价值的方式。③业务技术规划。技术部门与业务部门的目标、思维模式不同，如何激励两个部门的人相互融合，对于数字化转型的成功与否非常重要。

技术管理机制创新要素。①信息化与数字化的关系。新一代数字技术的特征和应用与信息化时代不同，信息化是以业务流程为核心，数字化则涉及设备、过程、产品及资源等全过程和全要素；信息化过程中企业以购买国内外厂商的成熟软件嵌入业务流程为主，而数字化过程中企业则不仅要应用上述软件，更要关注流程与设备之间的系统互联和数字互通。信息化时代以软件为核心，数字化时代以数据为核心。信息化时代，国际咨询公司是主要的解决方案提供商，而在数字化时代，企业自身技术能力与技术路径的探索与试错变得更加重要。②新技术建设路径。数字化转型涉及数据、标准、系统、平台、架构等若干要素，企业用什么样的方法和路径解决这些问题，决定了数字化转型的落地问题。③新、旧技术的关系。在数字化转型的具体过程中，要涉及新技术与旧技术的关系、新技术与旧业务的关系、新技术与新业务的关系，企业在建立大数据平台、应用云计算、开发人工智能技术的过程中，是放弃旧系统还是进行新、旧系统的融合是需要解决的管理难题。

商业模式创新要素。商业模式创新是指新技术与业务深度融合之后，给企业商业模式与竞争能力带来的影响，以及这些影响是发生在企业内部还是外部。根据案例分析，我们提炼出的核心领域主要有以下六个方面：①外部生态。企业通过数字化转型建设一个平台，在供给与需求方之间形成内在的交易关系，在更广的范围内吸纳并留住客户，通过平台影响力和客户资源快速进入新的市场及产业，形成与互联网企业平分秋色的格局。②能力外溢。企业通过自身数字化能力的建设，找到了一条数字化技术与业务深度融合的路径和方法，形成并积累了独特的知识及经验体系，在此基础上，企业还能将这些能力和经验对外输出，形成新的业务增长点，通过为其他客户创造价值，转型进入信息服务领域。③竞争优势。它是指在市场存在大量科技公司的情况下，传统的数字化转型企业是如何打造差异化的竞争优势和独特性的。④客户服务。在经历了数字化转型之后，企业在满足客户需求方面具备了哪些新的能力。⑤内部整合。它是指数字化技术如何带来生产/服务全价值链的数字化，在提高组织快速响应能力上有哪些贡献。⑥管理创新。数据驱动的管理决策支持体系将为企业各层级提供基于数据的、可视化的、客观的和准确的数据看板，为企业的内部经营现状和外部竞争状况提供及时、准确、全面、动态的决策支持，为企业高层准确把握商机、快速响应、精准行动提供了强有力的支持，客观的数据减少了人与人之间、部门之间的协调沟通成本,提升了全组织各层级的判断力、行动力和持续优化能力。

基于上述分析,我们对平安和美的的数字化转型机制的创新要素进行比较,如表 4.1 所示。

表 4.1 数字化转型机制创新要素比较

机制类型 一级指标	机制内涵 核心要素	平安机制 创新实践	美的机制 创新实践
竞争机制创新	转型动力 价值判断 战略愿景 战略定位 战略演进 资源配置	外部竞争压力 科技驱动的平台 金融·科技 得云者得天下 三次战略升级 投入 500 亿元,12 年	内部整合与盈利压力 家电行业的科技公司 产品领先,效率驱动,全球经营 工业互联网平台 四次战略升级 100 亿元投入,8 年
变革机制创新	转型负责人 转型机构 组织变革 变革原则 变革方法	强有力的负责人 业务与科技平等地位 突破信息孤岛 云转型的"六原则" 团金 e 利益共享体系	强有力的负责人 IT 职能部门负责 组织体系扁平化 "三个统一"原则 探索模板后快速复制
激励机制创新	文化塑造 考核指标 人才激励 开放创新	创新文化"五要素" 短、中、长期绩效平衡 广纳贤才、知人善用 新老人才组合 自主开发与外部孵化并举	数据文化"八要素" — 技术与业务组合考核 对标科技公司提升薪酬 多元创新模式 通过并购加速转型
业务技术融合机制创新	业务技术规划 业务技术关系 业务技术整合	— 场景驱动的新技术开发 人工智能助力业务模式改变 业务技术 组合考核机制	业务技术迭代的规划方法论 数字化准入机制 主数据管理机制 从结果数字化向过程数字化转型 数据驱动的智能制造体系建设

（续表）

机制类型 一级指标	机制内涵 核心要素	平安机制 创新实践	美的机制 创新实践
技术管理 机制创新	信息化与数字化 新技术建设路径	"平安脑"的建设 人工智能研发四要素组合 合作开发人工智能技术	业务运营数字化体系建设 智能制造三环节 供应链数字化建设 "十朵云"建设 移动化建设 工业互联网平台建设
	新旧技术整合	传统系统云迁移	新系统与旧系统的关系
商业模式 创新	竞争优势 外部生态 能力外溢	全球竞争力与差异化优势 拓展商业生态 实现对外能力输出	独特的竞争优势 工业互联网平台及生态圈 从自我赋能到数字化能力输出
	用户导向	以客户为核心的"一站式服务"	以客户为核心 制造逻辑的改变
	管理创新	助力内在业务拓展 数据驱动的全面经营决策	数据驱动的管理决策支持

4.6.2 数字化转型机制创新要素价值

在总结数字化转型机制创新要素的基础上，根据案例所呈现的数字化转型过程，我们进一步总结提炼，提出了数字化转型机制创新的动态模型（见图4.15），试图揭示数字化转型机制创新要素的内在动力与逻辑关系，具体陈述如下：

竞争机制创新主要解决为什么要进行数字化转型问题。以企业最高领导层为核心，即企业最高领导层需要想明白数字化转型与企业中长期发展和差异化竞争优势的关系，据此决定数字化转型的战略优先度和资源配置问题。高层团队是核心。在这一阶段，企业最高领导层需要对新技术带来的竞争环境，特别是新技术应用给企业未来生存与发展带来的外部压力和内部压力进

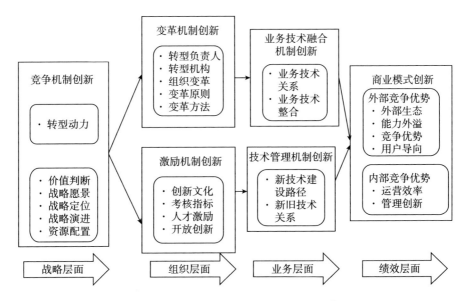

图 4.15 数字化转型机制创新要素动态模型

行分析。在对竞争环境、新技术带来的危机进行分析的基础上,高层通过认知层面的预判形成前瞻性的看法,对企业的未来战略进行调整和定位,核心是评估新技术对企业竞争优势的影响,在此基础上决定是否要推进数字化转型,以及数字化转型在企业战略中的优先度。如果决定推进数字化转型,需要评估要投入的资源(人才、资金和时间),因为数字化转型的战略定位与投入的资源密切相关。**变革和激励机制创新主要解决组织层面如何推进数字化转型问题**。以中高层和数字化转型团队为核心,是企业决定推进数字化转型的组织保障。这个阶段对组织的数字化转型至关重要,变革机制创新要决定由谁、哪个机构具体负责数字化转型,该部门的权力、地位和责任;这是一个打破原有组织结构的过程,新部门或新组织结构的形成会带来权力和利益的重新分配及调整,从而带来组织阵痛。由中高层成员构成变革部门还需要重点推进数字化转型的原则与方法论。面临着转型的不确定性、失败风险、探索试错的代价和投资回报不清晰等问题,激励机制创新的作用在于通过文化建设鼓励数字化转型团队和员工大胆创新,勇于尝试。由于新技术的商业价值回报有些是延迟的，因此，在绩效指标设计上，不能仅考虑短期回报和财务指标，还要考虑企业的中长期发展和非财务指标，给创新和探索留有时间及空间。

业务技术融合和技术管理机制创新主要解决数字化落地问题。以技术和业务执行团队为核心，关键目标是实现业务与技术融合。业务技术优先度管理主要解决以业务为主导还是以技术为主导的问题，二者之间存在竞争关系，关注的目标不同，业务人员关注考核指标，技术人员关注技术完美性和领先性，企业需要建立关联协同机制将二者之间的竞争关系转化为相互赋能关系。业务技术规划方法论是要解决在数字化项目立项时，如何通过方法迭代，使二者之间的需求相互匹配的问题。业务技术整合度管理是数字化转型的关键环节，决定新技术如何为业务赋能，为业务创造价值，这是在上一个机制疏通之后，才能实现的。技术管理机制创新主要解决新技术与旧技术之间的关系问题，在数字化转型之前，企业在信息化阶段已经购买和应用了大量系统，旧系统与新系统之间的整合，既要考虑成本，也要考虑技术的先进性和整合性。

商业模式创新主要解决数字化转型带来的结果和变化问题。以整个组织为核心，是数字化转型带来的结果，体现了数字化转型的价值创造和绩效指标，重点衡量外部竞争力的改善以及内部运营效率和管理创新的改变，是数字化转型绩效的综合体现。

4.6.3 数字化转型机制创新的比较：平安与美的

4.6.3.1 平安与美的的相同点

在战略层面，平安和美的的高层将"科技化"作为核心战略，投入巨大。两家企业都在十年前甚至更早的时候认识到数字化技术的战略价值，并预见到新一代数字技术对企业发展的关键作用，将数字化技术的应用视为企业的核心竞争优势，它或是给企业带来了新的竞争空间（平安的云平台），或是为企业打造了全新的数字孪生形态（美的的工业互联网平台）。企业领导者看到了数字技术赋能和引领传统业务的潜在价值，将企业的科技化作为未来发展的战略愿景。在此基础上，数字化转型的战略定位被牢牢确立，优先度升级，对数字化转型的资源投入大大增加。

在组织层面，平安和美的均制定了强有力的变革与激励机制。为了支持战略愿景的实现，平安和美的在组织层面，均推出了与之相适应的变革及激励机制，包括强有力的负责人，转型机构的重要地位，鼓励创新探索的文化和以数字为核心的文化，兼顾短、中、长期的考核机制，系统化的变革原则，适应变革的组织结构，以及对数字化转型关键人才的激励机制。平安的领导层所倡导的创新文化"五要素"，特别是鼓励新技术采纳的"允许试错，但不允许错过"的创新文化，为平安科技的探索试错提供了宽松的空间保障。在绩效指标设计上，平安兼顾了财务指标、客户体验和未来发展三项指标，确保企业发展的短、中、长期目标得到均衡发展，在变革原则上明确提出了"自主开发为主"的六原则，通过外部孵化和培育具有互联网基因的企业，推动企业的蜕变与变革。同时，平安通过团金e利益共享体系以及"如意门"等制度和技术创新打破组织间的信息孤岛，加强数据整合，大力引进领军人才委以重任。美的在变革机制的设计上采取了渐进式升级的方法，数字化转型团队由最高领导层和首席信息官直接负责，通过培育公司的IT人才、借助外脑和招聘有经验的人才，共同组成了数字化转型团队，通过组织的扁平化加速信息传递和部门协调，突破信息孤岛。在激励机制上，美的建立数字文化的"八要素"，构筑与数字企业匹配的文化特质。在人才激励上，通过对比科技公司，大幅提升技术人员的工资待遇，通过安排部分IT团队独立对外服务，拓展IT团队的职业发展空间，创造生存机遇，通过对外服务和员工持股计划，留住IT人才，其激励的力度和强度都很大。

在业务层面，业务技术融合机制创新至关重要。平安和美的都经历了从技术赋能业务到技术引领业务发展的转型过程。业务与技术融合是数字化转型过程中的难点问题，业务部门的目标是价值创造和利润中心，技术部门的目标通常是服务体系和成本中心，二者之间的目标及考核机制不同，因此存在着冲突关系。平安和美的在融合机制上均努力寻求从技术赋能业务到技术引领业务的发展路径和方法，通过业务与技术的联合考核机制将业务与技术团队和工作深度绑定。平安通过基于场景的技术开发和人工智能赋能旧业务，将用技术解决业务问题作为主导性工作原则。美的在数字化转型中沿着业务价值链不断推进数字化、自动化、网络化和智能化，一方面通过数字孪生将价值链体系数字化，另一方面通过大数据平台和分析，赋能价值链的各个环节，解决业务运营中的痛点问题。

在新旧技术的融合上，平安和美的均将自主开发作为核心原则，在原有技术基础上，大力开发大数据、云计算和人工智能技术，同时，将有价值的旧技术与之进行整合。平安以云转型为核心抓手，通过建立大数据平台和发展人工智能应用，构建了全新的平台型企业，在这个过程中，将可用的系统逐步迁移到平台上，实现新、旧技术的有效融合。美的的"632项目"重构了原有的信息系统，将分离、独立的信息系统再造为统一、标准和整合的系统体系，是系统互联、数据互通的关键基础，同时，美的通过利用开源系统，在较大程度上摆脱了对外部软件的依赖，创造性地利用移动技术和云，将价值链上的所有要素都整合起来，构建360度移动决策支持体系。

在绩效层面，平安和美的的数字化转型均铸就了巨型平台及生态系统，形成以客户为核心、内胜外王的企业。数字化转型不仅对内解决了运营管理效率问题，而且对外增强了在市场上的整体竞争优势，重点表现在生态拓展、技术能力输出和行业影响力上。平安通过自身的数字化转型和科技赋能，使科技含量大幅提高，大大增强了与互联网企业竞争的实力，通过云平台建设，成为具有独特金融竞争优势的解决方案提供商。平安在生态拓展和能力外溢上取得了很大成就。在自我赋能的基础上，平安将技术能力输出给大量中小金融机构，同时构建了与合作伙伴深度连接的生态系统，获客能力从数字化转型前的5 000万客户增加到接近6亿客户。在内部运营体系上,平安的平台打破了行业、部门和地区壁垒,实现了平台数据的互联、互通和共享,通过"如意门""金融壹账通"大大提升了不同体系和业务在平台上连接、整合的效率,通过各个人工智能技术的应用,提高了很多细小业务环节的准确度、安全性和效率。美的在数字化绩效表现上与平安有相似的地方。在生态建设上,美的可以做到与合作伙伴产能可视化,为上下游合作伙伴提供赋能服务。美的在数字化团队基础上打造的美云智数公司,将自身的数字化转型经验传授给其他有需求的企业,成为对外赋能的重要来源。在内部运营上,美的所构建的数据驱动的360度决策体系,大大加快了企业对外部竞争、客户需求、供应链管理的响应速度,降低了价值链中浪费的成本和延误的时间,提升了在全球运营体系上的综合竞争优势。

4.6.3.2 平安与美的的不同点

在战略层面,平安的数字化转型动力以外部为主,美的以内部为主,平安以云转型战略贯穿始终,美的的战略则经历了四次迭代。互联网企业给平安的生存和发展空间带来了挑战及压力,特别是对其获客能力产生了影响,其高层对未来科技对于传统行业的影响产生了深刻认识。美的的数字化转型动力主要来自内部,即解决公司内部的整合管理问题,以及如何降低成本,提高传统制造业的业绩及综合竞争力。在战略定位上,平安将"得云者得天下"作为数字化转型的核心目标,以客户为核心跨越五大领域整合大数据资源,通过基于场景的人工智能技术创新提升和改变业务模式,最终凭借平台和技术优势整合外部资源,成为云计算领域独具金融特色的技术公司。美的的数字化转型战略经历了四次迭代升级,它以产业价值链为核心,先在内部系统数据的标准化、互联互通上打下基础;再在互联化、移动化、自动化和智能化上贯穿生产服务体系,进而在全价值链数字化上形成核心能力。美的数字化转型战略的核心是数据赋能业务和管理决策的能力,形成了360度全方位数据决策支持体系，构建了高响应性和高敏捷性的制造业网络。在全价值链基础上，美的进一步升级战略至工业互联网平台。

在组织层面，平安通过科技业务深度捆绑、创新文化、突破信息孤岛，美的通过科技助力业务、数据文化和扁平化组织推动转型。平安将科技公司与业务部门列为同等地位，美的的科技部门成为主导部门，被推向了价值创造的第一线，而这一过程必须与业务目标密切合作才能实现。同时，平安的绩效设计进一步强化了两者之间的关系，即技术部门的业绩必须与业务部门组合在一起考核，这个过程组合，技术部门并非被动服务于业务部门，而是一方面赋能业务部门，另一方面引领业务部门的发展，通过技术创新改变原有业务模式，提高效率，将技术创新作为未来业务的增长点。美的则始终以数据战略为牵引，从最基础的主数据和系统建设开始，通过统一规划、统一标准和统一推进的方式，沿着价值链的各个环节，持续深化数字化能力，以探索的方法，把在一个产品板块获得的经验复制到其他事业部。

在业务层面，平安以业务场景为核心，通过对业务场景痛点的深度和系统挖掘，寻求技术赋能的机会和空间。在云转型的过程中，平台化为数字化转型的核心。在以客户为核心的数据获取和数据整合基础上，平安将人工智能作为战略性技术制高点，在自主和合作开发模式下，将人工智能作为业务赋能的关键应用，通过以业务为主导的技术开发应用体系、团队组合和技术评价，确保技术能够给业务创造真正的价值。平安将云转型作为数字化转型的核心抓手，选择合适的方法将原有的信息系统迁移到平台上来。美的的数字化转型以制造业价值链为核心，分阶段地将业务流程、智能制造、智能产品、供应链、工业互联网平台和客户交互体系数字化，数据采集、分析、可视化和决策支持是美的数字化战略的重点。为了使业务和技术深度融合，美的发展了需求开发与规划的方法论，通过方法论中的迭代机制，在数字化转型项目设立之初就明确目标，降低不确定性；同时，通过渐进式的业务和技术推进，将数字化技术覆盖到各个环节，赋能制造业企业的数字化转型。

在绩效层面，平安在网络空间以金融+科技整合成为平台型企业，对外扩张，对内拓展。在生态建设中，重点赋能技术力量比较薄弱的金融机构，并凭借平台的强大获客能力和品牌影响力，代销其他中小银行和金融机构的产品，与之形成强有力的利益共同体。在企业内部，平安的所有板块均提供对机构和个人的服务，在数字化技术的支持下，业务板块的拓展成本降低，复制速度加快。平台化大大提高了平安的数据整合能力，数据驱动的管理水平提高。美的通过数字化转型试图逐渐打造全方位的数字孪生，虽然这一进程还远远没有结束。美的以制造业知识+软件+硬件组合为核心，打造制造业的平台型企业，通过智能产品连接客户，形成客户需求驱动的制造业生产体系，改变了过去制造业以自我为核心的封闭体系，大大加快了对客户需求和市场的响应速度。美的的全价值数字化连接了大量上下游企业和合作伙伴，形成了专业化、紧耦合的生态体系，同时，通过与客户交互和美云智数的对外赋能，延伸至松耦合的生态体系，为工业互联网平台如何建设探索了很有参考价值的路径。在对内赋能上，美的的数字化体系通过可视化看板，全面提升数字驱动的管理决策能力和水平，为建设科学管理体系打下了坚实的基础。

第 5 章

企业数字化战略和企业发展

何为企业数字化战略？数字化时代下的竞争，企业需要在经典的竞争战略之外，通过明确的数字化战略指引新的变革与突破。德勤公司将企业数字化战略概括为两种战略选择，即针对现有的价值链进行优化，实现局部数字化，以及在此基础上开发新的商业模式，通过新的商业模式拓展新的收入来源，实现商业模式的数字化。我们认为企业的数字化战略需由内到外，覆盖运营数字化、业务数字化与客户体验的数字化。而数字化战略不仅仅是抓住未来的科技趋势，更需要应用数字技术持续改进企业业务，保持在行业的领先地位。

没有数字化战略就没有未来。本章围绕企业数字化战略这一主题，通过案例分析，研究并探索企业是如何设计和调整数字化战略，将其运用于战略变革过程，并促进企业发展的。

5.1 海尔集团数字化转型案例

5.1.1 海尔集团介绍

海尔是一家享誉全球的大型家电服务商。在如今的数字化时代下，海尔逐渐向共创共赢的创业平台发展，立志成为一家互联网服务企业。海尔由1984年成立的一家小型冰箱制造企业逐渐发展壮大，七年后正式成立海尔集团。1993年，青岛海尔在上海证券交易所正式挂牌上市。2015年，海尔首次进入世界家电品牌前一百的行列。截至目前，海尔在全世界拥有十大研究基地，20多个产业分工生产区，70家贸易单位，15 000个销售点，近70个营销中心。目前，一百多个国家和地区都有海尔的身影。2020年，海尔在世界品牌500强名单中排名第39位。与此同时，12次荣登全球白色家电品牌零售量冠军的宝座。海尔是为数不多的完整经历所有企业战略过程的企业，经历了五个完整的发展阶段，逐渐成为国内首屈一指的企业。

海尔拥有多个享誉全球的品牌，包括卡萨帝、GEA、斐雪派克、AQUA、统帅等，同时，还有海尔消费金融、COSMO平台（智能制造平台）、顺逛等物联网服务品牌。海尔以智能化、个性化为出发点，逐渐形成在食品、衣物、居住、娱乐等多方面都有所涉猎的网络生态圈，力争满足目前数字化市场下的客户需求。

从1984年创业至今，海尔经历了名牌战略阶段、多元化战略阶段、国际化战略阶段、全球化品牌战略阶段、网络化战略阶段五个阶段。2019年12月，海尔进入第六个战略阶段，目标是创全球引领的物联网生态品牌。创业以来，海尔致力于成为"时代的企业"，每个阶段的战略主题都是随着时代的变化而不断变化的，重点关注的就是人的价值实现，使员工在为用户创造价值的同时实现自身价值。

第一阶段是从1984年到1991年，属于海尔的起步阶段，当时属于产品供不应求的状态，但是海尔依旧对产品质量严格把控，获得了市场的一致好评，成功地打造了高质量的品牌标签。

第二阶段是从1991年到1998年，政府提倡企业进行合并，于是海尔响应国家号召，开启了多元化战略，并提出了在管理界著名的"海尔文化激活休克鱼"理论，合并了国内的18家公司，这使得海尔在经营范围和企业规模方面都得到了前所未有的扩张。

第三阶段是从 1998 年到 2005 年，政府提倡企业走出国门，海尔再一次响应国家号召，并提出"走出去，走进去，走上去"的"三步走"战略。依据这种发展思路，海尔逐渐打开海外市场，打造了研发、生产、销售"三位一体"的适应本土化的经营模式。

第四阶段是从 2005 年到 2012 年，海尔开启了全球化的七年之旅。在这段时间，海尔集团董事局主席、CEO 张瑞敏提出"人单合一"模式："人"即员工，"单"不是狭义的订单，而是用户需求，即每个员工基于用户需求的工作目标；人单合一就是员工和用户结合到一起，员工在为用户创造价值的同时实现自身价值，即员工与用户合一、创造价值与分享价值合一。这一模式取得了较大的成功。相关数据显示，从 2007 年到 2011 年，海尔的利润复合增长率为 38%，是行业平均的 2 倍。自成立以来，不论是在什么样的发展时期，海尔始终秉承"永远为用户创造价值"的理念，从未松懈，所以一直在市场上享有盛名，占据着家电行业的龙头地位。人类经济经过了农业、工业、服务业这三个阶段的发展，而在数字化时代，市场客户更追求的是体验经济。体验经济就是能够在虚拟环境中，不受时间和空间的限制，享受到令人满意的服务。如今，时代在进步，海尔的战略也随之变动。在实施全球化战略以前，海尔一直遵循的是传统的管理思路，依据分工理论，利用生产线的生产方式、传统科层制的组织结构进行管理。而到了全球化战略阶段，海尔逐渐向数字化转型，"人单合一"就是为了数字化转型而做的准备。

从 2012 年到 2019 年的网络化战略阶段，也就是海尔集团发展的第五阶段，海尔正式开启了数字化转型的新时代。网络化战略阶段，海尔从制造家电产品的传统企业转型为面向全社会孵化创客的平台，致力于成为互联网企业，颠覆传统企业自成体系的封闭系统，成为网络互联中的节点，互联互通各种资源，打造共创共赢新平台，实现攸关各方的共赢增值。为此，海尔在战略、组织、员工、用户、薪酬和管理六个方面进行了颠覆性探索,打造出一个动态循环体系,加速推进互联网转型。在战略上,建立以用户为中心的共创共赢生态圈,实现生态圈中各攸关方的共赢增值;在组织上,变传统的自我封闭为开放的互联网节点,颠覆科层制为网状组织。在这一过程中,员工从被雇佣者、执行者转变为创业者、动态合伙人,目的是构建社群最佳体验生态圈,满足用户的个性化需求。在薪酬机制上,将"企业付薪"变为"用户付薪",驱动员工转型为真正的创业者,在为用户创造价值的同时实现自身价值;在管理创新上,通过对非线性管理的探索,最终实现引领目标的自演进。进一步地,从2012年到2014年,海尔主要以用户为中心,调整企业发展重心,所以有学者将这一阶段定义为"用户中心化"战略阶段。自2014年起,海尔主要向平台型企业不断迈进,不断合作、组织新的团队,共同创造,实现共同发展,所以,这一战略阶段被定义为"企业无边界"战略阶段(曹仰锋,2017)。

2019年12月26日,海尔集团创业35周年暨第六个发展阶段主题和企业文化发布会上,随着新战略主题与新海尔文化的发布,海尔也将展开新画卷,进入物联网生态品牌新时代。

图5.1展示了海尔的战略发展历程。

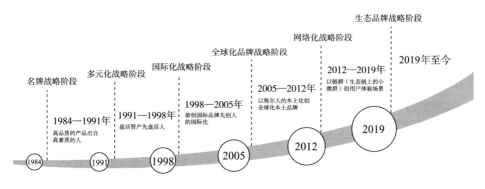

图 5.1　海尔的发展历程

资料来源:海尔官网。

5.1.2 海尔集团的数字化转型之路

海尔的智能制造在国内处于领先地位，在 2015 年工业和信息化部发布的国家智能制造试点示范入选项目中，海尔赫然在列，其在智能制造方面取得较大进展，具有案例典型性。海尔成立于 1984 年，自成立以来一直发展较好，并曾多次入选哈佛商学院案例，一直走在家电企业前列。根据以往学者的研究总结，我们将海尔的智能制造历程划分为三个阶段，分别为智能制造萌芽阶段（1992—1997）、数字化制造阶段（1998—2004）、数字化网络化制造阶段（2005—2017），如表 5.1 所示。

表 5.1 海尔智能制造转型的阶段划分

年份	关键事件	智能制造转型阶段
1992	海尔集团于 1992 年制定了企业信息化的发展规划	智能制造萌芽阶段（1992—1997）
1998	海尔以数字化技术为突破口，向信息化全面进军，建设 CIMS（计算机集成制造）系统	数字化制造阶段（1998—2004）
1999	海尔开启业务流程再造	
2005	提出"人单合一"模式，开启互联网转型	数字化网络化制造阶段（2005—2017）
2007	海尔信息流程再造	
2012	正式实施网络化战略	
2014	海尔在沈阳建立互联工厂	
2014	U+转型，U+App 发布	
2017	对原来服务于海尔内部的 COSMO 平台进行重构、扩展，构建可支撑面向社会化服务的平台，为企业提供全流程的智能制造解决方案	

资料来源：吕文晶、陈劲、刘进，《工业互联网的智能制造模式与企业平台建设——基于海尔集团的案例研究》，《中国软科学》，2019 年第 7 期，第 1—13 页。

5.1.2.1 智能制造的萌芽

智能制造的转型发展伴随着信息化的进步，信息化和数字化是智能制造的基础。1992 年，海尔集团制定企业信息化发展规划，智能制造开始萌芽。信息化是充分利用信息技术，开发利用信息资源，促进信息交流和知识共享，扩大在经济、社会、政治、文化等各领域的应用，提高经济增长质量，推动经济社会发展转型的历史进程。在此阶段，海尔决策者认为关注国内外竞争对手的新动向非常重要，由此提出"靠信息占领市场、靠信息控制市场"的口号，开启了海尔的信息化之路。最开始，海尔成立 IT 部门，建立入库、订单、采购等基本 IT 系统，试图以计算机作业取代手工作业，并引入柔性制造系统，将信息化与制造相结合。在此阶段，海尔的信息化程度快速提高，智能制造步入萌芽阶段，为之后第一代智能制造的转型奠定了基础。

在智能制造萌芽阶段，海尔追求产品的多元化，为了能使新产品得到消费者的认可，海尔需要从多方面着手。这包括对国际方面发展趋势的及时把握，对竞争对手的及时了解，对供应商和用户的变化感知，对政府发展政策的及时跟踪，以及对企业内部变化的及时调整，此时，对各方面的感知促进企业进行信息化建设。因此，在这一阶段，企业动态能力中感知能力维度比较强。而当时，海尔的信息化才刚起步，对集团的信息化建设只是引入一些基础的办公系统和产品制造系统，所以获取能力维度不强。集团配合基础信息化系统所需的组织结构改动同样较小，所以重构能力维度也比较弱。在智能制造萌芽阶段，正是海尔动态能力的感知维度促使其在智能制造转型过程中维持竞争优势。

5.1.2.2 跨入数字化制造

第一代智能制造的本质即为数字化制造，数字化制造是智能制造的基础，数字化制造不断发展，并贯穿于智能制造的所有开发过程。1998 年，海尔开启 CIMS 工程，也开启了其数字化之路。1999 年，达沃斯世界经济论坛提出"企业内部组织适应外部变化，全球知名品牌的建立，网上销售体系的建立"三原则。为了应对这种趋势，海尔开启业务流程再造计划，由 SAP 公司进行集团的 ERP 建设，对现有流程进行再设计。集团内部，采购、仓储、生产、销售、财务与成本等均实现了数字化搭建，形成集成的供应链管理平台。集团外部，B2C 电子商务平台根据用户的需求，收集各方信息，在 3C（计算机辅助设计、计算机辅助工艺过程设计、计算机辅助制造）系统、PDM（产品数据管理）系统的支持下不断对产品的设计、功能进行改进。在此过程中，为了实现企业在产品质量、服务及成本等方面的改善，同时也使组织能够适应数字化变革，海尔经历了 40 多次内部结构调整，其中最为人所知的是海尔对物流部门的建设，这些调整使其不断改进和提高。合理的组织结构使第一代智能制造转型获得成功。

在第一代智能制造阶段，海尔将业务拓展到海外。受当时美国和其他工业发达国家的影响，海尔意识到自己原先的业务流程已与企业的发展目标不再匹配，所以需要进行业务流程再造。在此过程中，组织结构不断调整，所以海尔在这一阶段重构能力维度比较强。业务流程再造包含数字化的网络建设：以计算机集成制造系统为开端，从内部到外部，从上游到下游。而海尔在数字化建设完成后，制造能力和管理能力有所增强，企业的效益明显提高，所以，海尔在这一阶段获取能力维度有所增强。数字化建设完成后，海尔的信息搜集在原先的基础上有了新的渠道，所以感知能力维度增强。

5.1.2.3 数字化与网络化

第二代智能制造是数字化网络化制造，也可以称为"互联网+制造"。在制造层面，连接整个制造系统的是数据流和信息流；在服务层面，企业与用户通过网络平台进行连接和交互，而企业则开始从以产品为中心的生产转变为以用户为中心的生产。2005 年，一直谋求创新的海尔开启"人单合一"模式的转型，践行"以用户为中心"的理念。2006 年，海尔发布的网络家庭平台即为该理念的探索，也标志着海尔开始从大规模制造向大规模定制转变。组织的转型意味着各方面的重新部署，而作为日常必不可少的数字化系统，也要配合进行改造升级。原来的 ERP 系统已经满足不了海尔的业务需求，因此海尔对其进行改造升级，整合全球信息。在"千日再造"后，海尔完成了对上千个流程的改造。随着时代的发展，海尔对于"人单合一"的概念有了新的解释。张瑞敏认为：在网络化市场下，用户掌握了信息不对称的主动权，用户的选择可以决定企业的生死，只有网络化的企业才能跟上网络化的时代。为了满足每一位客户的需求，海尔开始对工厂进行改造，通过PLM、ERP、iMES、iWMS、SCADA五大系统的集成，实现生产自动化向智能化的转变。为了让客户看到生产流程，实现全透明化，海尔将面向内部的COSMO平台对外界开放，连接起制造系统的数据流和信息流，实现真正地为用户服务。至此，海尔通过网络将人、数据和事物连接起来，实现各种社会资源的共享和集成，完成第一代智能制造向第二代智能制造的转型。

在第二代智能制造形成阶段，海尔开始向"互联网+制造"的平台型企业转变，形成以用户为中心的模式。要对"互联网+"和"制造"进行融合，海尔要对工厂进行数字化改造升级；而要从传统企业转变为平台型企业，海尔要在网络职能方面做出很大的改变，如要将内部的营销网、服务网、物流网面向外部开放，形成工业互联网。同时，这一切都离不开对组织结构的重新部署、重新配置，因此，在这一阶段，海尔的重心仍在重构能力维度上，获取能力维度相对较弱。网络的便捷化使海尔在采集信息方面的工作变得较为轻松，得到的信息也更为充分，同时也更为碎片化，所以，对内外部环境的感知反而变得内隐，因此，在这一阶段交互的频次反而有所减少。海尔对重构能力维度的重视使其从第一代智能制造阶段转向第二代智能制造阶段。

5.1.2.4 COSMO平台的搭建

2012年，海尔开始施行网络化战略，利用互联网经济的特征，通过在生产制造方面向数字化、网络化、智能化转型，力图实现企业整体的转型升级。其中，最主要的举措就是建设COSMO平台。COSMO平台的前身是2005年海尔在生产制造转型方面的一系列探索。2012年，海尔在全球率先尝试规划建设互联工厂，于2015年正式建成海尔沈阳冰箱互联工厂，其是中国制造业企业向智能制造转型的先锋，开启了用户参与的大规模定制模式。随后，海尔沈阳冰箱互联工厂被工业和信息化部确定为全国白色家电领域唯一智能制造试点综合示范项目。在此基础上，2016年年初，海尔正式推出COSMO平台，该平台为中国业界首个自主知识产权的工业互联网平台，旨在为国内的制造业厂商提供大规模定制服务，带动具有不同制造能力的制造业企业向智能制造转型。同时，COSMO平台还连接了用户与企业，并在电子、船舶、纺织、装备、建筑、运输、化工七大行业率先提出行业智能制造标准。COSMO平台作为海尔自主研发、自主创新、全球引领的工业互联网平台，未来的发展愿景为建立以用户为中心的社群经济下的工业新生态。

目前，在COSMO平台上聚集了3亿多用户和380多万家全球生态资源，平台规模超过2 000亿元，实现了跨行业、跨领域的扩展与服务。同时，COSMO平台以海尔八大互联工厂为样板，将大规模定制模式复制到12个行业、11个区域和20个国家，服务全球3万多家企业，并入选2017年由中国科协智能制造学会评选的"世界智能制造十大科技进展"。

COSMO平台的目标为打造开放的工业级平台操作系统，并在此基础上聚合各类资源，为工业企业提供丰富的智能制造应用服务。目前，COSMO平台的业务架构主要分为四层，自上往下依次为：模式层、应用层、平台层和资源层（如图5.2所示）。最顶层的模式层的核心是互联工厂模式。在此基础上，海尔借助自身在家电行业积累数十年的制造模式和以用户为中心、用户深度参与的定制模式，以及在工业互联网运行的经验模式，引领并带动利益相关者及与自身相关的其他行业发展。在应用层，海尔在互联工厂提供的智能制造方案基础上，将制造模式上传到云端，并在应用层平台上开发互联工厂的小型SaaS应用，从而利用云端数据和智能制造方案为不同的企业提供具体的、基于互联工厂的全流程解决方案。第三层也即平台层是COSMO平台的技术核心所在。在平台层，海尔集成了物联网、互联网、大数据等技术，通过云OS（操作系统）的开发建成了一个开放的云平台，并采用分布式模块化微服务的架构，通过工业技术软件化和分布资源调度，向第三方企业提供云服务部署和开发服务。此外，在平台层上的数据以及知识组件和工业模型活动的通用中间组件既可以为公有云提供服务，也可以为所有第三方企业的私有云提供服务。COSMO平台的基础层是资源层。在这一层集成和充分整合了平台建设所需的软件资源、业务资源、服务资源和硬件资源，通过打造物联平台生态，为以上各层提供资源服务。

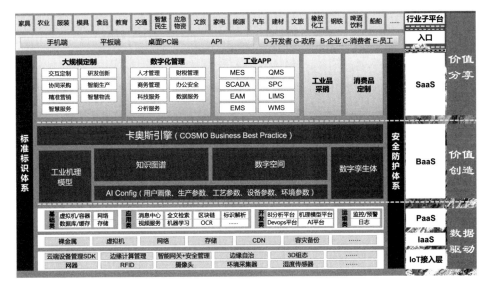

图 5.2 COSMO 平台的业务架构

资料来源：海尔官网。

COSMO平台目前的运行机制为在智能服务平台上建设智能生产系统并构建智能产品、智能设备与用户的互联互通（见图5.3）。具体而言，在智能生产系统的运行方面，COSMO平台以计算机支持系统为依托，其经营管理信息系统根据实时反馈的市场信息做出生产计划与资源调度，并将生产线中的所有设备互联，在每个互联工厂对所有设备进行数据集中管控，不仅收集设备端的智造大数据，还收集来自智能产品反馈的用户大数据。产品设计系统和生产系统则依据技术资源与技术信息做出相应的设计及生产规划，并与经营管理信息系统之间持续交互,由用户对技术方案和规划的反馈不断做出调整,并在质量保证系统的监控下完成生产。在计算机支持系统提供的信息支撑下,经营管理信息系统、产品设计系统、产品生产系统和质量保证系统之间实时交互,做到了生产全流程的数字化可控、智能化运行和以用户为中心的柔性化生产。可以说,平台实现了对研发体系、营销体系和生产体系三者的颠覆。在生产过程中,COSMO平台的智能服务平台还为智能生产系统提供模块采购服务、第三方资源服务和大规模智能定制服务。智能产品出厂后,COSMO平台通过智慧物流服务、将所有智能产品与用户连接起来的智能互联生态圈服务、用户智能交互服务等进一步提升用户体验。在此过程中,不仅所有智能产品之间可以实现智能互联,智能产品与用户、与智能服务平台之间也能做到高精度互联,从而实时收集用户使用信息和反馈信息,从而不断对智能产品进行迭代升级。与此同时,通过智能服务平台提供的智慧解决方案服务和数据服务,智能产品还能不断从其他领域的创新资源和技术中获取灵感,从而生产跨界创新产品。

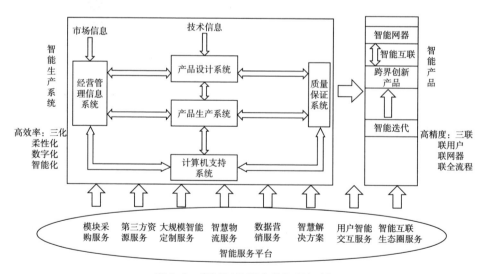

图 5.3 COSMO 平台的运行机制

资料来源:吕文晶、陈进、刘劲,《工业互联网的智能制造模式与企业平台建设——基于海尔集团的案例研究》,《中国软科学》,2019 年 7 期,第 1—13 页。

作为同时面向用户与企业的工业互联网,对于COSMO平台而言,一方面,外部供应商提供上游部件与技术资源,另一方面,用户提供订单需求与产品改进意见,因此二者都是平台的第三方即互补方。COSMO平台采用模块化治理模式,通过建立开放的海达源全球采购平台,实现从零件商到模块商的端到端信息融合。首先,COSMO平台将各类产品拆分为不同技术模块,包括智能制造的共性技术、关键技术模块与产品特性技术模块。例如,一台冰箱在COSMO平台被拆分为354个冰箱零件,组合为23个技术模块。COSMO平台邀请外部供应商、社会工程师等技术资源参与其产品特性技术模块的研发设计,拓展了技术资源的创新空间。同时,COSMO平台对共性技术与关键技术模块持续投入研发资源,以实现大规模定制的智能生产。2017年,COSMO平台的海达源采购系统完成12 460笔订单交易,对外服务交易额达到67亿元,发挥了海尔集团作为行业龙头的引领作用。

目前,COSMO平台基本实现了智能制造各个方面的功能。具体而言,智能产品是COSMO平台实现与用户交互的核心。COSMO平台的智能产品是基于大数据和云计算的物联网设备。从用户交互参与设计到生产的整个过程中,智能产品的每一个部件和功能都基于用户体验。而从物流、售后服务到后续使用场景,智能产品可以持续收集用户的使用大数据,并将用户体验实时反馈回智能生产系统,从而使产品和生产过程不断在用户体验的基础上进行迭代。以海尔馨厨智能冰箱为例,这款冰箱配备网络模块,配置有与用户进行交互的TFT液晶显示屏和音响,还具有人体感应模块。用户可以通过手机远程操控调节冰箱温度,还可以通过屏幕实时观测冰箱内食材的新鲜度,查询菜谱、天气等生活资讯,甚至能上网购物,或进行观影和听歌等影音娱乐活动。这款智能产品的产生是基于对前期用户调研的大数据分析——发现用户最希望在厨房中增加网络和人机交互的功能。随着显示屏成本的下降和用户生活水平的不断提高,越来越多的用户习惯于智能产品上具备可交互的操作界面,同时也可以接受在冰箱上增加一块屏幕的价格。因此,海尔馨厨冰箱引入百度人工智能语音技术，通过集成人工智能语音交互系统，对用户的语音指令进行语义解析，从而真正实现人机交互。与此同时，馨厨冰箱还通过大数据分析用户的使用习惯，通过云计算识别用户最需要的功能，并不断根据用户反馈在冰箱上接入更多社会化服务。馨厨冰箱作为海尔智能冰箱的代表性产品，一经推出便广受欢迎，上市半年多就销售了 6.8 万台，最高配置版本更是达到 29 999 元每台的高价。作为基于 COSMO 平台的智能产品，馨厨冰箱不仅带来了更高的单位价值，而且通过用户与冰箱、生产流程三者之间的联通，将用户参与交互的智能化转型应用到研发与设计环节，体现了以用户为中心的智能制造思想。

智能生产是 COSMO 平台进行智能制造的核心。COSMO 平台的智能生产模式以用户为中心进行个性化大规模定制。在智能生产方面，COSMO 平台通过对所有设备的大数据分析，精准把握用户需求。用户可以全程参与生产制造的所有环节。个性化定制的具体实现有模块化定制、众创定制、完全个性化定制和整体智慧生活解决方案四种形式。前三种定制方式都在海尔交互定制平台上完成。海尔交互定制平台也是中国家电行业首个用户社群交互定制体验平台。模块化定制是指将产品的零部件集成为不同功能模块，在每个模块之间配置标准接口。用户可以在固定模块的基础上根据自身生活场景自主选择配置一部分功能模块。众创定制是指通过众创的方式实现定制。用户提出创意构思并在定制平台上发起众创，其他用户对其喜爱的创意进行投票。在某创意达到一定的支持人数之后，投票的用户就可交付定金并等待定制产品上架，随后全程见证产品在互联工厂的生产流程。海尔天樽空调的产生过程就是众创定制的一个结果。天樽空调最初的创意来自一位用户发布的草绘图，设计理念是将无叶风扇的设计用在空调上，将空调内机的送风模式从以往的百叶窗式的送风模式变成环形送风模式。这一创意在交互定制平台上一经发布，便迅速吸引了众多用户的注意和支持，一周内收集到一千多位用户的投票，随后进入正式的生产流程并达到量产，成为 2013 年年底海尔最具创新的空调产品。完全个性化定制，又称专属定制，是指用户完全自主选配，由专属设计师为其量身打造，提供一对一服务的定制模式。从用户提出需求开始，用户可以自主选择产品类别、样式和型号并上传想要实现的外观图片，由专属设计师全方位设计所有细节，设计过程中设计师持续与用户沟通，对用户要求的外观与产品进行最佳匹配并随时与用户交互，实现在用户反馈上的不断迭代，直至达到用户满意的效果，之后经过全程可视的生产流程送达用户。而整体智慧生活解决方案，是在产品定制的基础上，由用户参与定制整体的生活空间和整套家电的解决方案。这一定制形式目前仍在探索之中，但其必将成为海尔未来个性化定制的发展方向。

此外，COSMO 平台还通过精益生产和网络协同制造实现生产过程的高精度、高效率。具体而言，在生产过程中，通过提升产品研发的标准化、模块化能力，并结合用户大数据进行柔性生产和制造，在降低废品率、库存率的同时提升产能。同时，用户协同参与设计、模块商资源对接云平台、实体制造线、物流资源、服务资源、设计资源和设备信息都在 COSMO 平台上实现全流程互联互通，可以即时对生产线进行远程监控、维护和保养，并即时使所有资源实现网络协同制造。

智能服务是 COSMO 平台进行产业模式变革的核心。目前，COSMO 平台提供的智能服务主要为面向外部中小企业的智能制造解决方案服务和面向用户的智慧生活整体解决方案服务。具体而言，智能制造解决方案可分为智能制造方案服务、共享集约服务、云端数据服务、知识智慧化服务四大类共七十多项应用服务。作为工业互联网的代表，COSMO 平台上提供的智能制造整体解决方案服务是通过互联工厂内部协同组件、生产模块和第三方合作资源协同，在互联工厂之间共享软件、设备、物流与组件，在工业互联网云端对互联工厂、生产设备与智能产品之间的数据协同，帮助相关中小企业进行设备、工艺、计划、物料、供应链、生产路径、运营等方面的优化。同时，COSMO 平台还通过向外部中小企业提供协同设计、建立和运营工程集市与智创空间，实现与所有合作商的能力协同。

而面向用户的智慧生活整体解决方案服务则通过为用户提供开放的互联互通平台实现。用户在 COSMO 平台上可以与生产全流程进行实时虚拟交互；同时，COSMO 平台为用户提供的全周期维修保养服务还能对同一产品在不同地域、不同行业的使用行为进行报告，从而为下一代产品的精准研发提供数据基础。还是以海尔馨厨智能冰箱为例，这款冰箱上搭载的智慧厨房生态圈能够覆盖用户在厨房中常见的购买、储存、烹饪、娱乐和交互这五大场景中的所有需求。这些服务的提供，或通过对接海尔内部资源和服务，或通过接入第三方资源服务实现。例如，馨厨冰箱与本来生活、中粮等合作，向用户提供新鲜食材；与爱奇艺、蜻蜓 FM 合作，向用户提供影音娱乐服务；与苏宁易购、本来生活合作，提供购物服务；与豆果美食等合作，向用户提供厨艺、菜单服务；还与天气预报平台合作，提供出行信息服务等。而这些服务的提供都是依靠馨厨冰箱上所搭载的科技资源支撑实现的。

此外，不同于传统的封闭性企业系统提供的售后服务，用户在 COSMO 平台上可以在不同应用服务中定制化选配，从而满足其个性化需求。以用户报修服务为例，不同于传统的用户自己报修，售后服务人员逐级上报，企业处理用户报修信息之后再安排维修的服务模式，目前 COSMO 平台的智能服务可以实现由移动互联网智能云服务处理报修任务，从而创造用户最佳服务体验。具体而言，基于 COSMO 平台的智能产品会自主诊断运行问题，在出现问题之后通过自发连接家中路由器将故障信息自发传送到海尔云平台，并将故障信息自动同步推送给用户。用户不需要联系厂家，故障信息将自动传送给售后部门，由售后服务人员自主接受订单并上门维修。维修后的产品状态也将自发传送到海尔云平台，并即时收集用户反馈信息，达到售后服务的交互迭代，真正实现智能服务模式变革。

表 5.2 总结了 COSMO 平台智能制造模式分类与实施特征。

表 5.2 COSMO 平台智能制造模式分类与实施特征

	智能制造具体模式	模式特征
智能产品	基于大数据	大数据涉及产品全生命周期,包括市场调研、产品规划到产品全流程生产,实现用户与全要素互联
	基于云计算	通过云计算采集用户的使用行为等数据,增加产品与用户之间的交互
	物联网端设备	采用十多项全球领先的物联网技术,实现智能产品万物互联;所有产品与用户直接交互,实现用户互联;U+智能制造平台上实现智慧生活的万物互联
智能生产	精益生产	通过设备深度学习调整焊接参数,从而实现成本降低,实现开机调试物耗减少20%,焊接问题物耗减少60%,产能提升60%,产品不入库率达到68%
	网络协同制造	通过分布式架构在开放的云平台上实现网络协同制造,同时,通过在平台上提供模块化微服务复制协同制造模式,通过人、机、物互联互通,将用户信息直接连接到生产设备上,从而实现对用户需求百万分之一秒的响应速度
	个性化定制	用户精准参与生产全流程的交互定制,在生产的各环节实现无缝化、透明化、可视化的用户交互体验,具有最小批量为1的加工能力。互联工厂实现产品购买转化率提高1倍,具体分为模块化定制、众创定制、完全个性化定制和整体智慧生活解决方案
	大规模定制	用户最佳体验高精度与企业价值高效率的"二维战略"。通过柔性化、数字化和智能化实现生产的高效率
智能服务	智能制造整体解决方案服务	通过模块组件,向合作企业提供技术方案和智能制造方案服务,实现工厂间协同;在软件、设备、物流、组件四个方面通过信息化实现工厂群之间的资源共享和消化产能。此外,COSMO平台整体采用开放的云平台架构,实现海尔与所有云端合作伙伴之间的数据协同、知识交互和能力协同
	智慧生活整体解决方案服务	面向用户提供个性化大规模定制服务,通过互联互通平台实现与用户的全流程虚拟交互和全周期维保服务

资料来源:吕文晶、陈进、刘劲,《工业互联网的智能制造模式与企业平台建设——基于海尔集团的案例研究》,《中国软科学》,2019年第7期,第1—13页。

5.1.3 案例分析

在数字化转型浪潮中,海尔集团始终站在行业最前端,通过建立一套完整的智能制造体系,应对行业发展的颠覆式变革挑战。通过梳理海尔的数字化转型之路,我们可以总结出海尔数字化转型成功的几点经验。

5.1.3.1 实现了生产流程和用户需求的有效对接

海尔在智能制造上的核心思想就是"互联工厂"。与传统的订单生产模式有所不同,海尔希望通过与用户共同建立一个基于网络的生产模式,让完全不懂技术的用户和苦于不了解需求的设计师、供应商,在海尔提供的共享设计平台上互动协作,实现真正的客户个性化订单生产。

胶州空调工厂就是海尔在此模式之下建设的互联工厂,它生产的产品颜色、外观、性能、结构等全部由用户决定。借助互联网技术,用户可以与工厂生产线直接对话,个性化需求可以在第一时间反馈到生产线,整个流程包括需求、交互、设计、预售、制造、配送、服务等,循环迭代升级,实现从线上用户定制方案,到线下柔性化生产的全定制过程。例如,用户下单后,订单送达互联工厂,互联工厂随即开始定制所需模块,通过模块化的拼装,可以实现用户对不同功能的选择,并且最大限度地缩短产品制造所耗费的时间。在整个制造过程中,用户可以通过各种终端设备获取订单进程,了解定制产品在生产线上的进度和位置。

对于海尔来说,"数字化"包括两个含义:其一是企业生产全流程可视,其二是用户信息可视。"企业全流程可视"需要在基础设施上实现"IT 与 OT 融合",其含义是车间物联网、信息通信网、售后产品服务网的三网融合,以及以 iMES(智能生产执行)为核心的 ERP、PLM、工业控制、物流系统的五大系统整合。"用户信息可视"则要求实现"更广泛的互联互通",一方面是内外互联,通过互联网实现用户与设计、生产部门的互联互通,高效协同;另一方面是信息互通,机器设备与产品数据互联互通,最终还要和用户数据互通。

海尔互联工厂生态系统的建设，助力其实现了从需求获取到生产销售过程的无缝对接，使得获得的数据能够第一时间发挥其价值。从用户自身的需求出发，也遵循了市场发展的规律，既能第一时间了解产品的市场反应，更好地改善产品质量和性能，也能为消费者提供更好、更优质的用户体验，从而提高用户黏性。可以说，海尔的数字化转型之所以能够成功，很关键的一点就在于它对市场的准确把握，能够着眼于用户需求，例如上文中所提及的一些产品等，帮助实现用户居家智能化，由此最大限度地发挥了数据资产本身的价值。

5.1.3.2 实现了智能制造与平台治理的有机结合

工业互联网平台的建设需要同时考虑互联网经济特征与制造业自身要素。通过上文对COSMO平台的介绍，我们认为，COSMO平台实质上已经超越了企业级平台的要求，向跨行业、跨领域的工业互联网平台发展。在此过程中，COSMO平台不照搬国外工业互联网的发展道路，而是采取同时面向B端与C端用户的发展战略，符合互联网经济的发展特征。同时，工业互联网平台的治理需要在技术模块的开放与封闭之间达到平衡，吸引第三方即互补方的参与，以促进平台的持续发展。而COSMO平台对核心技术模块与外围技术模块之间的不同治理模式正是其快速壮大的关键。此外，智能制造是发展工业互联网的核心。COSMO平台推动的以用户为中心的智能制造标准，包括家电产业大规模定制通用技术规范、支持大规模定制的工业云平台建设规范及要求以及家电业智能制造执行系统规范这三项内容，是基于中国国情及互联网时代个性化、碎片化的用户需求所制定的智能制造标准，也是全球唯一以用户为中心的智能制造标准。

海尔作为积极探索工业互联网企业级平台治理模式的行业龙头，在为平台产业上下游相关企业提供智能服务的同时，把握平台开放与封闭之间的平衡，从以往的封闭价值链向开放的价值网络转型，探索提供智能制造整体解决方案，有利于带动产业集群内中小企业的整体智能化转型，为中国其他制造行业的智能化转型提供了极具启示意义的范例。

5.1.3.3 实现了管理层和创客/员工的良好沟通

海尔最出名的模式无外乎其"人单合一"模式。在上文对海尔发展历程的梳理中我们也可以看到，"人单合一"模式自2005年被提出以来，对于调动海尔员工的积极性、创造性发挥着至关重要的作用。这种模式的创新对于海尔推动数字化转型无疑起到了加速作用。

"人单合一"模式是海尔集团董事局主席、CEO张瑞敏于2005年9月20日首创的互联网（物联网）管理模式。互联网的发展带来了全球经济一体化，加速着企业的全球化进程。互联网的三个特征——零距离、去中心化、分布式，分别颠覆了古典管理理论三位先驱泰勒、韦伯和法约尔的理论。第一，零距离颠覆了泰勒的"科学管理理论"。科学管理理论以动作时间研究而著称，动作时间研究的结果形成了今天的流水线，在流水线上，人是没有创造力的，完全变成机器的附庸。而在互联网时代，企业和用户之间必须零距离，只有零距离才能满足用户的个性化需求，大规模制造注定被大规模定制代替。第二，去中心化颠覆了韦伯的"科层制理论"。科层制理论的组织架构是金字塔式的，这种"正三角"形的组织里充满了各种层级，从决策层、管理层到操作层，逐层增大，基层人员的自主空间很小。而在互联网时代，所谓去中心化就是每个人都是中心，对内部而言每个员工都是中心，对外部而言每个用户都是中心，金字塔式的组织架构要变得扁平化。第三，分布式颠覆了法约尔的"一般管理理论"。一般管理理论强调的是企业内部职能的再平衡，但无论怎样平衡都是内部封闭起来做一件事。互联网为企业利用这些分布式的资源创造了条件，企业要从封闭变得开放。具体到企业经营实践层面，用户被互联网"激活"后，传统企业的"生产—库存—销售"模式无法满足用户碎片化、个性化的需求。为解决这个问题，更好地为用户创造价值，海尔积极探索互联网时代创造用户的新型商业模式，即"人单合一"模式。"人单合一"模式以"自主人"为假设，"人的价值第一"为宗旨，"用户乘数"为评价原则，是适应互联网和物联网时代的非线性管理模式。这一模式全面颠覆了经典模式，丰富和完善了世界管理理论及创新实践的宝库，体现了企业的独创性和首创性。

海尔的生态圈只有三类人——创客、小微主、平台主，其共同目标是创造用户最佳体验。平台主从管控者变为服务者，员工从听从上级命令的被雇佣者变成自主创业的创客，这些创客组成小微创业企业，创客和小微主共同创造用户、市场。小微主还可以开放吸引外部资源，形成一个共创共赢的生态圈，共同创造用户价值。2019 年，海尔进入企业发展的第六个重要战略阶段，进一步探索"链群共赢进化生态"，这是"人单合一"模式下的新范式。链群就是小微主或是与小微主合作的资源方通过共同创造市场机会，共同创造用户最佳体验，形成一个开放的以自组织为核心的生态系统，也就是生态链。在生态链上的小微主构成链群是未来数字经济下的发展趋势。海尔对组织模式和管理方式的创新为其跨入生态圈构建阶段奠定了坚实的基础，我们也相信，未来海尔这种以场景为核心的数字化转型模式将会越发凸显出其自身具备的独特优势。

5.2　GE 数字化转型案例

> 如果大象能够跳舞，蚂蚁最好退出舞台。
>
> ——路易斯·郭士纳（IBM 前 CEO）

从提出"工业互联网"开始，GE 不断描绘着未来工业与制造业企业的发展方向，数字化转型的大幕也在世人瞩目下徐徐拉开。Predix 工业互联网平台的推出和 GE Digital 的成立，彰显着 GE 将自己重新定位成软件公司而非制造业企业的决心。然而，投资者似乎并不买账，股价的持续走低、数字化转型"掌门人"杰夫·伊梅尔特的离职，有关 GE Digital 何去何从的争论……似乎都在预示着这场数字化转型之路的高开低走已成定局。

70% 的数字化转型的尝试无法达成原定目标，GE 似乎也未能成为例外。那么，在数字化转型对于企业的生存与竞争至关重要的今天，GE 的数字化转型为我们带来哪些启示？又能激发哪些思考？本节将从组织管理的角度出发进行探讨，首先简述 GE 数字化转型的背景与目标，通过把握关键事件和关键时间节点回顾转型过程，然后重点从组织架构调整、企业文化和人力资源管理制度变革三个方面，探讨 GE 数字化转型的得与失。

5.2.1 金融危机与数字化制造业：GE 数字化转型背景

CE 由托马斯·爱迪生创立于 1892 年，是世界上最大的提供技术和服务业务的跨国公司，其传统主营业务包括工业设备和家用电器。1981—2001 年，担任 CEO 的杰克·韦尔奇力推"去工业化"战略，出售小型家电、半导体、移动通信等制造业相关业务，同时积极收购金融、电视广播、医疗器械等相关公司。此举推动 GE 市值增长了 43 倍，位列"世界最强企业"。此后继任的杰夫·伊梅尔特延续了韦尔奇的"去工业化"路线，继续扩大金融业务。GE 的绩效在这条路线上持续攀升，2007 年取得了史上最好的年度绩效。然而，2008 年的世界金融危机使得拥有大量消费金融和房地产金融业务的 GE 遭受重创，曾经为 GE 贡献近一半盈利的金融部门，在金融危机下利润下降了近三分之一，使 GE 当年整体的盈利缩减了 15%。

金融危机的打击让 GE 开始反思"去工业化"战略和金融业务的发展。GE 作为传统工业巨头，其核心优势在于发明与创新，而金融业务虽然曾经助力 GE 的发展，却也蕴含着巨大的风险。金融危机后，GE 开始放弃韦尔奇的战略，使核心业务重新回到以工业机械为主的制造业上，并对业务结构、工作推进方法、企业文化乃至人事制度等方面进行大刀阔斧的改革。

野心勃勃的 GE 此次的目标并非回归传统制造业。金融危机后，传统制造业普遍面临市场饱和的局面，买方市场大大压缩了生产商的利润空间。此外，随着个性化需求的发展，传统设备的生产效率和成本难以应付市场"定制化"的需求，不断严格的生产安全和环境标准也增加了传统制造业的生产成本。除了传统制造业的"内忧"，GE 还面临着来自工业行业以外的冲击和竞争。随着信息技术的发展，互联网企业对工业行业产生了颠覆性的影响，线上平台、网络社交媒体等的普及重新组织了产品的销售和推广模式。此外，如思科、微软、IBM 等巨头也开始在工业领域发挥其在通信和软件上的优势。"内忧外患"下，传统工业领域已不能为 GE 提供广阔的前景。

互联网产业的兴起，为 GE 的战略转型提供了新思路。GE 认识到，相较于传统的机械生产制造，数据的分析和运用能够产生更为深刻的价值。GE 的数字化转型并非困境下的盲目试水，事实上，早在 20 世纪 90 年代后期，互联网的快速发展就已经使当时在任的韦尔奇意识到数字化应用的收益。相对于电子网络公司而言，在 GE 这样的大企业运用数字化能够带来的效益更为可观：

> 我们可以应用数字化的手段来突出优势，取消公司内的低附加值工作。每一个流程都能够得到改善，生产率可以得到提高。由这项技术产生的效率对于大公司而言是极其可观的……对于我来说，因特网世界的利润所在是："旧经济"型公司在生产率和市场份额方面的收益抑制了"新经济"模式的增长机会。[①]

在经历了塑料业务等领域的尝试后，GE 开始将互联网与主流业务相结合，将数字化融入各个业务板块。金融危机后，GE 正式将数字化视为创造价

---

① 〔美〕杰克·韦尔奇、〔美〕约翰·拜恩，《杰克·韦尔奇自传》，曹彦博等译，中信出版社，2013 年，第 366 页。

值的重要源泉,伊梅尔特决定推动由传统制造业向"数字化制造业"的转型。

5.2.2 从高歌猛进到跌下神坛:GE 数字化转型历程

5.2.2.1 高歌猛进

2011 年,GE 在加利福尼亚州圣拉蒙成立了软件中心,设立目标之一是开发一个行业级的操作系统——为工厂和行业设备做出工业领域的"Microsoft-Windows"或"Google-Android"。中心聘用曾供职于全球领先的网络解决方案供应商思科的比尔·鲁赫担任负责人,他的加入为 GE 带来了更具互联网思维的新力量,将软件的技术和实践融入 GE 的业务运营及产品线中。2012 年,GE 首次提出"工业互联网"这一概念,并在同年发布的《工业互联网:突破智慧和机器的界限》白皮书中做出了进一步的阐释:工业互联网汇集了两大革命的成果:工业革命带来的无数的机器、设施、机群和系统网络方面的成果,以及互联网革命中涌现出的计算、信息与通信系统方面近期取得的强有力的成果。工业互联网的概念强调建立人、数据和机器的深度连接,通过挖掘数据的价值,实现机器的智能互联,推动生产率的革命。沿着这一思路,GE 在云计算和大数据技术的研究上大力投入,搭建起资产性能管理系统。

2013 年,GE 推出了第一个大数据与分析平台——Predix,该平台整合了智能机器、传感和高级分析功能,旨在通过连接海量的数据进行分析,将数字化引进 GE 的生产线,优化流程管理,提高效率,降低成本。一开始,Predix 只是一个 APM(资产云管家)的内部平台,其主要用途是对飞机引擎进行预见性维护,以避免设备停机。随后,Predix 被逐渐应用到 GE 的其他业务部门,通过连接工业资产设备、统筹各种工业系统,促进工业互联网在 GE 内部业务上的应用。

到了 2014 年,GE 已经将各种工业设备的管理方案整合成品牌"Predictivity",内含四十余种数据与分析解决方案。在大力发展自身技术、投入自行软件开发的同时,GE认识到,数字化转型的完成不能仅靠一己之力,还需要取得合作伙伴的配合,为数字化提供可适配的生态环境。2014年,GE与IBM、思科和英特尔等IT巨头创立工业互联网联盟,着重将Predix打造成更加兼容和开放的平台。其后,GE还与埃森哲、AT&T以及亚马逊等公司就技术开发、数据传输等方面展开合作。为保障平台的安全性,GE还收购了加拿大的网络安全公司Wurldtech。

2015年,GE推出Predix 2.0,并在全球建成四个云计算中心,每天监测和分析在全球各地部署的1 000万个传感器中的5 000万项数据。同年,GE成立了GE Digital,宣布将Predix作为核心产品全面对外开放。Predix以连接工业资产设备和合作供应商的各类信息系统为基础,向各行业提供设备连接、设备管理、应用开发、数据存储、安全和行业应用等服务,成为面向全球工业领域的物联网平台。2016年,Predix平台正式运行,并向外部开发者开放了软件开发权限,鼓励他们在Predix上放置其自身的应用程序,加速IT从成本投入到利润获得的过程。在开放平台的同时,GE还开展了对多家互联网企业的并购,不断提升平台能力,相继收购了在人工智能技术上颇具实力的NeuCo、Bit Stew Systems和Wise.io,基于云现场服务管理软件的制造商ServiceMax,以及机械分析公司Meridium。通过将这些企业的资源和技术整合到Predix中,GE大幅提升了平台的能力,扩展了平台的应用场景。在此期间,GE Digital的业务也逐渐扩展,范围覆盖数字、医疗、航空、发电、可再生能源、石油天然气、能源互联、运输和金融等领域。2016年,GE收获了40亿美元的订单,其数字收入高达36亿美元。

GE将自己的数字化转型过程划分为三个阶段:从为GE内部的业务提升效率(GE for GE),到为外部客户提供应用程序和解决方案(GE for Customers),再到最终全球性开放数字平台的搭建(GE for World)。其数字化转型的内涵也从单纯的数据与机器互联节省成本到通过数据平台产生增值,服务目标从 GE 内部扩展到全球工业领域。随着数字化转型轰轰烈烈地进行，工业互联网的蓝图徐徐展开，Predix 一度被视为制造业的未来。

5.2.2.2 跌下神坛

成立之初，GE Digital 定下了到 2020 年成为全球排名前十的软件公司、五年内软件及相关服务销售额超过 150 亿美元的宏伟目标。然而，大刀阔斧的数字化转型和累计超过 40 亿美元的投入并没有带来期望的财务回报，大肆并购和扩张让短期内的收益不抵支出。2017 年，GE 经历了前所未有的股价下跌，市值蒸发逾 1 000 亿美元，当年利润下滑了 57%。同年，一手开启数字化转型战略的伊梅尔特被迫离职，数字化转型受到的质疑声越来越大。尽管如此，继任的约翰·弗兰纳里仍然坚持加大对 GE Digital 的投入，多次重申坚定不移地贯彻 GE 数字工业化之路的发展方向。2017 年，GE 与微软达成合作，进一步加快工业互联网的开发。同时，GE 投资工业物联网安全公司 Xage，希望通过区块链技术进一步提升网络安全。

业绩的持续下滑与投资者的不信任，迫使弗兰纳里开始了 GE 的"业务瘦身"。2017 年起，GE 相继出售了照明、水处理和机车制造等业务，旨在使自己重新回到具有优势的垂直细分领域，即电力、航空和医疗领域。在此过程中，其数字化业务也受到波及：2017 年 9 月，GE 以 26 亿美元的价格将工业解决方案业务出售给 ABB 集团；2018 年 4 月起，GE Digital 的预算开始削减，部分员工被遣散；2018 年 7 月，有消息传出 GE 拟出售 GE Digital；2018 年年底，GE 正式公布了剥离 GE Digital，将成立新的独立子公司的计划。

然而，弗兰纳里的计划并没有来得及完全实现，2018 年年底，弗兰纳里离职，继任者劳伦斯·卡尔普宣布成立一家独立运营的工业互联网公司，新公司拥有独立的品牌、身份、股权结构，Predix 作为资产的一部分也被纳入其中。GE 从致力于开放平台的建设，又回到了聚焦自身业务上。

5.2.3 数字企业？GE 组织管理转型的得与失

从工业时代到数字时代的变革是巨大的，同样，从工业企业到数字企业的跨越也是巨大的。为了配合数字化转型战略的实施，GE 从组织管理方面也进行了改革。

5.2.3.1 组织：成立 GE Digital

在组织架构上，为了推动数字化业务，2015 年，GE 公布了新部门 GE Digital 的正式成立。GE Digital 吸纳原有的软件和 IT 部门，并由 GE Software 的前副总裁比尔·鲁赫挂帅。在 GE Digital 成立之前，GE Software 的存在主要是满足 GE 其他业务部门（如铁路、风力发电、健康等）的 IT 开发需求，提供技术支持，并且这种支持工作的启动与内容由各业务部门的 CEO 和高管决定。将 GE Digital 作为独立的业务部门成立，目的之一就是让软件开发工作更加独立自主，不再作为内部的"开发作坊"或支持性部门存在，而是更能够发挥技术人才在创新方面的自主性，也能够让 GE 在知识资产的投资（如 Predix 平台的开发）方面投入更多精力。

但是，GE Digital 开发团队作为业务部门独立存在，也带来了阻碍数字化研发的因素。作为业务部门，GE Digital 需要达成营业收入与营业损失方面的目标，并且每季度汇报业务状况。然而，商业模式决定了 GE Digital 的营业收入与其他部门、企业的合作（尤其是外部企业的合作）紧密相关。因此，当 Predix 平台在考虑与其他企业开展合作时，它们更加关注如何通过平台完成具体项目从而获得一笔笔短期收入，而不是更长期的战略与用户价值。这从 GE 近些年的年报披露的消息可见一斑，2016 年年报对于 GE Digital 的理念与投资进行了充分阐述，2017 年与 2018 年年报随即着重披露 GE Digital 对内、对外带来的营业收入，而数字化转型与研发创新本身并不适合通过短期收益来衡量。

我们认为，GE Digital 的成立将 GE 的数字化转型推向了新的高度，赋予了研发团队独立开发的地位和希冀，但也带来了业绩指标的负担。从组织变革的角度来说，海尔等成功进行转型企业的经验表明，数字化转型需要更扁平和更灵活的组织架构作为支撑，而 GE 对于传统科层制组织架构的秉承与数字化转型战略的目标并不适配。我们认为，数字化转型的战略和技术让企业各部门之间的边界关系发生了变化，部门与部门之间的连通性被打开，若想获得数字化转型的成功，部门的最终目标并不是赢得业绩指标上的领先，而是在统一目标的指引下进行长期的合作突破。

5.2.3.2 文化：推出 GE Believes

GE 于 2014 年提出了新的企业信念——GE Believes，即：客户决定我们的成功；必须不断精益求精；学习、适应是为了胜利；互相赋权与激励；在不确定的世界中产出成果。GE 还充分拥抱硅谷的精神，倡导 Fast Works（快速运转）的工作方法，通过精简管理层和扩大授权，提高组织的灵活度和反应速度。FastWorks 体现了精益创业（Lean Startup）的原则，强调加速迭代创新、提供实验空间与容忍快速失败，从而提高组织文化中对创新和转型的接纳度。

对比 GE Believes 与 GE 改革前的企业文化，我们发现 GE 受硅谷的影响颇深，在企业文化上的转型稍显激进。一方面，精益创业的思维与 GE 一直以来对于产品全面质量管理的坚持大相径庭。将精益创业的思想与 GE 传统六西格玛的管理原则相比较，我们不难发现，六西格玛追求完美，而精益创业宽容失败、需要失败；六西格玛强调准确性，而精益创业更看重快速响应和反馈；六西格玛需要周密的计划和打算，而精益创业需要抓准一点，快速迭代。可以说，尊重失败的精益创业方法论与 GE 不允许失败的传统文化水火不相容。另一方面，传统的制造业企业以产品为核心竞争力，而数字化企业以服务为中心，强调客户的需求与个性化，GE 的文化转型尚未实现从产品思维到服务思维的跨越。

我们认为,数字化转型不仅需要技术的进步,还需要企业文化、思维方式等更深层次的变革。同时,数字化转型是一个长期的过程,而企业文化的转变更是绝非一夕之功,还需要结合企业本身秉持的信念与行业特征,采取节奏合适的改革手段。GE Believes 提出以后呈现的上述不兼容都显示了数字化转型的背后企业文化转型难的问题与障碍。

5.2.3.3 人力:PD@GE 与合作研发

为了配合实施数字化转型战略,让企业文化的转型真正落地,GE 于 2016 年引入了新的绩效管理系统——"PD@GE",结合实际情况不断调整员工目标。PD@GE 有三个特征:第一,将人力资源管理制度的主要目的由人事评价转向员工能力开发;第二,取消每年一次的人事评价;第三,在开发新的人事制度时,也采用精益创业的方法论。新的人力资源管理模式最大的变革在于,取消了韦尔奇时代采用的"活力曲线""九宫格"末位淘汰制度,让人事评价"去标签化",体现了宽容失败的思想,鼓励员工重视创新与团队凝聚力。与 PD@GE 相配合,GE 内部采用了新的人力资源评价软件,管理者需要对员工每一次的行动进行反馈,提供及时的指导意见与建议,促使员工不断进步。员工不再仅在季度/年度评价时才收到来自管理者和同事的评价,这种及时反馈也符合产品开发对于员工快速响应与改错调整的需要。

同时,为了提高研发工作执行力,GE Digital 的员工管理采用双重领导的方式,软件开发者同时属于 GE Digital 和各业务部门。在管理者层面,GE 为每个事业部都设立了 CDO(首席开发官),CDO 同时向 GE Digital 的负责人比尔·鲁赫和各事业部的 CEO 汇报工作。CDO 既负责横向数字业务,包括横向产品线、Predix 运行系统、数字基础设施、软件研发等,同时又肩负着纵向的事业部产品线拓展和事业部内数字文化的建设等职责。GE 希望通过这种横向和纵向使命的交叉，使 CDO 可以更好地将数字思维与业务紧密嵌合，同时也确保业务战略和数字愿景的一致性。但需要明确的是，虽然 GE Digital 对 Predix 进行独立研发，但为客户提供工业互联网服务的主体依然是各业务部门。

而这种交叉管理的制度恰恰带来了问题。一方面，为了贯彻数字化战略，GE 的软件开发人员与工业机械工程师共同作业编写代码，再向 GE Digital 和业务部门汇报，这增加了沟通成本，导致效率的降低。另一方面，共同开发、交叉管理的模式下，对于技术人员的需要激增，为此，GE 从公司外部招聘了大量人才，截至 2018 年，GE Digital 的员工多达 28 000 人。

分析结果表明，人力资源管理制度改革的有效性取决于能否确保组织成员保持一致的信念，激发组织成员具有一致性的行为。在交叉管理的模式下，个体扮演着多重角色，因此企业需要进一步明确每个员工所扮演的角色及其所承担的责任，协助员工做好思想上的转变，在合作中更好地与同事产生协同。而 GE 采取的人力资源管理模式和改革目标与这些仍然存在差距。

5.2.4 结语

在从"工业时代"转向"数字时代"的浪潮下，回顾 GE 数字化变革的始末与得失，我们不禁感慨，数字化转型成功的关键不仅取决于技术，更在于组织管理能否满足战略变革的需要、能否与战略相互适应，甚至能否为持续变革创造合适的土壤。此外，数字化变革带来的颠覆是无差别的，无关企业的历史、规模、业绩与利润，传统企业拥有由规模大而带来的资源、客户基础与抵御风险的能力，但同时也必须承受组织惯性的掣肘。

"谁说大象不能跳舞"的笃定之言仿佛仍在耳畔，但在数字化时代，大象又能否真的学会与不确定性共舞？从组织管理的角度，GE 提供了借鉴的依据，也敲响了提醒的警钟。

5.3 华晨宝马跨国经营与数字化转型之路

数字化转型的成功与否对于跨国公司的经营而言尤为重要。跨国公司借力于数据的自由流通和信息资源的共享，能够实现全球协调与本土反应的结合。但众所周知，数字化转型在公司内部的推进需要面临很大的困难和挑战，因此对于这些走向海外的公司而言，在母、子公司之间如何协调数字化进程对其能力提出了更高的要求。在本部分我们试图以宝马在中国的子公司——华晨宝马为例，从其数字化实践案例入手，提出跨国公司推进数字化转型的若干思考。

华晨宝马是宝马在中国的合资公司，负责生产与销售方面的业务，而宝马中国则是宝马在中国的独资子公司，只负责销售，不具备生产功能。这与其他外资高端汽车企业（如奥迪、奔驰等）的运营方式有些不同。也正是因为有了独资公司和合资公司的共生共存，才使得宝马在中国的地域内能够及时、迅速地面对市场需求的变化做出反应。

5.3.1 数字化转型的统筹者——创新管理委员会

虽然汽车行业已经有 130 多年的历史，但近年来，随着人工智能、大数据、物联网等新技术的发展，汽车行业正面临着巨大的变化。2016 年 5 月，国务院下发了《关于深化制造业与互联网融合发展的指导意见》，提出制造业是实施"互联网+"行动的主战场。外部环境的变化对华晨宝马产生了巨大的影响。"2016 中国互联网+转型年度盛典"提出，要启动互联网+的转型改革。而制造业企业的数字化是互联网技术在制造业应用的前提条件，可以说华晨宝马的数字化发展主要受到外部因素和环境变化的推动。

华晨宝马推动数字化转型的具体过程是 2016 年从公司内部、从提高员工的意识开启的。2016年年底，公司成立创新管理委员会，目的是希望从部门的角度来驱动技术和数字化转型。具体而言，这个创新管理委员会下设四个模块：想法管理、创新实验室、项目推广、底层文化改革。委员会本身是一个虚拟的架构，有自己的预算，更像是一个数字化转型的资金池，来推动和支撑数字化转型。

5.3.1.1 想法管理

创新管理在宝马已经有七八十年的传统，在组织内部，这一核心理念一直没有改变。但是在中国不能把创新搞成运动式的项目，而是要把创新定义成创新文化，这就需要从三个层面加以实施。华晨宝马将这三个层面概括为PPT（People-Process-Tool，即人-流程-工具）。首先，人是第一位的。其次，流程也要跟上去支持创新。最后，是工具。

华晨宝马有两万多名员工，每一名员工都有自己的想法，那么这些创新的想法向谁提出呢？华晨宝马开发了一个可以分享想法的工具，把这个工具开放给所有人，大家可以在公司内部通过这个统一的工具提交创新想法和建议，并将其发送给创新管理委员会。创新管理委员会收集到想法后，就开启了包括了解—评估—孵化等步骤的过程。通过了解丰富想法的内容和细节，进一步评估这些想法的技术可得性、商业回报等。经过评估后，再由提出者与来自各个部门的人一起孵化。在这一过程中，员工最初提出的想法可能是一个样，经过更加深入的分析以及与技术的结合之后，会产生很大的变化。简而言之，这是一个孕育创新想法的过程。

5.3.1.2 创新实验室

创新实验室由各个部门的负责人组成，先进行小规模的实验，利用很少的投入做初步开发，去验证想法的可操作性。比如，以往公司对于叉车司机的调度和任务分配有一套流程，即一套完整的系统规划。每一辆叉车的调度和任务都是通过系统来规划的。系统连接着一台打印机，每天打印机把这些自动安排好的任务打印成任务通知单，写明每一个司机当天的任务。叉车司机每天上班的第一件事就是开叉车去取任务单，单子上写明要去的地方，取什么件，送到什么地方。那样的流程的结果就会出现这种情况：首先，叉车司机得排队取任务单。其次，取了任务单才能开始执行，拖延了任务执行的时间。如果有紧急的任务单，按照系统指令，打印机可能打了额外的任务，但找不到对应的叉车。针对这个问题，有员工提出能否用物联网定位的技术，优化人员、叉车和任务定位。创新管理委员会经过评估，一致认为该建议不错。公司于是开始在创新实验室进行实验，每人一台平板电脑，通过无线网定位和任务抢单，把滴滴出行的运营模式运用到了工厂内的物流配送上。经过三个月的实验，结果每辆叉车每天节省了98公里的行驶距离，减少了1 000张左右的打印纸。因此，实践证明，这个想法是可行的。

在这一过程中还有员工提出应该规划叉车路线，但在实际落实过程中通过访谈叉车司机发现，他们对于厂区的道路已经非常熟悉，所以他们认为，路线规划这一步可以省略掉。从这件事可以看出，有些看上去好的想法，还是要到实地进行检验，否则就可能造成资源浪费。创新的想法从提出到推行是一个自下而上的过程，所以在推行过程中还是要经过验证，切合实际。这是验证想法的关键一步，可以保证公司以最低的成本实现最新的生产实践。

5.3.1.3 项目推广

第三个模块就是项目的大规模推广，即把这些经过验证的项目落地，进行大规模的部署。这一环节主要是为了解决创新管理与项目管理之间的脱节问题，保证这些经过实验证实有效的项目能够快速落地，得到大规模的推广，这样才能真正从实践层面提高效率、推动转型升级。

5.3.1.4 底层文化改革

最底层的是文化改革，即通过文化的驱动来带动变革。华晨宝马一直试图营造"快速失败、快速学习、快速解决"的文化氛围来改变员工的想法。

在宝马总部，由于德国文化尊崇严谨，所以在创新上受到文化观念层面的阻碍较大，而在中国则要鼓励试错，从文化层面让员工了解到是可以不断试错的。这是整个创新管理的模型。华晨宝马负责数字化转型的管理人员说：实际上一开始也没有做数字化转型的蓝图和规划，大的框架其实就是通过文化的驱动来逐步转变员工的观念。

5.3.2 "四步走"战略部署

华晨宝马在推动数字化转型的过程中主要围绕四个方面开展工作：一是汽车研发阶段的数字化，这个阶段主要围绕车的数字化开展，包括车辆的功能开发以及车辆本身的研发；二是与客户相关的数字化，在销售过程中与客户的交互、车辆的保养和维修过程中都实现了数字化服务；三是生产制造中的数字化；四是公司的数字化运营，指的是如何通过数字化工具给员工提供更加有效率、友好、员工喜欢的新的工作环境。

5.3.2.1 研发阶段

车辆本身的数字化功能由专门的研发部门负责，现在可以用 5G 技术直接实时上传车内的数据。华晨宝马联合中国联通和中国移动两家运营商，从 2017 年就开始了 5G 数字传输的布局，2018 年 10 月正式施工，2019 年 1 月 35 个 5G 的基站已经全部建好，2019 年 4 月信号已经全部开通。最开始的数字传输速度是 600 兆，经过一次迭代，达到了 1G。现在仅仅在测试车内部推行，还没有达到量产，因为在测试阶段需要很多测试车和大量的数据升级做分析。

5G 技术会对汽车行业产生巨大的影响。在研发、测试和试生产的过程中，5G 技术带来的高带宽、低时延和大容量的数字连接特性，给整个汽车研发和制造过程带来很大的变化。目前人们说的物联网在没有采用 5G 技术时有较大的局限性，而在 5G 技术真正商用以后，实现广泛的部署，1 平方公里可以有100万个物件的连接数量,整个工厂都可以通过一张物联网连接起来,数据采集和传输能力大幅提升,对于数字化转型起到重要作用。

5.3.2.2 与客户对接

早期华晨宝马与客户之间的沟通主要是通过声音和文字的方式,现在已经实现了通过视频来沟通。比如说有客户想了解最新款的宝马X7车型,在去4S店看车之前,最好的方式是通过视频来了解车辆,看到整车的动态。此外,公司还可以通过这种方式与客户进行互动,深入地讲解和回答问题。宝马已经开发出基于网页的实时通信技术(WRTC)客户界面,不管是通过小程序还是二维码都可以直接连接到网上中心展厅,进入展厅会有车辆的详细介绍,还可以让展厅的人员介绍车辆的任何一个部件。除此之外,网上展厅还可以通过和客户的交互,收集潜在客户的相关信息,然后推送给4S店,4S店会有相应的记录并予以跟进,比如由4S店安排试驾等后续服务。而这套系统的开发想法是业务部门和公司负责人在一起交流时提出的,经过努力,最终花了三个月的时间研发出来。这套系统切实改善了客户体验,也进一步完善了销售信息管理。

5.3.2.3 生产制造

华晨宝马整个生产过程中自动化率最高的是在车身车间,达到96%的水平。车身车间装配的机器人不仅可以完成焊接,还会自己更换工具,最多的可以更换三个工具。整个生产线的智能化程度非常高,除了维护机器人的工程师,整个生产过程是全自动化的。生产车间通过机器人完成制造的流程主要是跟库卡公司合作。不过,库卡作为机器人生产厂商仅仅提供机器人和对于机器人基本功能的调整,而生产线的功能是由宝马设计的。宝马现在实现了混线的生产,即一条生产线既可以生产燃油车,也可以生产混合动力车,这种柔性生产线的灵活性和相应的计算要全部通过信息化系统来实现,这是能让这个混线生产变成现实的重要技术支持。因为这样一套生产系统至关重要,所以是由宝马公司总部按照全球生产系统的要求,统一规划设计和实施的,全球各地的工厂,基本的功能都是一样的。不过,华晨宝马会在很多细节上做具体的本地化方案。

比如,华晨宝马现在正在使用的一个已经申请了专利的大数据分析方案就是在沈阳的公司完成的。每台车的制造需要很多关键部件,而部件的安装有专门的工具。在安装时需要三个方面的关键信息:扭力、时间、角度。每打一个螺栓进去就有 700 个接触点,虽然这个工具本身有自动检测的能力,但其中只用 7 个点的数据。如果打入螺栓时有一些焊渣,工具本身的 7 个点的数据可能就检测不出来,就会影响车的质量。通过大数据和机器学习的方法,可以描述出可能掉落焊渣的方式,由此提前采取措施把这些问题规避掉。过去发现不了、解决不了的问题,利用大数据技术就可以发现和解决,还可以具体分辨是哪个产品达不到要求。目前依靠大数据分析技术,沈阳的工厂实现了宝马公司全球最高的一次性通过率,降低了错误率,大大提高了效率。

数字化转型推行过程中遇到的最大挑战是人才,目前整个华晨宝马数字化技术团队接近一百人,而最紧缺的是真正有落地能力的、具有综合能力的人才。比如说产品研发完成以后,如何与生产线部门对接和沟通?如果沟通不畅、落实不了,就达不到预期的效果。这就需要既有技术能力又有说服力和推动能力的人才。为了解决人才短缺的问题,华晨宝马目前采取两方面相结合的方式:一方面是招聘专业知识扎实的具有博士和硕士学位的员工,为他们创造工作场景,实现理论的快速转化,鼓励他们去尝试不同的项目,真正实现理论和实践的结合,特别强调实践的商业价值;另一方面是建立内部新的文化机制和用人机制,首先考虑每个人是否适合这个团队,其次还要考虑小组成员的构成,由于员工越来越年轻,选择的机制也在改变,因此希望每一位加入的成员都有一个可持续的职业发展路径。

5.3.2.4 数字化运营

如何使公司的整个运营实现数字化?这是华晨宝马在数字化运营中要思

考的问题。华晨宝马试图把互联网的优势利用到公司运营的各个方面。公司开发了 Joychat 系统，试图打造一个移动应用的平台，实现所有业务，如实时通信、App 的一体化。通过这个系统，公司第一次将所有员工（无论是管理人员还是一般员工）赋予了数字化的身份，所有员工都可以享用统一的服务，不再将员工的身份局限在管理层。比如工资条以前是要打印出来的，现在可以在手机上直接查看。再如每天的班车时间、餐厅的菜单，这些很简单的日常生活信息都可以在 Joychat 上查询到。

Joychat 还可以同时用于生产过程。比如，生产车间一共有八万多种配件，一般的工人不可能准确记住每一种配件，公司也不可能给每一种配件都附上说明标签。公司通过借鉴淘宝"拍立淘"的模式，把图像识别技术从消费端引到了生产端。对于一些很难用标签来说明的零部件，可以借助专业员工的智慧，由其来对这些零部件进行描述、解释，并拍照上传。今后如果有人不了解这种零部件的使用，也可以通过拍照上传来识别，大大提升了工人的工作效率。而这仅仅是人工智能技术在企业层面的一个应用。通过这个系统还可以监控车间的温度、湿度、灰尘，有助于改善和控制生产环境。每一个员工的账号可以使用 50 多个 App，涉及安全、认证、权限管理、API 等各种服务，每天都有好几百次的使用量。这样一方面节省了 60% 以上的开发资源，另一方面（也更重要的是）对一线工人进行了赋能。

5.3.3 跨国经营下的数字化转型：全球协调与本地反应

华晨宝马的数字化转型之路在宝马集团总部得到了肯定，所以现在也有很多技术被运用于宝马其他子公司的生产管理中，其中用得最多的是华晨宝马创造的一个盒子：它可以连接不同的设备，实时读取数据进行分析，把数据语言翻译为业务语言，再把业务语言翻译为 IT 语言，还可以实现每台机器人的个性化，将预防性维护落地。

宝马的数字化转型在全球其他子公司也一直被提出，但实际情况是中国分公司发展得最快，走在最前面。过去，中国地区的负责人去慕尼黑总部开会，主要是去总部看看有什么新的方案、创新点可以学习，可以搬到中国来。但自 2016 年转型以后，情况发生了变化。2017 年，在宝马全球年度大会上所有国家的负责人都去展示自己的创新技术，那一年中国第一次设立了自己的展台，开始输出，把自己的案例拿过去交流，各个国家都很感兴趣。现在是中国的分公司走在最前列。从全球来看，中国的数字化转型和德国、美国以及其他分公司相比也是不大一样的。中国的数字化转型本身的需求更大、速度更快，但是如何把影响能力传输到总部还是极具挑战的。如何应对这些挑战呢？目前华晨宝马主要有以下几个方面的举措：与总部保持更多的沟通，进行大量的宣讲；拿真实的案例到总部交流，提供启发等。

当然，尽管华晨宝马的数字化转型相较于同行业的其他竞争者而言是领先的，但是我们不得不承认，在推进数字化转型的过程中，尤其对于跨国公司而言，不应该仅仅关注某一个子公司或者母公司层面数字化的推进，而应该更加重视全球资源的协调和对本地需求的有效反应。我们需要关注对于跨国公司而言数字化转型如何平衡全球业务和本地转型的需求，需要关注是什么样的因素影响了不同子公司数字化进展的不同，需要关注不同国家制度环境的不同是否会影响总部对不同子公司设置不同的考核评价体系，也需要关注数字化转型是否会重塑不同子公司之间的网络关系。这些问题背后体现出国际商务学者们所一直强调的基本问题，即作为跨国公司来讲，平衡全球协调和本地反应能力是最重要的问题之一，也是基本框架。对于总部而言，由于不同的子公司所处的国家不同，面临的制度也大有差异，因此"抓大放小"是德国宝马总部采取的基本指导原则，亦即在一些大的经营目标上保持一致（例如实现利润、提高客户满意度等），但在一些具体的、更加细化的考核指标体系的设置上，则更多地考虑不同子公司的特殊性。不同子公司转型考核指标背后反映出来的是数字化的发展水平，例如在中国，数字化发展水平较高，因此指标就更为完善。由此也给在中国的子公司带来一些正收益，例如提高了总部对中国市场的重视程度,增加了对中国市场的投资,等等。这是数字化发展带来的间接收益。再如,由于不同地区支撑数字化转型的基础设施建设水平存在差异,所以为了协调本地的资源,总部也允许子公司选择不同的供应商及第三方技术开发机构,最大限度地保证本地企业的自主权。还有一些措施,包括允许本地企业设置自己独立的成本预算,利用本地边缘计算的优势解决集中计算的复杂性问题,等等。

在不同子公司推广数字化转型最大的动力来自当地的市场和客户。以中国为例,中国的客户需求发展是十分迅速的,所以都是中国的子公司在推动总部的变革,很少由总部来推动中国子公司的活动。那么为什么中国的客户会有更大的需求呢?我们认为有三点原因:一是中国互联网的影响是非常大的,中国互联网对客户的教育和培训是十分成熟的;二是政府在政策上的推动,比如电子政务等,潜移默化地提高了老百姓对互联网的依赖程度;三是中国本身在容纳创新上具有更加开放的态度,因此更容易接受新生事物。这三点是推动数字化转型最重要的方面,对于转型较为落后或者说难度较大的子公司而言,事实上也正是因为没有办法满足这些必要条件,不同子公司才出现了较大的差异。

数字化转型给跨境经营提出了新的挑战,那就是如何在数据共享共通的背景下保护好数据的隐私安全。宝马中国 2014 年向董事会提出要在中国业务的管理架构中设立隐私数据保护官(DPPO)的位置,虽然这个想法其实来源于欧洲总部,但在当时中国业务的管理流程中还是比较超前的。在每一个项目开始前都要做隐私影响的评估(即使不涉及 IT 系统),评估有一套标准模式,如果风险级别过高,就会提示风险点以及如何降低或规避风险,等方案得到审批以后才能进行。这是一个很好的尝试,也是必定要发展和完善的一个方面。

总体说来,在华晨宝马的案例中,我们不仅看到了在跨国公司遍布全球的子公司之中,领先的子公司如何依靠自身的努力走在行业前列,也提供了一个大型跨国公司业务经营情境的母版，它向我们展现了跨国经营的公司在面对数字化转型的需求时如何通过资源联动、共生共赢、互相带动、互相学习推动整个集团的转型。我们希望能够通过这样一个案例引发读者对于公司跨国经营下的数字化转型之路的思考，也希望华晨宝马在中国的实践能够对企业的管理者有所启示。

5.4 企业数字化转型中的助力者

5.4.1 企业数字化转型为什么需要助力者？

2020年，数字化转型已不仅仅以互联网、信息与通信科技领域的高科技公司为代表，而是正向着更多的传统企业和传统行业领域扩散。在新的发展阶段，社会化的计算平台、云计算使企业要素全面上线与互联，移动互联网全面普及并广泛连接消费者和用户，电商、公共云数据中心、共享服务等第三方社会化平台开始渗透并全面接入企业的流程，企业组织形态被打破，个人和中小企业的效率及能力得到全面提升，政府、企业与个人从效率提升阶段进入组织模式再创新阶段。而许多企业高管仍对企业数字化转型存在担忧，在早期不清楚自身的数字化转型目标以及转型的复杂性，对于转型的技术实现路径也缺乏足够的专业知识。数字化转型究竟应该"怎么转"，在这种需求下，作为"助力者"的数字化转型服务提供商应运而生。

如果要回答"企业数字化转型为什么需要助力者"这一问题，我们首先需要讨论企业数字化转型的助力者是谁。IDC公司从2007年起提出第三方平台的概念，在当时主要指移动设备、云计算、大数据分析、社交网络等组成的技术平台，这些第三方平台以及它们之间的相互配合，推动了企业和个人的转型。除IDC公司外，Gartner公司也提出了Digital Agency（数字代理商）

的概念，其是指为企业提供一系列数字战略服务，以帮助企业在数字时代进行转型，寻找新的增长点。[①]

在为企业提供数字化转型服务的赛道中，主要有三类服务提供商。第一类是传统的 IT 服务提供商。传统的 IT 服务提供商多以人员外包的形式承接数字化转型项目，凭借长期积累下来的项目实施能力和成本优势，往往能够得到互联网公司和云厂商的分包项目。其优势在于在 IT 相关服务的提供方面经验丰富，能快速交付，但劣势在于缺乏咨询能力和新技术产品。下文分析的 SAP 公司即该类提供商的典型代表。第二类是传统的咨询公司。咨询能力是这类服务提供商的核心竞争力，其咨询顾问能够针对新的管理场景提供咨询的方法论，比如对企业数字化成熟度的评估框架、企业架构（EA）理论、系统论、创新方法论等，再加上行业服务实践的积累，对甲方数字化转型需求的把握较为精准。例如，德勤通过并购德鲁克咨询公司、波特五力竞争力咨询公司，以及自身审计业务积累下来的大客户基础，承接了大量的数字化转型咨询业务，而埃森哲凭借安盛集团的咨询基因和技术服务外包的经验，一直占有数字化服务的头部客户。在中国市场上，第三类是国内公有云原厂商和互联网公司。这一类服务提供商依托互联网、云计算等领域的技术优势，在提供数字化转型服务时，可贯穿从提供咨询到项目实施全过程的服务，并且服务的客户也无行业限制，只是在落实的阶段有时需要借助传统 IT 外包服务商的能力。以企业云服务商为例，从 2008 年兴起至今，全球云计算产业发生了巨大变化，中国也已涌现出阿里云、华为云、腾讯云、中企云、用友云等一批企业数字化服务商的佼佼者。

那么，这些助力者能起到哪些作用呢？首先，针对不同行业中企业的需求场景，数字化服务提供商能够开发使用便捷、成本低廉的企业数字化解决

[①] https://www.gartner.com/en/information-technology/glossary/digital-agencies（访问时间：2020 年 8 月 20 日）。

方案，实现研发、设计、采购、生产、销售、物流、库存等业务在线协同。具体而言，还可以细化到推广和应用集中采购、资源融合、共享生产、协同物流、新零售等解决方案，以及线上采购与销售、线下最优库存与无人配送、智慧物流相结合的供应链体系和分销网络，提升企业应对突发危机的能力和运营效率。其次，数字化服务提供商满足了企业迅速响应数字化转型的需求，为企业节约了自行建立数字化能力、培养数字化人才的时间与成本，也分散了数字化转型失败的风险，让企业不必"为了喝一杯牛奶而去饲养一头奶牛"，满足了企业，尤其是中小企业的转型需求。

此外，在中国，为企业数字化赋能的服务产品及服务提供商也得到了政府的政策支持。2020年3月，为了提升中小企业的专业化能力，以数字化、网络化、智能化赋能中小企业，助力中小企业疫情防控、复工复产和可持续发展，工业和信息化部办公厅印发了《中小企业数字化赋能专项行动方案》，特别将创新数字化运营解决方案列为重点任务之一。同时，为了更好地发挥一批技术能力强、服务效果好的数字化服务商、优秀数字化产品和服务的作用，4月，工业和信息化部向社会公布了《中小企业数字化赋能服务产品及活动推荐目录（第一期）》，从700多家服务商的1700多项服务产品及活动中，筛选了电商平台、疫情防控、数字化运营、上云用云、数字化平台、供应链对接、产融对接、网络和数据安全等8大类、118家服务商的137项服务产品及活动，阿里巴巴、腾讯云、金蝶软件、用友等均在推荐之列。这体现了国家层面对于企业数字化转型中第三方助力企业作用的认可，也体现了对于推动企业自主选择服务商，引导第三方企业数字化赋能的支持。

5.4.2 为企业数字化转型赋能：SAP案例分析

5.4.2.1 公司介绍

SAP是一家成立于1972年的德国公司，致力于全球企业管理软件与解决方案的提供，在全球 180 个国家拥有超过 44 万家企业客户，客户覆盖 92% 的《福布斯》全球企业 2 000 强。2019 年，SAP 研发总投入 43 亿欧元，占总收入的 15.5%。SAP 1995 年走进中国，目前，其中国客户数量已经超过 1.5 万，其中 80% 为中小企业。在提供的产品和服务上，SAP 拥有全面的云产品组合、100 多款面向所有业务线的解决方案和商务套件。作为全球领先的企业管理软件解决方案提供商，SAP 致力于助力各种规模企业的数字化转型，被誉为"世界 500 强背后的管理大师"。

自 2010 年起，SAP 就大刀阔斧地革新解决方案产品组合，投资了 350 亿美元，构建以数据为中心的智能平台 SAP HANA（驱动数字转型的创新平台），并收购了最佳的云解决方案，以支持客户的数字化转型之旅。2018 年，SAP 推出了智慧企业框架，将所有这些解决方案集于一体。该框架涵盖最完整的产品组合，包括智慧企业套件、基于 SAP Cloud Platform（云平台）和 SAP HANA® Data Management Suite（数据管理套件）的数字平台，以及基于 SAP Leonardo（物联网解决方案）的智能技术。通过提供智慧企业产品框架，SAP 希望能够承担起作为企业实现数字化转型指路明灯的角色，提供最佳的客户体验，帮助客户重构业务模式，实时管理行业价值链，大幅提升企业运营效率，还能够支持员工利用数字技术创造更大的价值。

5.4.2.2 SAP 如何帮助客户实现数字化转型？

SAP 认为，为了进行数字化转型，不同企业对于事务有着不同的侧重，会根据各自的业务优先事项采用完全不同的系统架构并拥有不同的关注点。另外，企业还必须从转型中看到价值。转型成为智慧企业不只是技术升级那么简单。企业需要秉承客户至上和目标驱动的理念，利用设计思维和敏捷方法等创新型方式，重构业务流程和业务模式，这样才能实现真正的价值。

SAP 将帮助客户实现数字化转型的服务描述为"通过智慧企业之旅"，即根据客户业务的优先事项，从价值发现到价值交付，端到端地帮助客户实现数字化转型。同时，SAP 认识到了客户从当前的架构迁移到满足数字化时代需求的新环境中的需要和定制化解决方案的需要。因此，SAP 为客户提供智慧企业套件的一揽子数字化转型方案服务，构建以数据为中心的平台，利用机器学习、物联网、商务分析等技术手段，端到端地协调流程。

SAP 智慧企业套件（如图 5.4 所示）的关键在于数字核心，即一套智能 ERP 系统 S/4HANA。S/4HANA 具有广泛的行业适用性，其简单的架构能够将实时数据转化为智能洞察，支持企业更快速地制定更明智的决策。从功能上来说，该应用整合了面向数字化时代的用户体验，包括支持语音控制、具备情境感知能力和精通业务的数字助理，借助基于人工智能技术、自然语言和预测分析的智能及学习功能，企业可以自动化关键流程。借助下一代流程，企业能够利用融合了先进技术和创新成果的智能应用，重新构建业务模式。不仅如此，S/4HANA 还具有不断迭代更新的功能，随着行业界限的日益模糊，单个实例中产生的最佳业务实践能够支持新的业务模式。SAP 承诺该产品的每一个新版本都将增加 20% 的功能。

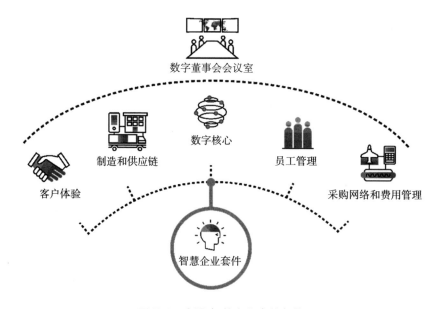

图 5.4　SAP 智慧企业套件架构

此外，SAP 智慧企业套件还包括四个方面的服务：①客户体验。借助 SAP 面向前端的云解决方案 SAP C/4HANA，企业能够更深入地了解客户，预测并主动满足他们的需要，同时提供卓越、独特的个性化体验。②制造与供应链。借助 SAP 制造与供应链产品组合，企业能够数字化整个任务关键性制造和供应链流程，物联网和数字孪生功能可以帮助企业实时管理扩展型供应链。③员工管理。借助 SAP Success Factors® （HR 云）、SAP Field-glass® 和 SAP Fiori® （产品前端 UI 开发框架），企业能够提高全体员工的敬业度，简化工作方式，从而提高工作效率，推动创新。④采购网络和费用管理。借助由 SAP Ariba® （采购云）、SAP Field-glass® 和 SAP Concur® （差旅费用云）组成的 SAP 商业网络，企业能够简化差旅、费用和发票管理；基于全球最大的商业网络，执行寻源、采购和付款；有效管理并充分利用外部员工，从而提高可视性、自主性，增强成本控制，并降低风险。同时，数字产品和服务还集中体现为 SAP Digital Boardroom（数字董事会会议室），高管能够实时地访问各个职能部门及业务单元的数据和信息，并执行限时分析，模拟各项变化的影响，针对企业实时管理的需要，快速制定决策。

从整体方法论来看，SAP 将打造智慧企业架构的途径归纳为三种：①重构业务流程。很多企业都专注于变革端到端的业务流程，简化架构和减少定制，其目的是将核心 ERP 流程迁移到 SAP S/4HANA 和云端，全面实现数字化转型。这些企业希望能够变革前端和供应链等领域，真正提升客户体验。它们还期望在整个价值链中实施下一代流程。而要实现这些目标，企业必须详细评估 SAP S/4HANA 的哪些标准化最佳实践能够满足其业务需求，并且做好将 ERP 系统迁移至私有云/公有云环境的思想准备。尽管这是一个涉及所有业务流程的大工程，但回报也颇为丰厚，企业不仅能将总体成本降低 20%—30%，而且随着实践的不断发展，它们还能获得巨大的业务价值。②重构业务模式。有些企业关注的是业务模式创新或并购活动，因此需要将多行业的解决方案整合到一起。随着行业界限的日益模糊，企业能够非常自如地将一个行业的业务功能运用到另一个行业，打造全新的业务模式，而这需要企业思维方式的革新。③将业务线迁移至一流的云解决方案。有些企业一边计划和执行向 SAP S/4HANA 的迁移，一边开始在边缘领域开展创新。这些企业一次只迁移一条业务线（比如人力资源、采购、供应链和制造），并专注于利用 SAP ECC 和业务线云产品组合，实现短期价值。成功迁移至 SAP S/4HANA 后，这些企业将能够通过端到端的方式，从最新的创新型解决方案中全面获益。

这三种途径无一例外地需要企业打造精益型企业架构，这种架构成本低，由数据驱动，且能提供数字经济时代所需的架构灵活性。但需要注意的是，企业应当根据自己的价值需求和战略目标选择合适的途径，在转型的方法选择上，则既没有固定的方法，也没有放之四海而皆准的方案。

在智慧企业套件之外，SAP 还向客户提供 SAP Leonardo 物联网解决方案（包括 SAP Leonardo Bridge 实时信息与业务流程整合平台、SAP Leonardo Foundation 一流的业务服务和核心技术服务提供平台，以及 SAP Leonardo Edge Computing 收集和处理数据同时交付智能的应用平台）、跨国人力资源解决方案、国际贸易服务方案等，助力客户数字化转型多方面、多层次的发展需求。

5.4.2.3 成效与启示

通过提供完整的数字化转型服务，SAP 通过智慧企业套件交付了无与伦比的突破性业务价值，用数字平台来支持由数据驱动的智能和创新，并将智能技术嵌入应用中，促进新的联合创新。同时，SAP 还坚持不断优化战略，帮助客户打造智慧企业，为客户提供一系列"领先实践"，帮助客户超越竞争对手，更快地开展创新，开拓新市场，提升品牌认知度。

而 SAP 的服务也得到了客户的肯定。近 50 年来，SAP 的客户来自 25 个行业和不同的业务线，而无论哪一个行业，SAP 都积累了丰富的经验，对于运营模式也有着细致入微的了解。此外，SAP 还建立了强大的合作伙伴生态系统，涵盖了 17 000 多家企业，包括大型系统集成商、谷歌、苹果、西门子等公司，旨在推动创新，交付新的解决方案，这是 SAP 无可比拟的生态系统优势。

深圳迈瑞生物医疗电子股份有限公司就是 SAP 提供数字化转型的客户之一。迈瑞主要从事医疗器械的研发、制造、营销及服务，产品覆盖生命信息与支持、体外诊断以及医学影像三大主要领域，为全球医疗机构提供解决方案。作为医疗器械行业一家领先的全球制造商，迈瑞在 31 个国家有 41 家子公司和分支机构，在中国有 32 家分公司，是中国乃至世界医疗设备企业的领航者。基于云平台的集成和拓展，SAP 与迈瑞的 IT 部门勇于创新，助力迈瑞的数字化转型及海外业务商业价值的实现，满足了国际化经营的合规要求以及业务本地化灵活定制的要求。在迈瑞进军意大利的过程中，SAP 提供符合意大利政府规定的流程和安全要求的集成服务，提供包括 SAP ERP 应用、SAP 云平台整合服务在内的解决方案，使迈瑞成为意大利首家以 SAP 全方案上线电子发票满足政府税务条例的海外企业，并且 SAP 一体化解决方案还快速更新迭代，满足其不断变化的需求。在俄罗斯，SAP 为迈瑞俄罗斯事业部量身定制了新的渠道商门户和客户关系管理系统，通过 SAP C4C 构建标准的业务流程，基于 HANA 数据管理平台的 SAP CP 提供开发平台定制化服务，还提供基于云端的 Web IDE 一体化开发与部署，在保证数据应用安全性的同时，打造满足客户需求的最佳实践，帮助迈瑞建立了核心业务资料库，完善了数据价值管理的思路，助力其俄罗斯业务的高速增长。

可以说，以 SAP 为例，我们认为数字服务提供商能够扮演好"助力者"的角色，为企业数字化转型"怎么做"提供系统咨询与路线规划，帮助企业将数字化转型方案落地，发现转型过程中的痛点、难点、堵点，并凭借自身的技术优势或行业经验提供解决方案，在企业数字化转型的过程中起到重要作用。

第 6 章

企业数字化转型进行时：政策启示与未来展望

数字化转型将在未来改变我们的生活方式和工作方式，而企业也将面临巨大的挑战。如同我们在本书的前几章所阐述的，我们希望通过对企业数字化转型的初衷、过程和后果的描述，给制造业企业提供数字化转型的框架指引，通过呈现企业数字化转型过程中各维度的工作及关键因素的分析，为制造业企业的数字化转型实践提供借鉴。

数字化转型会因为企业所在行业、规模和商业模式的不同而有所不同。传统企业必须跟上时代的步伐，才有可能生存和发展。传统企业的成功在于在技术、市场和商业模式上有独到之处，而这些能力和强项往往成为变革与转型的阻力。数字化转型不仅仅是技术上的变革，由此而生的组织、结构及企业战略上的调整比企业数字化更加复杂和具有挑战性。

企业数字化转型是由信息通信科技驱动的业务转型，所以企业管理者和政府负责人要充分重视科技的力量，而不是简单停留在行政条文、政策当中。业务人员也要向熟悉电脑应用一样去了解技术的概念，并逐渐深入。

数字化转型的相关技术从两个维度和视角提高企业的效率，二者相辅相成，密不可分：互联互通视角代表数字的基础架构，数据分析和人工智能数据视角代表数字化转型业务成果。企业制定数字化转型战略也不可厚此薄彼,而要均衡推动发展,以充分发挥各种数字技术的能力,否则就将阻碍数字化的进程。

数字化整体架构是以数字连接为基础的,贯穿业务全局的数字化架构以数据为纽带串接数字化业务和企业业务的转型与升级。感知和算力、软件与基础架构融合都是将软件、人工智能融入数字化基础架构和业务流程当中,是数字化转型最终成果的具体实现,最终实现业务智能化与自动化。合理的数字化技术架构与企业数字化转型历程彼此映射,必须综合考虑,制定、实施和推进方案。业务方案和数字化技术架构共同推进,才是数字化转型实现并走向成功的必然之路。

传统企业的数字化转型是一个多维度、多环节的系统工程,需要企业在不同层级和方向上集成资源及人力;同时,制造业企业的数字化转型也是一个需要持续推进和迭代的过程,需要企业既有规划又能敏捷地进行调整,并且通过内部培养人才和外部建立合作来弥补能力短板,推动转型的实施。对于传统企业而言,数字化是基础,业务转型是核心,而通过数字化转型能够带来商业模式的转型,提升企业的竞争力。由于制造业的数字化转型发展历史较短,又受到行业本身特质(例如信息化水平较低、缺乏统一的数据标准等)的制约,因此数字化转型的推行程度有限,许多企业仍在探索当中。

数字化转型对于不同规模企业的风险也是不一样的:小微企业由于规模较小,容易调整业务方式,因此可以利用云平台整合资源,借力外部数字化赋能,搭乘数字化的快车;中等规模企业遇到的挑战和风险较大,自身缺乏技术能力和专业队伍,又有既成的商业模式、客户服务模式和员工队伍,往往被动接受转型,而企业规模又不够大,因此必须承担数字化转型带来的风险;大企业往往具有自己的生态系统,其数字化转型往往需要与周边供应链和生态圈的企业联动,才能产生良好的效果。

6.1 数字化转型和经济全球化发展

第四次工业革命给经济和社会带来巨大的改变，世界上所有的企业和组织都置身其中。数字化转型的快慢对于经济发展的前景与经济全球化的进程具有重大的影响，尤其是在波及全球的新冠肺炎疫情影响下，一方面，面对全球性的疾病、灾害、经济金融危机，加强各国协调与全球公共治理的呼声越来越高；另一方面，疫情让人员的流动受到了巨大的阻碍，各国加强自身的防御体系，采取封闭措施成为普遍的选择，这对全球化的进程形成了障碍。在全球化进程机遇与挑战并存的背景下，人们看到了数字和信息的跨境流动成为深化全球化最主要形式的可能性。在这样的时代背景下，我们认为企业的数字化转型将成为经济全球化的重要支撑和新引擎，促进经济全球化进程的加深，同时也将带来经济全球化格局的变革。

数字化转型改变了生产要素连接的方式。新技术的产生与应用、互联网平台的出现和壮大，使得世界各国企业间的合作与联系更加紧密，各国经济更加相互依存。互联网拉近了国与国之间的距离，促进了资本、技术、商品、信息在全球范围内的流动和配置，在数量级与传输速度上都有了质的提高和飞跃。数字技术还让越来越多的服务可以以跨境的方式提供，咨询、媒体、金融服务、创意设计等服务的跨境提供越来越多，经济全球化进程日益加深。

数字化转型改变了生产要素配置的选择。数字化转型在推动企业在全球范围内进行数字化生产的同时，也对产业分工、价值链、贸易与投资等活动产生了影响。从生产的角度来说，新型制造使得资本向新技术和新人才密集的国家集聚，劳动密集的优势可能不再成为吸引国际投资的因素，反而还面临着被制造技术替代的风险。从市场的角度来说，网络市场价值日益凸显，数字经济发展潜力更大的国家有可能成为下一轮国际竞争的焦点。

数字化转型促进了国家间对于竞争与合作关系的重新思考。数字化转型将帮助塑造一个更加开放与相互融合的全球生产体系，国家竞争优势在新的形势下将会面临重塑，如何抓住体系变革中的机遇，抢占新的竞争高地，是国家需要首先思考的问题。同时，数字化竞争的形势下，要想利用全球数字市场的优势，就必须以开放的姿态接受与融入新的竞争规则，如何处理和其他国家之间的竞争与合作关系，也成为是否能够在数字化时代融入全球经济格局的重要问题。

6.2　企业数字化转型的测度与评价

目前，企业数字化转型的重要性已经得到广泛认同，无论是制造业还是服务业，企业都渴望抓住数字化转型的机会，重塑或强化竞争优势。那么，在数字化转型正在进行的过程中，如何了解自身所处的位置，如何找到下一阶段发力的方向？企业需要找到一个坐标，对数字化转型的程度进行测度与评价。在这里，我们需要区分两类企业并对其分别进行讨论。

第一类企业为寻求数字化转型的传统企业。传统企业进行数字化转型，首先需要明确进行转型的目的是什么。是改善内部管理的效率，改变与价值链上下游企业的关系，优化升级提供的产品与服务，还是变革自身的商业模式？不同的转型目的下，需要投入的资源和精力不同，面临的挑战与压力也不同。在明确了转型的目的之后，就可对照自身转型的改革实践和落地效果进行数字化成熟度的评估。对于传统制造业企业来说，数字化的成熟度需要包括对内部流程、客户关系、商品服务、供应链等方面数字化水平的评价，包括借助数字技术进行内部管理水平的评价，也需要包括借助数字化进行驱动升级能力的评价。目前，在管理实践中已有一些对于数字化绩效的探索，已有企业尝试定义数字化 KPI 来衡量数字化转型的成果，如计算通过数字化渠道（网络和移动应用程序）产生收入的百分比、追踪客户参与的工具和运营效率的关系等。但需要注意的是，数字化 KPI 必须采用领先业务发展的指标，并且将指标转化为对于未来发展方向的指导。未来，在评价指标体系和成熟度内涵上的进一步探索，将为回答企业数字化转型过程中面临的困惑和问题提供直接的帮助。

第二类企业为随着数字经济的发展而诞生的原生数字化企业。对于原生数字化企业来说，它们进行自我评价的基础和需求与传统企业不同。原生数字化企业需要评估自身进行不断变革与创新的能力，评估新技术和新要素对于企业发展战略的影响。对于原生数字化企业来说，既要注意保持发展的速度，避免满足现状与止步不前，也要理性评估新技术应用的可能性和与企业自身发展现状的适应性，避免对于新技术的一味追求而进行的过度关注与过度投资影响了企业运营的成效。

6.3 数字化转型和行业标准

数字化转型的持续发展，特别是数字全球化的影响，要求在数字化密集的行业形成和建立数字化转型相应的规范、平台及标准。在这里，行业标准与行业规范有两方面的含义。

一方面，数字化转型需要新的标准和新的规则。数字经济时代最大的特征是数据和信息本身成为资产与生产要素，由此诞生的包括数据的权属、数字货币、数字签名、数字版权保护等方面的问题都需要同步进行研究，适时建立新的规则，以便为行业的发展提供一些标准的规范和约束。数字化转型带来新的技术与无限跨界的可能，未来将诞生更多数字化与物理、化学、生物技术等领域融合产生的新专利或创新产出，现有的专利与标准框架需要被修改和突破。进一步地，数字化转型也会给传统的行业监管标准、统计标准等带来新需求、新挑战，因此，应面向工业经济向数字经济过渡的大势，做好制度衔接和规则创新。

另一方面，数字化转型呼吁统一一致的标准与规则。首先，这是数字化企业实际发展的需求。数据资产以一定的标准规范为基础，才可进行顺利畅通的传递、共享、开放与整合，数据汇聚、数据平台、大数据应用等领域急需标准的研制和诞生。国务院发展研究中心《传统产业数字化转型的模式与路径》的研究报告中，将数字化转型定义为利用新一代信息技术，构建数据的采集、传输、存储、处理和反馈的闭环，打通不同层级与不同行业间的数据壁垒，提高行业整体的运行效率，构建全新的数字经济体系，其中就强调了打破数据壁垒的重要性。在这个领域，政府与行业头部企业都有发挥作用的空间。其次，这也与数据是否能够顺利跨境流动有关。数据本身存在着共享和流动的特征，随着数字化企业自身全球化业务的开展，数据跨境流动成为典型的场景，这也使企业受到不同国家和地区不同司法体系下法律法规的管辖。全球化数字企业的发展需要面临和妥善处理标准是否兼容的问题，不同国家差异化的技术标准、差异化的数据监管要求可能会影响到数字化的红利在不同国家和不同市场上被实现的程度，标准的差异也可能成为进入他国市场的外来者劣势。在这个层面上，成立全球承认的官方管理机构、设置如ISO系列认证的国际标准协会等第三方认证机构，都将有助于建立数字化转型与数字化竞争中的标准和数字信任。

6.4 数字化转型和信息安全

对于中国而言，随着2017年《中华人民共和国网络安全法》的正式施行，网络安全问题已经正式上升到国家战略高度，国家的重视也推动中国网络安全市场与技术的发展进入快车道。同时，企业与事业单位等组织纷纷加入数字化转型的大潮，企业重视网络安全问题，同时也有意愿投入大量资金来确保信息得到保护，这也为网络安全提出了更广与更高的要求。对于实施数字化转型的企业来说，其面临的信息安全风险更多地来自数据与创新应用层面，不仅涉及数据泄露或隐私侵犯的风险，还涉及在推出新产品、新服务的过程中产生的创新风险，以及传统的网络安全风险。可以说，在数字化转型处于进行时的时代，网络安全与信息安全成为刚需。

妥善解决数字化转型中的信息安全问题，一是需要新的技术。现阶段，下一代安全技术已经逐渐在企业数字化转型中得到应用，云安全、大数据安全、视频安全、车联网安全等相关技术的研发与应用都已经有了显著进展，人工智能等新技术也已经开始探索与现有的安全产品相结合，以提升其安全能力。传统的安全产品自身也在经历不断的转型和升级，向智能化、服务化、一体化的方向发展。网络安全防御体系从理念到技术都已经实现了进一步的升华。对于企业自身来说，也需要在新技术应用的最初阶段就进行风险识别和评估，以更好地应对风险并开展行之有效的安全管控，抓住数据信息存储、流通等环节的主要场景，寻找风险点，进行提前部署和防控。

妥善解决数字化转型中的信息安全问题，二是需要全球各方的协商治理与共同治理。网络世界没有疆土清晰的边界，网络犯罪等威胁信息安全的问题也是全球性的，正是考虑到网络空间治理这一跨越地理距离和国家边界的特性，伴随数字化转型进程需要注意的网络空间安全与信息安全问题也应当寻求全球协同的解决方案。同时，尊重各国数字空间的主权，保护数字信息、网络空间及关键基础设施免受威胁、干扰、攻击和破坏，共同打击网络犯罪和恐怖活动，发展网络安全基础设施建设等，都是各国可以努力的方向，是各国在构建安全的数字经济环境方面可以采取的措施及应当承担的责任。

6.5 未来的工作与未来的人才

中国企业数字化转型和中国发展数字经济的时间不长，但是由于中国互联网的发展有世界第一的网民数量做支撑，有政府对于发展数字经济的政策支持，也有行业领导企业的突破与创新，因此中国企业数字化转型与数字经济的发展呈现出迅猛的特点，并推动着中国社会的全面进步，包括对于社会就业的改变。尤其是在新冠肺炎疫情的影响下，企业纷纷利用数字化手段进行线上办公，积极拓展数字化商业模式，人们工作与管理的方式正在被颠覆，这一切都让"未来的工作形态"的实现至少提前了10年。我们认为，企业数字化转型会对未来的工作方式和未来人才的需求产生巨大的影响。

数字化转型将深刻改变人们的工作方式。在未来，企业数字化转型的实践会让企业本身更加平台化、敏捷化，员工与企业之间的关系更加灵活，员工可将智力成果和劳动成果与企业的需求对接，随时接入并及时响应。随着数字技术的应用和推广，员工的工作方式也更加灵活，工作地点不再受局限。此外，员工可以不再隶属于某一个雇主，而是可以同时为不同的企业提供价值。已有报告做出预测，在未来，员工与企业将不再是稳定的"员工+雇员"的雇佣关系，而是灵活的"平台+履约人"关系。

数字化转型和数字经济的发展将催生新的工作职能及新的职业岗位。数字化转型最直接的影响是产生大量"传统产业+数字化"的跨界工作机会，既熟悉行业业务与流程又掌握数字技术行业应用能力的复合型就业人才和岗位需求旺盛。在数字化转型进行阶段，企业或政府组织搭建基础数据架构和数字化平台的需求会带来对技术人才持续且大量的需求。另外，数字化转型之后，企业新的商业模式也会带来新的职业岗位，事实上，平台经济的发展已经通过刺激产业上下游联动创造了数以千万计的新就业机会。

数字化转型给教育培训和人才储备带来新的需要及挑战。在未来，就业人群的体力门槛逐步降低，而知识技能愈发重要，新兴技术不断推动着就业人群自身能力的突破、重塑与演进。在技术不断发展的态势下，人类无法被机器智能大规模替代的特定专业技能、人际交互、创造性等要素，将成为重要的就业壁垒和人才壁垒，尤其是中高端就业机会将以此进行一轮优胜劣汰。

那么，个人、企业和国家需要如何积极应对数字化转型给就业及人才带来的机遇与挑战？对于个人来说，需要重新思考数字化时代下自身的能力与竞争优势，发展难以被替代的一技之长，尤其是数字化的技术和素质，同时也需开发自身在复合人才方面的优势，以更加积极的态度和开放的心态拥抱新的就业态势与工作机遇。对于企业来说，需要着眼于未来的就业结构和就业形态，制定中长期的员工教育培训体系，为员工提供启发式的、创新式的培养体系。同时，对于员工的管理和对于职位的调整需要满足企业数字化转型的需求，企业的领导者也应转变观念，与新的人才平台对接，以更灵活的方式创造价值。最后，从国家与政府的层面考虑，政策制定者一方面需要应对数字技术革命带来的就业结构冲击，为企业提供更多的支持来帮助其完成数字化转型与新的数字创业，另一方面需要注重调整教育的设计和导向，为未来的数字经济创新发展提供充足的人力资源储备。

6.6 数字化转型的关键成功要素

基于对制造业企业数字化转型实施的观察研究，麦肯锡公司提出了三个类别下的六个关键成功因素。类别一是"流程战略化"，成功因素之一是"抓住'成本价值回归'机会"，即确定数字化制造转型对于企业的投资回报；成功因素之二是"建立清晰的数字化制造愿景和分阶段路线图来实现目标"。类别二是"基础设施创新"，成功因素之三是"形成全面的、以未来目标为导向的（物联网）技术垂直架构生态圈"，包括采集、连接、数据、分析和应用程序五个层级；成功因素之四是"建立并领导一个专注于技术的合作伙伴生态系统"，包括利用行业标准、与合作伙伴共同开发以及敏捷执行。类别三是"组织动员"，成功因素之五是"自上而下推动转型"，获得管理层和损益所有者的承诺以及综合决策；成功因素之六是"弥补能力差距"，鼓励创新和获得、培养人才。

华为结合行业数字化转型实践总结了一套数字化方法框架：企业应坚持把数字化转型作为企业层级的战略，全局谋划；应成立专门的数字化转型组织和培养转型文化理念，提供组织机制和文化氛围两个保障条件；贯彻三个原则：战略与执行统筹并重，以业务视角思考转型目标和路径并实现业务和技术双轮驱动，以及实现核心能力内化和借用外部力量发展非核心能力；推进顶层设计、平台赋能、生态落地和持续迭代四个关键行动。

德勤认为"数字枢轴"是企业成功实现数字化转型的关键因素。所谓"数字枢轴"，指的是企业不仅需要实现技术转型，同时也需要开发各种与数字技术相关的资产和业务，以帮助组织发展成为数字化企业。数字化程度较高的企业，在很大程度上都是以能够跨职能地执行更多的数字枢轴而著称的。换句话说，企业数字化转型的工作越全面、越协调，数字化转型成功的可能性就越大。

这些研究的结果和实践经验使得人们可以更好地认识企业数字化转型带来的益处和风险。

6.7 数字化转型和智能制造

企业数字化转型和智能制造联系在一起。周济等（2018）在研究智能制造的过程中发现了三个基本范式。一是数字化制造，通过工业3.0范畴下的数控技术、企业资源规划、办公自动化、制造执行系统和供应链管理等数字技术，对产品、工艺和资源信息进行数字化描述、分析、决策及控制，快速生产出满足客户需求的产品。二是"互联网+"制造或数字化、网络化制造，即结合数字化和网络化技术，在工业4.0框架下通过电子商务、物联网、在线协作平台等工具，实现产品设备之间的广泛连接，企业生产开始从以产品为中心转向以用户为中心。三是新一代智能制造——数字化、网络化、智能化制造，深度融合先进制造技术与人工智能技术，例如PDM、远程维修平台、认知学习等，深度融合人工智能技术和先进制造技术，使产品具有"感知和学习"的能力，代表了智能制造发展的前景。三个基本范式虽然体现了不同的发展阶段，但技术上相互交织、迭代升级，亦体现了智能制造发展的融合性特征。

总结起来，智能制造的实现需要数字化、网络化和智能化三方面的建设，搭建信息物理系统、工业互联网和工业软件等基础支撑，综合利用信息技术、先进制造技术、自动化技术和人工智能技术等技术，以用户中心和定制化生产为导向，集成企业内部、供应商和客户数据，构建覆盖设计、生产、管理和服务全周期的"感知—分析—决策—执行—学习"闭环，实现制造业企业的价值创造和升级，而企业的数字化转型是智能制造的基础环节。

6.8　企业数字化转型带来的新商业模式和新机会

企业在数字化转型的过程中新的业务模式将起到非常重要的作用。最近兴起的API经济就是企业数字化转型的主要驱动力量。企业通过API可以整合内外资源，打通上、中、下游生态系统，加速产品迭代，开发新业务，解决客户一系列的场景化问题以及快速改变客户体验。像云供应商亚马逊、互联网巨头谷歌、社交媒体推特，都是通过API的方式来提供服务的。API为国际互联网巨头们带来了非常可观的经济效益。Salesforce 23 亿美元的年收入中超过一半的收入是通过 API 产生的，谷歌每天通过 API 处理 50 亿笔交易，推特每天通过 API 处理 130 亿笔交易，亚马逊每天通过 API 处理 1 万亿笔交易。

目前，国内没有对 API 模式产生经济效益的统计数据，但从实际情况看，BAT 三大平台、银联、地图、个人身份信息等平台已经应用得非常成熟。微博在第三方网站的登录接口、12306 供第三方的票务查询等，都是典型的企业间的 API 调用。此外，滴滴打车、航旅纵横都涉及银联 API、个人身份证信息审核 API 的调用。

企业不断强化自身的核心竞争力，希望能够服务更多的用户，使服务通过 API 衔接合作伙伴、App 开发者、智能设备生产厂商，实现数据、服务的有限开放，从而服务更多的业务场景，快速形成一个庞大的产业链，使企业在不改变现有生产模式的情况下满足用户碎片化且日益提高的需求。

随着 IT 基础架构向云技术方向过渡，基础架构的健全使得 API 的调用更加便利，进而衍生出新的 API 商业模式。API 可以实现企业间资源的快速交换，企业的不同阶段可以开放不同类型的 API，采用不同的运作方式，根据实际情况选择合适的商业模式。API 是企业的增值产品，按照不同的业务目标，可以将 API 商业模式分为以下三种。

（1）开放 API 平台：API 的管理交易平台。该平台模式是当前互联网领域公认的能产生万亿规模的商业模式。

（2）API 产品服务：把企业专业能力或者有价值的数据 API 化，作为商品有偿提供给其他企业使用。比如，气象企业的天气服务，电力企业的用电数据服务，装备制造业的设备性能预测服务，以及公共的语音识别、人脸识别、短信服务等。

（3）生态增值服务：通过 API 和合作伙伴建立更加紧密的联系，发展大规模的销售渠道，获取更多的收入；让开发者享受增值服务，以强化产品，使之快速发展。比如，一家电商企业会期望通过 API 让合作伙伴售卖它的产品，就像在售卖合作伙伴自己的产品一样。企业出售了商品，而合作伙伴也因为产品丰富而获得了更大的影响力，达到双赢的目的。再比如，视频网站让用户在上传视频的同时，可以用 API 在视频播放时植入广告，从而用户得到了相应的广告收入，视频网站也收获了大量的优质视频。

企业在不同阶段可采用不同的盈利模式：既可以采用免费调用 API 模式，去扩大企业影响力或者吸引更多的开发者在 API 基础上进行创新，从而间接地服务更多用户，并从中获得相应的收益，也可以按调用次数/频率收费，或者把 API 开放给合作伙伴然后按利润分成模式进行收费，并逐渐形成一个业务闭环，实现持续的业务增长。

美国高盛公司在 2016 年推出的线上数字消费金融服务平台——Marquee®——就是围绕 API 展开设计的，公司的战略目标是基于 API 重构高盛，并使 API 货币化。Marquee® 将金融专业人士与来自高盛证券部门的强大分析、洞察力和数据连接起来。通过广泛的应用程序和服务发布高盛世界级的金融技术平台，客户可直接通过浏览器或通过高盛的 API 编程对其进行访问。该平台借助以前只有高盛专家才可用的分析工具来转换客户的工作流，提供组合管理、量化分析、风险管理、交易等服务（具体不展开，感兴趣的读者，可查看 https://marquee.gs.com/solutions），其中有著名的 SIMON（一个针对小型经纪商的解决方案，这些经纪商有能力为零售客户创建和分析与股票相关的衍生品）、Strategy Studio（一个量化交易工具，帮助基金经理根据其经济观点进行投资）等工具。

Marquee® 平台通过让客户方便、快捷地获得高盛自己的数据和分析能力，强化高盛与客户的关系，使客户产生依赖并形成客户黏性；由于客户必须将自己的数据交给高盛来计算，因此高盛有能力知道客户在做什么，也有可能会为更有用的功能收取其他的费用，从而为其带来更多业务，尤其是附加值。这个"附加值"包括 API 商业费、个性化功能服务费、订阅服务费等。

因为借助 Marquee® 平台产出的风险分析报告、研究数据，高盛完全有条件开拓金融数据的订阅服务，投资者未来可能只需要每月支付订阅费，就可以享受来自顶级金融机构高盛的数据服务。当然，最终这样的客户对高盛形成了"技术"依赖，也会愿意付费购买增值服务（是不是看到苹果 App Store 的身影了?），高盛通过 API 战略致力于把 Marquee® 平台打造成世界级的金融服务与风险管理平台。

API 经济带来了一种新的商业模式，API 的开放程度将在未来成为衡量一家机构竞争力的重要指标之一。当然，传统的 IT 架构已经很难支撑未来的 API 经济时代，结合企业的实际项目需求，择机选择灵活的、开放的、分布式的架构很重要，这也是 API 经济的关键；同时，API 将黏合更多合作伙伴，每个合作伙伴都借助 API 进行服务输出、快速交换资源，有利于企业扩充服务场景，促进企业的转型和升级，甚至重构整个行业的商业价值链（其中，开放、合作、共赢仍是未来的主旋律），进而促进跨产业链的企业能力整合，打造新的数字化平台，创造新的经济形式。

国内 API 经济刚刚开始，这也为传统企业留下了许多发展的机会。希望 API 经济能帮助传统企业缔造云计算和移动互联网时代的数字化转型传奇！

参 考 文 献

[1] Bradley, J. et al. 2015. Digital Vortex: How Digital Disruption Is Redefining Industries [R/OL]. (2015-06) [2020-08-20]. https://www.cisco.com/c/dam/en/us/solutions/collateral/industry-solutions/digital-vortex-report.pdf.

[2] Iansiti, M. and Lakhani, K. R. 2014. Digital Ubiquity: How Connections, Sensors, and Data Are Revolutionizing Business [J]. Harvard Business Review, 11: 1-11.

[3] Legner, C. et al. 2017. Digitalization: Opportunity and Challenge for the Business and Information Systems Engineering Community [J]. Business & Information Systems Engineering, 59: 301-308.

[4] Loucks, J., et al. 2016. Digital Vortex: How Today's Market Leaders Can Beat Disruptive Competitors at Their Own Game [M]. Lausanne: DBT Center Press.

[5] Moore, J. F. 1993. Predators and Prey: A New Ecology of Competition [J]. Harvard Business Review, 71 (3): 75-86.

[6] Porter, M. E. and Heppelmann, J. E. 2015. How Smart, Connected Products Are Transforming Companies [J]. Harvard Business Review, 93 (10): 97-114.

[7] Schmitt, B. H. 2003. Customer Experience Management: A Revolutionary Approach to Connecting with Your Customers [M]. Hoboken: John Wiley & Sons. Inc.

[8] Schwab, K. 2017. The Fourth Industrial Revolution [M]. New York: Currency.

[9] Westerman, G., Bonnet, D. and McAfee, A. 2014. Leading Digital: Turning Technology into Business Transformation [M]. Brighton: Harvard Business Review Press.

[10] 艾瑞咨询. 2016. 中国第三方移动支付行业研究报告 [R/OL]. (2020-04-07) [2020-08-20]. http://report.iresearch.cn/report/202004/3552.shtml.

[11] 波士顿咨询. 2018. 全球挑战者——数字化驱动：一日千里 [R/OL]. (2018-08-11) [2020-08-20]. https://www.sohu.com/a/246633253_472878.

[12] 曹仰锋. 2017. 海尔转型：人人都是CEO [M]. 北京：中信出版社.

[13] 二十国集团数字经济发展与合作倡议 [EB/OL]. (2016-09-29) [2020-08-20]. http://www.cac.gov.cn/2016-09/29/c_1119648520.htm.

[14] 范玉顺. 2016. 工业4.0大背景下的大智慧 [J]. 杭州（周刊）. 11：38-41.

[15] 工业互联网产业联盟. 2020. 工业互联网体系架构 [R/OL]. (2020-07-07) [2020-08-20]. http://www.199it.com/archives/1065796.html.

[16] 国务院发展研究中心课题组. 2018. 传统产业数字化转型的模式和路径. [R/OL]. (2020-06-03) [2020-08-20]. https://max.book118.com/html/2018/0603/170315322.shtm.

[17] 华为公司. 2018. 全球联接指数（GCI）报告 [R/OL]. (2018-05-31) [2020-08-20]. https://max.book118.com/html/2018/0531/169838630.shtm.

[18] 吕铁. 传统产业数字化转型的趋向与路径 [J]. 人民论坛·学术前沿, 2019 (18): 13-19.

[19] 迈克尔·韦德, 等. 2019. 全数字化赋能——迎击颠覆者的竞争战略 [M]. 瑞士洛桑管理发展学院, 译. 北京：中信出版社.

[20] 麦肯锡全球研究院. 2017. 数字时代的中国：打造具有全球竞争力的新经济 [R/OL]. (2017-12-05) [2020-08-20]. http://www.199it.com/archives/660330.html.

[21] 麦肯锡全球研究院. 2014. 中国的数字化转型：互联网对生产力与增长的影响 [R/OL]. (2018-05-06) [2020-08-20]. https://max.book118.com/html/2018/0506/165118153.shtm.

［22］数字化转型关键战略：七个行业 九大案例 媒体专访报道［EB/OL］.（2017-09），［2020-08-20］. http：//www.h3c.com/cn/pub/minisite/201709/number/hf-default.html.

［23］斯坦利·麦克尔斯特尔，等. 2017. 赋能：打造应对不确定性的敏捷团队［M］. 林爽喆，译. 北京：中信出版社.

［24］王兴山. 2019. 数字化转型中的企业进化［M］. 北京：电子工业出版社.

［25］为什么数字化转型不仅需要技术，也需要人的改变［EB/OL］.（2019-02-25）［2020-08-20］. https：//www.sohu.com/a/297456083_374240.

［26］袁清珂，何圣华，李炳田. 2003. 数字化企业建设的规划与实施策略［J］. 机电工程技术，6：14-16.

［27］詹姆斯·弗·穆尔. 1996. 竞争的衰亡——商业生态系统时代的领导与战略［M］. 梁骏，等译. 北京：北京出版社.

［28］赵大伟. 2015. 互联网思维——独孤九剑［M］. 北京：机械工业出版社.

［29］周济，李培根，周艳红，等. 2018. 走向新一代智能制造［J］. Engineering，1：11-20.